Una Generación Perdida
El Tiempo de la Literatura de Avanzada
(1925-1935)

(ed. César de Vicente Hernando)

2013

© herederos de Christopher Cobb
　Eduardo González Calleja
　Alejandro Civantos Urrutia
　César de Vicente Hernando
　Francesc Foguet i Boreu
　Juli Highfill
　Raquel Arias Careaga
　Constantino Bértolo
　Carolina Fernández Cordero

of this edition © Stockcero 2013
1st. Stockcero edition: 2013

ISBN: 978-1-934768-68-6

Library of Congress Control Number: 2013948424

All rights reserved.
This book may not be reproduced, stored in a retrieval system, or transmitted, in whole or in part, in any form or by any means, electronic, mechanical, photocopying, recording, or otherwise, without written permission of Stockcero, Inc.

Set in Linotype Granjon font family typeface
Printed in the United States of America on acid–free paper.

Published by Stockcero, Inc.
3785 N.W. 82nd Avenue
Doral, FL 33166
USA
stockcero@stockcero.com

www.stockcero.com

Una Generación Perdida
El Tiempo de la Literatura de Avanzada (1925-1935)

(ed. César de Vicente Hernando)

A la memoria de Christopher Cobb

Índice

Introducción 7

La Cultura y el Pueblo 11
  Christopher Cobb

La Dictadura de Primo De Rivera: Los Límites de la Modernización desde el Estado 39
  Eduardo González Calleja

La Izquierda Radical en la Crisis de la Monarquía 75
  Alejandro Civantos Urrutia

La Obra de Fermín Galán: una Filosofía de Avanzada 87
  César de Vicente Hernando

Redes, Estéticas y Dramaturgias del Anarquismo y el Socialismo Catalanes en los Años Veinte 103
  Francesc Foguet i Boreu

La Revolución Editorial de *El Nuevo Romanticismo* 125
  Alejandro Civantos Urrutia

Moda y Modelo de la Literatura de Avanzada: *La Venus Mecánica* de José Díaz Fernández 145
  Juli Highfill

Rosa Arciniega y la Novela Social: Las Trampas del Progreso 171
  Raquel Arias Careaga

Una Novela Leninista: Campesinos de Joaquín Arderíus 197
  Constantino Bértolo

Introducción a *Berta* 219
  Carolina Fernández Cordero

Berta (Texto Teatral) 229
  Fermín Galán

Datos bio-bibliográficos de los autores 295

Introducción

En 2009, el Centro de Documentación Crítica inició un proyecto que tenía como objeto investigar y analizar el *discurso crítico de avanzada* que apareció en la literatura y el arte entre 1925 y 1935[1]. No se trataba de estudiar la literatura social, ni el teatro militante, ni la cultura desarrollada en las Casas del Pueblo y en los Ateneos Libertarios[2], que acompañaba la lucha proletaria, socialista y anarquista, desde finales del siglo XIX. Tampoco, claro está, la literatura, el teatro y el pensamiento burgués progresista que se ha institucionalizado, a partir del dominio del canon, como la cultura española de las primeras décadas del siglo XX. En los programas de enseñanza de institutos y universidades pueden estudiarse estas «generaciones» bajo una denominación numérica correspondiente a una fecha relevante: la generación del 98 (la de, entre otros, Unamuno, Baroja, Valle-Inclán y Machado), la del 14 (con Pérez de Ayala, Ortega y Gasset o Azaña), la del 27 (con García Lorca, Prados, Aleixandre y algunos nombres más), y la del 36 (la de Rosales, Panero, Hernández, entre otros). Desde hace algún tiempo no se quiso dejar fuera a los dramaturgos que habían triunfado en los años 20 y 30 y, así, se acuñó el nombre de «la otra generación del 27» para hablar de Mihura, López Rubio o Jardiel Poncela. También tuvieron sitio en ella los «novelistas de la vanguardia» (como Ayala, Jarnés o Espina). ¿Y todo lo demás? Con esa idea de denunciar los olvidos y censuras, pero sobre todo con la intención de encontrar nuevas perspectivas e interpretaciones de lo que fue durante una década una fuerza intelectual que estableció un

---

[1] Puede verse en http://centrodedocumentacioncritica.org/actividades-y-cursos/una-generacion-perdida/ el plan y los resultados del proyecto.
[2] Algunos estudios, ya a comienzos del nuevo siglo, han realizado una importante aportación a este tema, como el de Arturo Ángel Madrigal. *Arte y compromiso. España 1917-1936*. Madrid: Fundación Anselmo Lorenzo, 2002; el catálogo de la exposición *Centenario de la Casa del Pueblo de Madrid*. Madrid: UGT, 2009; o el de Francisco de Luis Martín y Luis Arias. *Casas del Pueblo y Centros Obreros socialistas en España*. Madrid: Pablo Iglesias, 2009.

discurso crítico emergente, es con la que se diseñaron las actividades y publicaciones dedicadas a lo que llamamos «Una generación perdida»[3]. Se trataba de pensar el campo común en el que trabajaron un conjunto de intelectuales y militantes, abierto entre la ideología de la burguesía liberal progresista y la del movimiento obrero. Su posición estuvo dominada por una contradicción fundamental: pertenecer, por una parte, a una clase emergente, la clase media (o pequeña burguesía), *sostenida en la dinámica social de progreso del capitalismo*, y, por la otra, reconocer que sólo la liquidación de esa dinámica social de progreso del capitalismo podía acabar con la explotación, el imperialismo y la deshumanización. La coyuntura histórica de 1930 es el tiempo en el que los miembros de esta «generación» reconocen los rasgos definitorios del tiempo en que vivieron y lucharon. 1930 significó para España una precisa situación histórica en la que se cruzan las resistencias a una dictadura moribunda y los impulsos de un proyecto republicano sometido al liberalismo, todo ello en medio de un mundo en el que la revolución se había iniciado en México veinte años antes, había pasado por Rusia (en 1917) y por Alemania (en 1918) y había llegado hasta China (1927). El «fantasma del comunismo» no había dejado sin sacudir ningún país moderno (ni EE.UU. se salvó de tal viento radical). Una revolución que dividía la sociedad entre los que luchaban por la destrucción del sistema capitalista y los que buscaban un sistema de explotación basado en el consenso y el apoyo entre clases. En 1931, ya proclamada la República, se hacía evidente quién había triunfado: esa República, llena de timideces, reservas y filtrada de monarquismo, no era con la que soñaban, escribió Díaz Fernández. Con todo, abrieron teatros del pueblo (como el del Grupo Nosotros o el Teatre del Proletariat), buscaron la manera de distribuir el cine social alemán y el cine soviético, y habilitaron espacios para debatir sobre el arte político (en revistas como *Octubre* o *Nuestro Cinema*). Pero también hicieron literatura.

Los escritores, intelectuales y militantes de la «generación perdida» de 1930, Díaz Fernández, Arconada, Giménez Siles, Arderíus, Marsá, Galán, Miravitlles, entre otros, no renunciaron a la vanguardia, ni a ninguna de las conquistas estéticas que había conseguido el arte en tres décadas de cambios. Así lo muestra *La Venus me-*

---

[3] En este proceso han participado el Círculo de Bellas Artes, el Ateneo de Madrid, la Fundación de Investigaciones Marxistas, la Sala Youkali y la editorial StockCero. Desgraciadamente han incumplido muchos otras instituciones, algunas –incluso– que deberían ser ejemplo de rigor y apoyo a la investigación.

cánica, Urbe o *La espuela*. No renunciaron tampoco a la exigencia de dinamitar *desde dentro* la literatura burguesa. No necesitaron al Estado para llevar a buen puerto este barco: triunfaron en ventas de ejemplares en editoriales fundadas por ellos mismos, donde se publicaron las obras más importantes de la literatura crítica alemana, soviética; los ensayos y textos más radicales; consiguieron un teatro popular y revolucionario para un importante número de espectadores, y mantuvieron revistas (como *Postguerra*) y periódicos (como *Nueva España*) como medios de conocimiento y de debate acerca de lo que sucedía en el mundo revolucionario de entreguerras. Se apoyaron en todos aquellos que estaban viviendo una *experiencia del porvenir*, según la acertada frase de Fermín Galán, fusilado en 1930 por levantarse en armas contra la dictadura. Y lo más importante: no renunciaron a cambiar la sociedad. Para no confundir esta escritura con la vanguardista, Díaz Fernández, el intelectual que mejor definió los rasgos de esta «generación», la denominó «*de avanzada*», una literatura en la que el conflicto humano regía la obra sin desprenderse de lo contemporáneo, aquello que procedía de asumir *lo vital* como motor productivo. Por lo mismo, dejaron de escribir cuando comprobaron que la literatura no podía acabar rápidamente con el hambre y la explotación; o cuando otra literatura, ésta con un lenguaje y formas populares, ocupó el lugar de la que hacían, en medio de una agudizada lucha social; o cuando advirtieron que su «generación», la de una clase media radicalizada que buscaba esa *experiencia del porvenir,* que no tenía nombre (no era ni el comunismo, ni la anarquía, ni el socialismo) pero sí destinatario (la humanidad), era engullida por un enfrentamiento de clases sin precedentes en la historia de España. Si esta «generación» perdida restituye algo no es solamente nuestra historia, sino, precisamente, lo que Díaz Fernández trajo a las páginas de su ensayo *El nuevo romanticismo*: un arte social nuevo, un nuevo modo de vivir que nos sigue interpelando casi ochenta años después.

Desde que se publicaran los primeros estudios sobre esta «generación», a finales de los años 60 y comienzos de los 70, los de Víctor Fuentes, José Esteban y Gonzalo Santonja; y en los 80 los de López de Abiada y Cobb, poco ha sido lo que se ha avanzado en el conocimiento de la misma. Algunas tesis no editadas y reediciones de algunos estudios de conjunto ya publicados en los 80 no han sido suficientes para repensar este periodo fundamental de la historia de España. Al mismo tiempo, poco a poco, se ha ido conociendo algunos otras obras y tendencias culturales que no han merecido la atención de la crítica académica. Así, en los noventa asistimos al redescubrimiento de la *bohemia*, una literatura sumergida en la *política menor* de los habitantes de las ciudades, que había tenido ya en los ochenta un importante impulso con los estudios de Iris M. Zavala. Los esfuerzos académicos de Víctor Fuentes (que ha continuado su labor editando en 1993 un número monográfico de la revista *Letras Peninsulares* sobre la novela social española) y otros pocos investigadores, consiguieron dar a conocer, y que se reeditaran, las obras de conjunto con la que se pudo estudiar este periodo.

Los ensayos y artículos que se publican aquí son un intento por indagar y ampliar el conocimiento sobre esta «generación» perdida.

Agradezco la paciencia y el entusiasmo con el que los autores de los textos han salvado los muchos contratiempos que ha tenido esta publicación. Igualmente doy las gracias al historiador Esteban Gómez, por quien se ha podido publicar la obra teatral de Fermín Galán; a Lorena de Vicente Hernando por preparar el artículo de Cobb; y a Carolina Fernández Cordero y Raquel Villar Martín, que realizaron la edición de *Berta*.

La Cultura y el Pueblo[4]

Christopher Cobb

El cambio de signo de la cultura española hacia finales de los años veinte –estancamiento de la corriente vanguardista y primeros presagios de lo que Antonio Machado llamaba «la progresiva aristocratización de la masa»[5], –es un fenómeno que, después de largos años de silencio, empieza a conocerse ahora gracias a los trabajos de investigadores como Víctor Fuentes, Manuel Aznar, Robert Marrast, Evelyne López Campillo y Jean Bécarud[6] entre otros muchos, y de editores como Turner e Hispamerca.

Esta transición incierta y vacilante constituye una fiel imagen del ensombrecido ambiente de la sociedad europea de aquellos años, amenazada por la crisis económica y en la que, a través de la caótica historia de la República de Weimar, se vislumbraba el posible derrumbe de todo un sistema de valores. En tales circunstancias se desarrolla un creciente interés en las nuevas estructuras sociales cada vez más firmemente establecidas en la Rusia soviética. Estas dos vertientes de la experiencia europea en los años de la postguerra –desgaste de las socialdemocracias y fortalecimiento de la sociedad comunista– sirven como telón de fondo a toda la historia socio-cultural europea de esa época, presentándose con inusitado vigor en España durante el ocaso de la Dictadura.

(...)

En los últimos años de la monarquía dominaba todavía la imagen de la cultura como producción artística y literaria, restringida a las clases que habían podido aprovecharse del sistema educativo, excluyendo así al proletariado. Bajo el impulso de la Revolución Rusa, la

---

[4] Fragmentos de la Introducción al imprescindible libro *La cultura y el pueblo*. Barcelona: Laia, 1981.
[5] *Apud*. M. Aznar, *II Congreso internacional de escritores antifascistas (1937)*. Vol. II, Barcelona: Laia, 1978, p. 10.
[6] Ver Manuel Aznar, *op. cit.*, R. Marrast. *El teatre durant la Guerra Civil Espanyola*. Barcelona: Institut del Teatre, 1978; J. Bécarud y E. López Campillo. *Los intelectuales españoles durante la II República*. Madrid, 1978.

reacción fue a veces dura y contundente, dando lugar a una definición provocativa: «la cultura es un sistema de valores erguido contra el proletariado»[7], «para los historiadores burgueses... la cultura es la perpetuación y la consagración de su sistema económico»[8].

Pero no todos los comentaristas de izquierdas se asociaron a esta línea dura y despectiva. Andreu Nin, de la Oposición Comunista, destacó la importancia y la extensión de la revolución cultural en Rusia en una serie de cursillos que dio sobre este tema en 1932, tratando sucesivamente «La escuela, la prensa, la educación técnica, el teatro, el arte, la literatura, las bibliotecas, la educación política, la revolución, y las costumbres»[9]. En el mismo año aparecería la traducción, hecha por el mismo Nin, de la *Historia de la cultura rusa* de Pokrovski[10] en la que éste se refería a la cultura como «el conjunto de todo lo creado por el hombre».

Renau, adentrándose en la nueva estética marxista, subrayó en el primer número de *Nueva Cultura*[11], «el nexo dialéctico entre la cultura y los hechos de la vida real; más tarde apareció en la misma revista una definición ampliada de la cultura como la expresión de «los instintos, sentimientos, costumbres e inclinaciones..., todo el cúmulo pasional de la vida»[12]. Al año siguiente varios participantes en el II Congreso de Intelectuales se identificaron con esta visión de perspectivas más amplias. Así en el texto de la ponencia colectiva se cuestionaba «si es posible entender por «cultura» una categoría definida, estrictamente «cultural» y al margen de los hechos vivos, reales y diarios»[13].

Estas últimas definiciones, imbuidas del nuevo humanismo, se consolidaron por encima de los comentarios de ciertos sectores de la izquierda, para quienes la superestructura cultural era de poca significación, no constituyendo más que unos valores esencialmente burgueses. Las limitaciones de estas últimas acepciones, características del marxismo vulgar de los años treinta, así como de las viejas concepciones burguesas, han sido admirablemente comentadas por Raymond Williams en su libro *Marxism and Literature*[14], y es nuestra

---

7   A. Habaru, «Manuel Berl y la cultura burguesa» en *Nueva España,* 1 de mayo, 1930.
8   «Por una cultura proletaria», en *La Batalla,* 18 de enero, 1934.
9   *Comunismo,* febrero, 1932, p. 46.
10   Madrid, 1932.
11   Enero, 1935.
12   Del «Manifiesto Electoral» publicado en el número 10, febrero, 1936.
13   *Hora de España*, agosto, 1937.
14   Oxford, 1977.

intención en este estudio no imponer ninguna clase de restricción terminológica, sino abarcar las diversas manifestaciones culturales para captar comprensivamente todas las dimensiones del debate sobre la identidad de la cultura popular.

Los Precursores

Hemos apuntado anteriormente cómo el clima creado por la Revolución Rusa logró impulsar y dar forma a las aspiraciones culturales del pueblo. Pero no debemos olvidar el fuerte arraigo de una tradición autóctona de creación popular, sin la cual todos los aciertos culturales de los años treinta hubieran sido imposibles. A pesar de la falta de documentación y de las incoherencias inevitables en un movimiento cuyos miembros se encontraban privados de acceso al sistema educativo y a los medios de comunicación, varios estudios recientes están empezando a descubrirnos la riqueza de estas actividades, sobre todo aquellas que hacen referencia a libertarios y socialistas[15]. Para compensar su desastrosa marginación social, varios grupos, asociaciones y sindicatos habían intentado, desde la Primera República, instituir un sistema alternativo no solo de enseñanza, sino también de todo tipo de manifestación cultural y deportiva. Buena muestra de esta son las frecuentes referencias en las páginas de *Solidaridad Obrera*, a principios de los años veinte, a las comisiones sindicales de cultura, la organización de conferencias, bibliotecas circulantes, veladas teatrales y a la bien establecida tradición excursionista, cuyo idealismo se capta tan admirablemente en las palabras de Federica Montseny durante una gira; el tres de mayo de 1931:

> Hemos de habituar a los niños y a los hombres a concebir la vida no en el llano, no en los suburbios míseros donde se amontonan las masas humanas, sino en el campo, en las laderas, de las montañas, junto a las playas rientes, bajo la bóveda luminosa de los cielos, la mirada de las estrellas, la sonrisa de los mundos planetarios y la luz pálida de la luna, amada de los poetas y de los locos[16].

Los Ateneos Libertarios se habían establecido tan firmemente en sus comunidades que, al estallar la guerra, formarían parte de una

---

15 Por ejemplo, A. y F. L. Cardona, *La utopía perdida*. Barcelona, 1977; P. Sola. *Las escuelas racionalistas en Cataluña, 1909-39*. Barcelona, 1976; V. Arbelda. *Las Casas del Pueblo*. Madrid: 1977.
16 *Revista Blanca*, 15 de mayo, 1931.

nueva estructura social para sustituir a las entidades desaparecidas de la sociedad burguesa[17]; algo así como los Comités Antifascistas. Pero si esta integración total podía constituir su fuerza, garantizando la impermeabilidad contra todo contagio burgués, igualmente representaba el peligro de un posible aislamiento de otras corrientes que hubieran podido fecundarlos y enriquecerlos. Comentando la actividad de grupos teatrales de todo tipo y tendencia durante la guerra, Xavier Fábregas ha destacado la fidelidad de aquéllos a una tradición autóctona que «presenta una impermeabilitat absoluta als suposits teatrals d'Erwin Piscator i, en general, als corrents dramátics europeus del moment»[18].

Fuera de los grupos libertarios se podía encontrar idéntico inmovilismo, debido, según José-Carlos Mainer, a un concepto «acumulativo y reverencial de la cultura»[19]. Esto es lo que se desprende de un comentario de Coso i Tejedor sobre la actuación del cuadro escénico creado por la sección de teatro del Ateneo Politechnieum en Barcelona:

> Aquesta secció de teatre és formada per antics components de l»Associació Obrera de Teatre, entitat la qual durant el seu periode d'activitats, exceptuant poques vegades, no va saber o no va poder desprendre's d'aquells anacronlsmes tan cars al seu fundador, Adrià Gual[20].

Pero, por muy breve que sea nuestra consideración de estos precursores, no podemos terminar sin mencionar los esfuerzos heroicos de individuos como J. J. Morato, que con tan buen humor describió en 1928 sus largos y azarosos años como organizador de la prensa socialista[21], o Gabriel Morón, descrito por Rodolfo Llopis como el típico autodidacta, maestro en un centro obrero de Puente Genil y autor de varios estudios sobre la actualidad política española[22]. Su valor no debe oscurecer la precariedad de su situación y es de tener en cuenta al examinar la asimilación de nuevas, corrientes de ideas entre el proletariado español.

---

17   Ver el artículo «Obra y ambiente de nuestros Ateneos Libertarios» en *Juventud Libre*, 20 de agosto, 1936.
18   *Teatre Català d'agitació política*. Barcelona, 1969, p. 253.
19   «Notas sobre la lectura obrera en España (1890-1930)» en *Teoría y práctica del movimiento obrero en España, 1900-1936*. Valencia, 1977, p. 180.
20   *El Carrer*, 20 de abril, 1933.
21   «Un poco de historia obrera», en *La Gaceta Literaria*, 15 de septiembre, 1928.
22   *El Sol*, 17 de diciembre, 1929.

La resaca de la guerra de 1914–1918

> A pesar de que España mantúvose neutral, la guerra provocó el desquiciamiento de la sociedad decimonónica. El doble chorro que se inyectaba desde los campos de batalla de Europa –dinero para abastos, ideas para mantener la fe en la lucha– alentó el proceso de transformación[23]. (...)

Si las repercusiones económicas y morales de la Primera Guerra Mundial en España fueron inmediatas, la visión más amplia ofrecida diez años más tarde por los novelistas alemanes, y, sobre todo, el frío análisis de los mecanismos sociales dominantes, de los conflictos sociales, provocaron una toma de conciencia entre el público español, haciéndole reconocer y comprender las semejanzas con la evolución reciente de su propio país: guerra colonial, disturbios, represión; todo ello conduciendo al callejón sin salida de la Dictadura. En este sentido se puede afirmar que la guerra europea marca un punto de referencia imprescindible en todos los dominios: histórico, económico y cultural.

La crisis de la cultura burguesa

Terminada la guerra, el tema de la caducidad de la cultura, no solamente española sino europea, llegó a ser un tópico que reunió a intelectuales y artistas de las más diversas tendencias. El comentario de Araquistáin sobre el teatro de Muñoz Seca y la sociedad de la que había surgido resume un sentido de frustración ante su manifiesta esterilidad:

> Rara vez un teatro ha espejado tan hondamente el estado moral de una sociedad... Tal vez la España de la guerra y de la postguerra europea... sea una sociedad especialmente propicia a los héroes de Muñoz Seca y a su última concepción de la vida[24].

El haber resaltado las lacras de la escena española, a poco de entrada la década de los veinte, fue uno de los aciertos de Rivas Cherif en sus contribuciones a *La Pluma*[25]. Aunque rechazaba, como sus coetáneos, la ñoñez del «buen gusto» burgués, conviene señalar que mientras la mayoría de los escritores y artistas habían preferido reac-

---

23 J. Vicens Vives. *Aproximación a la historia de España*. 4ª ed. Barcelona, 1966, p. 178.
24 *La batalla teatral*. Madrid, 1930, p. 9.
25 Julio de 1920, abril de 1921, diciembre de 1922.

cionar en favor de un arte hermético y elitista, Rivas estaba indicando una orientación futura muy distinta que iba a realizarse unos diez años más tarde. En 1927 los síntomas eran los mismos y los redactores de *Postguerra* presentaron el primer número de su revista denunciando «la decadencia del régimen capitalista que ha sido por alguien confundida con la agonía de la cultura occidental»[26]. Para Díaz Fernández es la misma sensación de bancarrota espiritual la que atraviesa *La Pensión Venecia*, la novela de Joaquín Arderíus:

> Todo el mundo de sueño, realidad y pesadilla que se agita en el fondo tempestuoso del libro, psicologías descompuestas, nervios electrizados por las pasiones, espíritus en rebeldía frente a las costumbres burguesas y el orden establecido... Novela de abismos y desgarraduras, interpretación violenta y personal de la vida moderna[27].

El sentimiento de descomposición de los valores, de desconcierto y desorientación, constituye el tono dominante: «Vivimos en una época de transición y de fluencia. En rincón ninguno de la tierra hallaremos unidad ideológica y sentimental» escribió Pérez de Ayala[28].

Agustí Esclasans, en un artículo titulado «Literatura burguesa»[29], habló de una liquidación total «en amplada i en profunditat de la fi del segle i del quart de segle, o sigui més concretament, liquidació de les romanalles del floralisme i del noucentisme». La obra teatral de Rafael Dieste, *Viaje y fin de don Frontón*, proporciona otra manifestación del mismo espíritu:

> Es evidente el cisma disolutorio de nuestro tiempo; la falta de símbolos tutelares a que acogerse, contrariamente a lo que ocurre en momentos de madurez cultural... Puede deberse, bien a un derrumbamiento cultural como consecuencia de una atomización de los mitos y los símbolos, de las formas estables de los valores, o bien al hecho de encontrarse en la fase auroral de una cultura nueva.[30]

Giménez Siles y Balbontín, en su presentación de *Postguerra*, habían destacado la decadencia económica como factor determinante de este desmoronamiento y no debemos olvidar la ola de comercialización en las artes y las diversiones públicas que contribuyó poderosamente al desasosiego general. No es cuestión de limitarse a criticar

---

26   25 de junio, 1927.
27   *El Sol*, 14 de diciembre, 1930.
28   «Público, pueblo y plebe», en *El Sol*, 24 de noviembre, 1927.
29   *Ideari*, 16 de diciembre, 1929.
30   Otero Espasandin, «Una interpretación de *Viaje y fin de don Frontón*, farsa trágica», en *Nueva España*, 13 de febrero, 1931.

la avidez comercial de los empresarios teatrales que, a fin de cuentas, solamente se dedicaban a un reducidísimo porcentaje de la población. Los años veinte constituyen la entrada en escena de la explotación de la música popular por medio de discos y de la radio. Para quienes opinan que la estultificación de la población por la música «pop» es un fenómeno reciente, reproducimos el siguiente comentario del prestigioso *El Sol*:

> En el plano de la música popular, el «foxtrot», con estribillo vocal, «Constantinopla» de Carlton, es uno de los más inspirados, con esa mezcla de sentimentalidad y de ironía cuyo secreta parecen guardar los norteamericanos. Este «fox» esta impresionado por los «Sugar Babies» de Fred, y su «Sugar Hall». Los mismos cantantes impresionan al otro lado del disco otro «fox» de Wendling, «Chilly pom pom pee», también muy acertado en su género[31].

Es de notar el absoluto predominio de las formas extranjeras –sean latinoamericanas acompañando los éxitos de la Argentinita, o los «charlestons» y «fox-trots» mencionados.

En el caso del cine norteamericano ocurre un fenómeno idéntico que supone la fuerte comercialización de un producto extranjero dirigido hábilmente a captar un público masivo a escala internacional. Juan Piqueras destacó las verdaderas implicaciones de esta invasión fílmica al citar a William Hays, a quien describió como «*trait d'union* entre los grupos bancarios yanquis, los ministerios gubernamentales y los productores de películas». Hays había declarado: «Nosotros no podemos olvidar que el cine americano es un factor poderoso de la penetración cultural americana en los demás países»[32].

Un ejemplo claro de subversión parecida, escogido de la producción libresca, sería el así llamado «Caballero Audaz» o sea, José Maria Carretero Novillo, una de las imágenes más nauseabundas y afligentes de esa subcultura, el cual había establecido su propia casa editorial, Ediciones Caballero Audaz, patrocinada por la ubicua CIAP para revender sus propias «obras», como *La virgen desnuda*, *Desamor*, *De pecado en pecado*, *El pozo de las pasiones*, *El divino pecado*, *Hombre de amor*, *A besos y a muerte*, *Una pasión en París* y un largo etcétera[33].

---

31   14 de mayo, 1929. Ver también el anuncio del disco «Always Sevilla, yes», nuevo foxtrot de Ibarra por la orquesta «Demon»s Jazz».
32   «Nuestro itinerario: política y cinema», en *Nuestro Cinema*, septiembre, 1932.
33   Al menos dos de estas noveluchas fueron adaptadas para la pantalla. Llegada la República, su autor editó un folletín rabiosamente anticomunista, picarescamente llamado *Al servicio del pueblo*, donde la defensa del orden establecido iba a la par con una abundante publicidad de los títulos mencionados.

En cuanto a los deportes (en particular el futbol y el boxeo) se observa igualmente la formación de un público pasivo para espectáculos comerciales. Aquí la operación se acompañaba de toda una infraestructura: su propia prensa, una industria de prendas deportivas, etc. Los resultados desoladores fueron subrayados por Joan Vallespinós al referirse a la juventud barcelonesa de entonces:

> Mireu-los com llegeixen un diari esportiu resseguint tots els incidents futbolístics de la jornada anterior. Gols, gols, dones, prostitució..., heu-vos ací el lema que avui predomina en els joves entenimentats, en els hereus de la generació d'ahir[34].

El hecho de que el modelo fuese a menudo extranjero solamente sirvió para acelerar el proceso de desculturalización. Díaz Fernández mostró su preocupación por este fenómeno en su reseña de *Yanquilandia bárbara*, de Alberto Ghiraldo[35], así como César Falcón, entonces corresponsal en Londres, al comentar cierta boga por lo hispánico en la capital británica —los compases del «Valencia» y la raqueta de Lili Álvarez—, añadiendo:

> las partidas de polo, en las cuales se han juntado los equipos español y argentino en una admirable conjunción racial, los juegos de la Srta. Álvarez, los bailarines hispánicos de «charleston» son, en realidad, anglicanismo[36].

España estaba en vías de despersonalizarse en favor de unos modales anglosajones y para confirmarlo Falcón citó las palabras del *Times*: «España es gran amiga de nosotros, y nos ha imitado siempre».

Un proceso clásico se generaliza: hundimiento de los valores establecidos, desorientación, pérdida de la identidad y alienación: éstas eran las circunstancias que preparaban el terreno para una cultura alternativa.

Primeros contactos con las sociedades en vías de transformación

Hemos examinado la manera en que la experiencia alemana de la guerra, interpretada por escritores como Glaeser y Remarque, podía esclarecer a la joven generación española el sentido de sus

---

34 «Herències: hereus», en *Ideari*, 1 de diciembre, 1929.
35 *El Sol*, 8 de marzo, 1929.
36 *Ibid.*, 18 de julio, 1926.

propias experiencias: en el estado que acabamos de esbozar no es sorprendente que se desarrollara un creciente interés en la evolución de otras sociedades cuyas dificultades pudieran corresponder, aunque fuera indirectamente, con la actualidad española. La fascinación del público español por la pérdida de la República de Weimar y su ilusión o su miedo ante los albores de una nueva sociedad en la Rusia soviética eran naturales, dado el dramatismo febril de estas transformaciones, realzadas, como lo estaban, por el fulgor de una creación artística excepcionalmente rica en ambos países.

Aparte de unas iniciativas muy tempranas, como la de Ángel Pumarega al fundar en 1922 la Unión Cultural Proletaria, le era muy difícil al español interesado el obtener noticias veraces sobre los acontecimientos en la lejana Rusia. Contribuía a estas dificultades la repugnancia visceral hacia todo lo soviético por parte de ciertos comentaristas; repugnancia todavía visible en 1932 en el caso de Edmundo González Blanco al prologar una colección de cuentistas rusos:

> Como es sabido el cataclismo material y espiritual que determinó la implantación del comunismo en Rusia no solo produjo millares de víctimas, exterminadas entre tormentos monstruosos y horrendos, sino la subversión y la demolición de cuanto significaba libertad, individualismo y cultura... Redactores, literatos y sabios fueron tratados con el mismo ensañamiento por las turbas odiosas e infames de esclavos sublevados y todopoderosos[37].

Álvarez del Vayo se quejó del hecho de que la menor alusión a la sociedad comunista era motejada en el acto coma propaganda. El tópico de la incultura y la ausencia de vida intelectual persistía, a pesar de las traducciones de novelas contemporáneas y la llegada a las pantallas españolas de películas como *La Madre* y *El Acorazado Potemkin*[38].

Estas consideraciones nos permiten abordar el interesante y complejo problema de la penetración de nuevas influencias culturales e ideológicas en España, así como el examen de cómo se llega a un conocimiento de las experiencias y realidades extranjeras. Pensamos en seguida en las circunstancias especiales que abrieron paso a la influencia de Krause en España o en los interesantes comentarios de

---

37 *Los grandes cuentistas de la nueva Rusia*. Madrid, 1932.
38 «Cómo se trabaja en Rusia», en *El Sol*, 30 de abril, 1927.

Alistair Rennesy sobre el conocimiento irregular del pensamiento de Proudhon por parte de los federalistas españoles[39].

A este respecto el examen del trabajo de traductores, editoriales y corresponsales en el extranjero durante los años veinte y treinta puede ser muy significativo. «Hasta hace muy poco», decía Guillermo Díaz Plaja en 1931, «las letras castellanas han adolecido de una falta absoluta de traductores.»[40] Es verdad que se trata aquí de dos lenguas poco conocidas en España: el alemán, limitado a los autodidactas o a clases particulares para los interesados en cuestiones filosóficas, y el ruso, casi desconocido. Esto explica algunos aspectos de los problemas estudiados por George Schanzer en su valiosa bibliografía hispano-rusa[41]: las traducciones indirectas (del francés principalmente) de los clásicos como Tolstoi y Dostoievski, el hecho de que se pudiera sacar una tirada de más de una obra en traducción (con títulos distintos) de un libro como *Los Hermanos Karamazov*. Explica asimismo los éxitos inesperados, como ocurrió en el caso de Andreiev, o la extraña mezcolanza de obras políticas, científicas, seudocientíficas y filosóficas ofrecidas a los españoles por la Editorial Maucci. En la mayoría de los países europeos se podían encontrar las mismas deficiencias: Andreu Nin podía enorgullecerse de su traducción de *Crimen y Castigo* al catalán en 1929: «La traducció que oferim al lector català no sols és Integra sino que és l'unica íntegra que existeix a occident». Pero todo dependía de un grupo reducido de traductores como el propio Nin, el asiduo Nicolás Tasín o Ángel y Manuel Pumarega: al acercarse los años treinta la aparición de nombres de traductores tales como Eduardo de Guzmán, Ángel Estivill y Wenceslao Roces revela la fuerte motivación casi misionera que les impulsaba a emprender esta dura tarea.

En cuanto a las casas editoras tenemos dudas sobre el posible oportunismo de ciertas iniciativas, sobre todo durante la ola de traducciones y libros de viaje aparecidos en toma al advenimiento de la República. Pero, con la bibliografía de Schanzer y los estudios de Víctor Fuentes y José Esteban[42], empieza a ser posible advertir la importancia de los esfuerzos de editoriales coma Cenit, Historia Nueva, Oriente,

---

39   *The Federal Republic in Spain*. Oxford, 1962, pp. XIII-XIV.
40   «En torno a las traducciones», recogido en *Vanguardismo y protesta*. Barcelona, 1975, p. 78.
41   *La literatura rusa en el mundo hispánico: bibliografía*. Toronto, 1972.
42   V. Fuentes. «Los nuevos intelectuales en España 1923-31», en *Triunfo* n°. 709, 28 de agosto, 1976; J. Esteban. «Editoriales y libros de la España de los años treinta», en *Cuadernos para el Diálogo*, n°. extra, XXXII, diciembre, 1972, pp. 58-62.

por nombrar algunas de las más importantes. En una de sus primeras notas publicitarias, Historia Nueva se presentó así:

> Historia Nueva, que ha iniciado sus colecciones en 1928, no es una empresa editorial, sino un propósito ideológico: cultural y político. Queremos hacer de Historia Nueva el vehículo, el medio de unión y organización de todos los hombres comprometidos en el esfuerzo de reconstituir la unidad espiritual de los pueblos de lengua hispánica.

Seguía una nota sobre Ediciones Oriente que

> ... trata de hacer una labor de cultura popular, pero no en el sentido que hasta ahora se ha dado a esta frase, etiqueta de toda mercancía chabacana, sino con el empeño de acercar al público de lengua castellana la vasta expresión de nuestro tiempo en orden a la obra impresa. Cultivaremos desde la novela y el ensayo hasta la biografía y el libro de viajes, cuidando de que nuestros libros reflejen siempre una zona de pensamiento moderno, con fines de orientación colectiva.[43]

Si un observador perspicaz coma Díaz Plaja quedaba impresionado par la extensión de estas actividades[44], es interesante hacer notar la advertencia de un anónimo redactor de *Mundo Obrero* que contrastaba la publicación de libros en España, esencialmente dedicada todavía a aquello que seguía consumiendo las clases medias, con la importancia de las ediciones proletarias en Alemania a base de folletines baratos y la colección «La novela a un marco»[45].

Al considerar las contribuciones periodísticas de los corresponsales españoles en Rusia y Alemania, saltan a la vista en seguida las enormes dificultades que encontraba la prensa española que, sin representantes regulares en estos países, tenía que contentarse a menudo con unas breves líneas de las agencias internacionales. En 1929, por ejemplo, con referencia a la salida de Trotski de Rusia, *El Sol* no pudo publicar más que un breve resumen de la prensa alemana[46]. La nota aparecida en *La Gaceta Literaria* a principios de 1928 refleja todos estos problemas:

> Coma entre nosotros no existe un servicio directo de noticias rusas, la Gaceta Literaria ha encargado a una distinguida escritora eslava, la Sra. Tatiana de Valero, el informe de novedades literarias de Rusia, consultando las revistas últimas y más selectas de la URSS[47].

---

43   *La Gaceta Literaria*, 15 de enero, 1929.
44   *Op. cit.,* p. 82.
45   «El libro proletario en Alemania», 18 de diciembre, 1931.
46   17 de marzo, 1929.
47   15 de febrero, 1928. Es interesante consultar la sección «La Rusia Soviética» en el libro de E. López campillo. *La «Revista de Occidente» y la formación de minorías*. Madrid, 1972, pp. 121-131.

Más tarde contrataron a «Valentina Jdanowa», seudónimo de «una fina dama rusa residente en Madrid» –y par lo tanto probablemente desterrada– cuyos pocos contactas con la Rusia de entonces se detectan en su primera reseña, dedicada a *El Tzar y la Tzarina* de Gourko[48]. No hay que olvidar tampoco una mala tradición de periodismo superficial a lo Julio Camba, la cual se asoma a veces en los reportajes de Alemania de Recasens Siches[49]. Pero hasta el periodista más experimentado tenía que superar la completa ignorancia de sus lectores. Así, repetidas veces, el corresponsal se limitaba a los hechos básicos. Cuando Joan Cortes i Vidal escribió sobre el teatro ruso contemporáneo no hizo más que alistar nombres de autores, directores y actores sin hacer el menor comentario y sin llegar a conclusión alguna[50]. De todos estas trabajos son los de Julio Alvarez deI Vayo, que aparecieron más tarde en forma de libros, los que ofrecen mayor información a sus lectores, resultado tal vez de sus conocimientos lingüísticos[51].

Finalmente, hay que aludir a los innumerables libros de viajes: de Fernando de los Ríos, Rodolfo Llopis, Julián Zugazagoitia, Isidoro Acevedo, Angel Pestaña, sin mencionar las visitas de Sender, Alberti y Max Aub. Si bien éstos son los mejores del género, todos tienen un fuerte elemento periodístico y sufren inevitablemente de la barrera de la lengua. No todos resisten a fáciles generalizaciones, como es el caso del estudia titulado *La República de Treballadors. Impresions d'un viatge a la URSS* por J. Terrasa, que describió al pueblo ruso con estas breves palabras:

> En primer lloc, el poble rus, en si, ja té aquest instint primitiu, gregari, que tan apte el fa per a ésser format i manajat a gratcient. És pasta de poble, més que poble mateix. És un conjunt en el qual el procés d'individualització encara no ha avançat gaire[52].

A todos les faltaba la íntima experiencia de la vida en Rusia adquirida por Andreu Nin, experiencia que se refleja a través de la inmensa variedad de sus escritos.

En una situación parecida el peligro de una visión deformada está siempre presente: cualquier reportaje, libro de viajes u obra literaria, por incompleta que sea, puede adquirir una aureola de autoridad

---

48   15 de noviembre, 1928.
49   Ver, por ejemplo, «Costumbres alemanas (Fiestas de Pascua), en *El Sol*, 13 de enero, 1926.
50   «El teatre a la URSS», en *Mirador*, 5 de maye, 1932.
51   *La nueva Rusia*. Madrid, 1926; y *Rusia a los 12 años*. Madrid, 1929.
52   *Mirador*, 24 de diciembre, 1931.

¿Cuantos juicios e interpretaciones dependían de traducciones defectuosas de obras caprichosamente escogidas como el *Teatro Revolucionario Ruso*,[53] traducido y prologado por Cristóbal de Castro incluyendo *Fuera de la ley*, de Lunst, *La moneda falsa*, de Gorki, y *El que recibe las bofetadas*, de Andreiev? ¿Y cuál fue la casualidad que condujo a uno de los miembros del grupo teatral del Bloc Obrer i Camperol a leer *Le Théâtre russe contemporain*, de Nina Gourfinkel (publicado en París en 1931 y adquirido por la biblioteca del Ateneo barcelonés en el mismo año), y qué influencia había podido ejercer en la formulación de los objetivos de este grupo de «agitprop»?[54]

Las traducciones de novelas rusas, su recepción y el debate a que dieron lugar merecen una mención aparte. Las novelas postrevolucionarias hicieron su aparición en España en 1926, empezando con *El tren blindado*, de Vsevolod Ivanov, y *Los Tejones*, de Leónidas Leonov, ambas publicadas por la *Revista de Occidente*, aunque, en un principio, provocaron poca discusión en las páginas literarias de los periódicos nacionales. Los críticos, a pesar de su manifiesto interés, las consideraban casi exclusivamente desde la perspectiva de las normas novelescas entonces reinantes en la Europa occidental. Juan Chabás, reseñando *Las ciudades y los años*, de Constantino Fedín, habla del

> ... desequilibrio [de la novela] y los defectos generales a la mayor parte de la producción rusa; defectos, o si se quiere, cualidades antioccidentales: desproporción, misteriosa ingenuidad, desasosiego formal.[55]

Francisco Ayala, comentando *Los Tejones*, la examina como una proyección de la literatura rusa del siglo diecinueve, mostrando su preferencia por cierta visión de lo agreste en la literatura eslava:

> Aquella cosa bárbara, abismática y formidable que había en la literatura rusa no ha degenerado con el injerto de alegría revolucionaria y occidental.

Al calificar la novela de «grito de hombre nuevo, deportivo» revela, hasta en su vocabulario, la imposición del contexto español, lo que no iba a facilitar su comprensión par parte de los lectores españoles[56]. Gómez de Baquero, escribiendo sobre *El tren blindado*, da por sentada su convicción de la perennidad de los valores literarios por él conocidos: «No es de esperar una revolución estética, inesperada e in-

---

53   Madrid, 1929.
54   M. Faure, «Els teatres errants», en *L'Hora*, 9 de octubre, 1931.
55   *La Libertad*, 6 de mayo, 1927.
56   «Libros rusos», en *La Gaceta Literaria*, 15 de septiembre, 1927.

audita. El artista parte de las formas conocidas»⁵⁷. Siempre en torno a *El tren blindado*, Enrique Díez-Canedo excusa ciertos defectos estilísticos al hablar de la situación del escritor ruso que no «dispone de largas sesiones tranquilas para consagrarlas a una labor depuradora», como si la Revolución hubiese sido un pequeño intermedio desafortunado⁵⁸. Solamente algunos escritores de la joven generación iban a poder penetrar en la significación de la novela revolucionaria.

El tráfico cultural entre Alemania y España estaba más firmemente establecido. Los textos fueron mejor traducidos y presentados por conocedores de la literatura alemana coma Roces y Alavedra, y los trabajos de un especialista coma Ricardo Kaltofen, comentando en varias revistas el teatro contemporáneo a los movimientos artísticos, limitaron los peligros de deformación por medio de una presentación razonada y continua. La extensión de los intercambios culturales fue subrayada durante la Exposición Internacional del Libro Alemán. *La Gaceta Literaria* publicó un número especial sobre dicho tema con una contribución de su corresponsal alemán, Maximo José Kahn, que destacó la importancia de la introducción de la enseñanza del alemán en los Institutos en 1927⁵⁹. Giménez Caballero describió el trabajo del Centro Germano Español de Intercambio Intelectual y anuncio el establecimiento de una catedra de Lengua y Literatura Alemanas en la Universidad de Madrid. El catedrático Petriconi fue presentado con su breve artículo sobre «La nueva literatura alemana», pero, aparte de la novela de guerra, las innovaciones artísticas y culturales no siempre se impusieron en la prensa española, con la excepción de algún que otro estudio como los de Alavedra, «El gabinet del Dr. Caligari»⁶⁰, o Kaltofen sobre «la moderna pintura alemanya d'art popular i obrer» en que se mencionó, posiblemente por primera vez en España, el movimiento de arte realista «Neue Sachlichkeit»⁶¹. Más tarde Renau iba a presentar a artistas alemanes como John Heartfield, Georg Grosz y Adja Junkers en las páginas de *Orto*, pero, a pesar de todos los entusiasmos de 1928, encontramos de nuevo zonas en que los conocimientos eran superficiales y limitados. Kahn, en su artículo antes mencionado, cuenta un caso curioso con referencia a la traducción de las obras de Thomas Mann: «Se proyectaba una tra-

---

57 «Revolución y literatura», en *El Sol*, 28 de mayo, 1926.
58 «Nueva Literatura rusa», en *El Sol*, 13 de mayo, 1926.
59 «El libro alemán contemporáneo», en *La Gaceta Literaria*, 1 de mayo, 1928.
60 *Mirador*, 11 de julio, 1929.
61 *Ideari*, 1 de noviembre, 1929.

ducción al castellano del *Zauberberg*, pero no agradan en este país los tomos gruesos. Habrá que decidirse por *Unordnung und frühes Leid»*, que para Kahn era poco más que una novelita. Más interesante aún era la reputación de Erwin Piscator en España, idolátrica a veces, mientras que se ignoraba a Brecht. Su obra teatral fue mencionada por Alvarez del Vayo en *La senda roja*[62] y también apareció un estudio en *Postguerra* en julio de 1928 y otro del incansable Kaltofen en 1929[63]. La publicación de su *Teatro Político* en 1930 provocó más comentarios: a pesar de referencias detalladas a las complejidades escénicas de su teatro, el tema del teatro proletario o de masas siguió dominante, creando una ilusión de facilidad en cuanto a su realización.

La referencia al teatro de Piscator nos lleva a examinar los primeros comentarios sobre la literatura proletaria en los años veinte. Hemos hecho alusión a la poco conocida Unión Cultural Proletaria de Ángel Pumarega que preparó el terreno, así como la publicación de un breve estudio de Trotski, «La verdadera poesía de la revolución», en *La Batalla* en 1923[64]. Luego, gracias a la censura de la Dictadura, tenemos que esperar hasta 1928, aunque la discusión no se basaría en la experiencia rusa, mal comprendida por muchos como hemos visto. Refiriéndose a la publicación de *Cemento*, de Gladkov, Gómez de Baquero afirmó rotundamente: «El arte proletario ha fracasado en Rusia»[65]. Debido a las mejores vías de comunicación cultural, las referencias se dirigen al modelo francés. Arturo Perucho habló de la encuesta sobre literatura proletaria organizada por Henri Barbusse en su revista *Monde*,[66] encuesta que provocó expresiones irónicas de incredulidad por parte de Gómez de la Serna[67] y Pedro Mourlane Michelena[68].

Con el número especial de *La Gaceta Literaria* dedicado a «Los obreros y la literatura»[69] vemos aparecer de nuevo la tradicional, decimonónica literatura social o «de pobres». Esto también puede aplicarse al artículo de Julián Zugazagoitia, «Los obreros y la literatura»,

---

62   Madrid, 1928, p. 288.
63   «El teatre polític proletari», en *Ideari*, 1 de diciembre, 1929.
64   4 de mayo.
65   «La atracción de la novela rusa. El cemento», en *El Sol*, 6 de enero, 1929.
66   «Temes del nostre temps. Literatura proletària», en *Taula de Lletres Valencianes*, octubre, 1928.
67   «Los interrogantes de Barbusse», en *El Sol*, 18 de octubre, 1928.
68   «Arte proletario», en *La Gaceta Literaria*, 15 de septiembre, 1928. La revista barcelonesa *Ideari* también organizó una encuesta sobre este tema en diciembre de 1929 pero nunca se llevó a cabo.
69   15 de septiembre, 1928.

aparecido también en *La Gaceta* el 1 de febrero de 1927. La triste realidad se hizo ver en la respuesta de un obrero, publicada el 1 de junio de 1928, en que se afirmaba que los obreros pasaban más tiempo leyendo a Carretero y Novillo (El Caballero Audaz) que a Galdós. Pocos fueron los que, como Rivas Cherif o el equipo de *Postguerra*, se dieron cuenta de los cambios culturales «casi geológicos» producidos por la Revolución Rusa. Este juicio puede parecer negativo al limitar tanto el número de verdaderos simpatizantes con las nuevas tendencias, pero cualquier examen de los años veinte se tiene que basar en su mayor parte en la prensa burguesa, lo que explica más fácilmente la tibieza de muchas actitudes. Sin embargo, poco a poco los cambios fueron produciéndose. La disolución de la vanguardia artística hacia finales de la década es ahora un tema bien conocido: las tensiones que la presagiaban pueden verse en el interior de *La Gaceta Literaria*. La escisión, ya visible en las contestaciones de Arconada y Eugenio Montes a la encuesta sobre política y literatura publicada en 1927,[70] se define aún más claramente en torno a la publicación de la novela de Díaz-Fernández, *El Blocao*, libro que llamaríamos generacional. La irritación de Giménez Caballero[71] marca una línea divisoria entre los dos grupos y la ulterior encuesta sobre el arte de vanguardia en 1930[72] no forma sino un epílogo. Terminemos con las palabras de Carmona Nenclares, escritas en 1936, sobre las influencias esenciales de la época: «Lo queramos o no nosotros, hemos entrado en la vida social empujados por la guerra y la Revolución rusa».[73]

Con la caída de la Dictadura y el advenimiento de la República los entusiasmos se desencadenaron, poniendo fin a las frustraciones de la Dictadura y permitiendo, durante unos breves meses, todas las esperanzas, por muy utópicas que fuesen. Cada uno soñaba con una sociedad nueva que sobrevendría casi por ensalmo (...) Existía la creencia, no exenta de cierta ingenuidad, en la unión de todos los hombres de buena voluntad, euforia que se detecta en los primeros números de *Nueva España*:

> De todas partes nos escriben los elementos liberales, animándonos a continuar con los propósitos de nuestro programa, es decir liberalismo, democracia, socialismo, laicismo, republicanismos[74].

---

70 Reproducidas en la antología de Carmen Bassolas. *La ideología de los escritores*. Barcelona, 1975, pp. 197-225.
71 Ver «Un libro de banquete», en *La Gaceta Literaria*, 1 de agosto, 1928.
72 Publicada en el número del 15 de junio.
73 «Un novelista de postguerra», en *Claridad*, 23 de mayo, 1936.
74 Número 2, 15 de febrero, 1930.

Fermín Galán fue erigido santo del movimiento con su retrato en la portada de la revista, seguido por el artículo de Arderíus, «¡Galán! ¡Galán! ¡Galán!»[75] y luego, inmediatamente después de las elecciones de abril, el editorial titulado «Empieza la Revolución» que afirmaba «La sangre del héroe ha sido fecunda... Queremos la República de los productores, atea, socialista, anticlerical, sostenida por un Ejército del Pueblo».[76] Quedaba por saber qué clase de cambio iba a producirse: una profunda revolución social y cultural abarcando a toda la nación o una tímida «revolución» burguesa.

Formas en que fueron expuestas y debatidas estas ideas

Prosa.— El prestigio de la Generación de 1927 explica el sin número de estudios aparecidos sobre la poesía española de aquel entonces: sobre los aspectos que nos interesan aquí, hay una amplia documentación en los libros de Lechner[77] y Cano Ballesta[78] que hace superfluo todo comentario adicional. Igualmente el reciente estudio de Manuel Aznar sobre el II Congreso de Escritores Antifascistas nos proporciona una información muy completa sobre la época, esclareciendo una multiplicidad de problemas, tales como los numerosos Congresos internacionales de escritores y artistas y su influencia en las organizaciones ideadas por los escritores españoles para facilitar el acceso del proletariado a la cultura literaria, así como los contactos entre la clase obrera y los intelectuales[79]. Las actividades de estas formaciones se distancian del paternalismo de las tentativas anteriores tales como el bien conocido número especial de la *Gaceta Literaria* sobre «Los obreros y la literatura».[80] Los fines propuestos por Joaquín Arderíus para la Asociación Hispanoamericana, filial de la Asociación de Escritores Proletarios Revolucionarios, eran muy otros:

> ¿Los fines? Todos los escritores que pertenezcan a ella tienen que trabajar por la revolución social y su obra social y literaria estará

---

75 13 de febrero, 1931 y el 25 de marzo, 1931, respectivamente.
76 17 de abril, 1931.
77 *El compromiso en la poesía española del siglo XX*. Leyden, 1968.
78 *La poesía española entre pureza y revolución*. Madrid, 1972. Ver especialmente el capítulo IV, «Poesía y revolución (1934-36)».
79 Hay que señalar la Asociación de Escritores y Artistas Revolucionarios, la Unión de Escritores y Artistas Revolucionarios, la Asociación de Escritores Proletarios Revolucionarios y la Asociación Internacional de Escritores para Defensa de la Cultura.
80 15 de septiembre, 1928.

controlada por un Comité obrero. Esta Asociación organizara la crítica de libros por la masa proletaria.[81]

El mismo propósito de posibilitar este acercamiento se refleja en las llamadas para colaboraciones obreras que aparecían a menudo en *Sin Dios*, en el programa de *Octubre* o en el concurso de reportajes obreros organizado por la revista *Línea* en noviembre de 1935. Sin embargo, la dificultad experimentada por estas revistas en obtener aportaciones subraya el problema primordial expuesto así por Aznar:

> Ni estaba constituido un circuito de lectura obrera ni el mundo editorial encontraba un mercado literario entre un proletariado y campesinado alejado de la cultura y el libro.[82]

Para dar salida a la obra de los nuevos escritores activamente comprometidos aparecen colecciones como «La Novela Roja», «La Novela Proletaria» o la «Biblioteca de los Sin Dios» entre otras muchas. «La Novela Roja sale a la luz en junio de 1931[83] con la maravillosa, rocambolesca ficción de Ricardo Baroja, «Historia verídica de la Revolución», revelando cómo la caída de la Monarquía había sido la obra de

> ... Madame X, enviada secreta de la URSS. Es alta, rubia, de ojos grises y tez oscura. Desordenadas pasiones, organismo ardiente, voluntad de hierro... Y allí donde no llega su dinero llega el efecto tórrido de su feminidad. Vence donde clava sus ojos de tigresa siberiana.

En cuanto a la orientación de «La Novela Roja», «será definida por los nombres de nuestros colaboradores», pero la heterogeneidad de éstos, comprendiendo a marxistas y socialistas como el mismo Baroja, J. A. Balbontín, Alicio Garcitoral, Margarita Nelken, César Falcón y hasta reformistas como Antonio Espina y Díaz Fernández indica la ausencia de una tendencia definida. Como ocurre tantas veces se asoma el oportunismo de las editoriales: «La Novela Roja» ocupaba la misma sede que las Ediciones Vulcano y siempre hacía sitio entre sus páginas para la promoción de las publicaciones de éstas, tales como *Niñas* «bien» *de casa* «mal», *La carne manda* o *Mujercita loca*, todas de «Luis León». «La Novela Proletaria», que iba íntimamente ligada a la «Biblioteca de los Sin Dios», fue más abiertamente

---

81 «Una interviú con Joaquín Arderíus, el primer escritor español comunista», en *Nosotros*, 1 de agosto, 1931.
82 *Op. Cit.*, p. 61.
83 El programa anunciaba un formato de 16 grandes páginas semanales a un precio de 20 céntimos.

dirigida a un público popular. Los autores eran en su mayor parte libertarios (Ángel Pestaña, Samblancat, Eduardo de Guzmán o Ramón Magre) aunque hubo excepciones como Balbontín o César Falcón por no mencionar oportunistas como Rodrigo Soriano. A pesar de las manifiestas limitaciones de la colección, características de antecesoras como «La Novela Ideal» o «La Novela del Pueblo» y aún más visibles en la «Biblioteca de los Sin Dios»[84], su popularidad era indudable, con una venta nunca inferior a treinta mil ejemplares según los editores.

En cuanto a la base teórica de las innovaciones de los prosistas, es bien conocida la confusión existente sobre la expresión «novela social» y la escasa penetración en España del realismo socialista. De vez en cuando se asoma algún comentario sobre la cuestión, como el prólogo de M. Pumarega a la novela de Serafimovich, *El torrente de hierro*:[85]

> Lo que caracteriza ante todo a esta escuela es su espíritu utilitario, la preferencia otorgada a los actos sobre lo que hay de puramente contemplativo en la literatura de imaginación. Por eso los escritores de esta escuela no se preocupaban gran cosa de la belleza de estilo... *El torrente de hierro*, al que se considera justamente en Rusia como la mejor obra de Serafimovich, es en realidad un grandioso reportaje ligeramente novelado.

Enrique Montero ha descrito a César Arconada como el «único teórico de la literatura revolucionaria»[86]. En una obra como *Reparto de Tierras*, publicada en 1934, se encuentra una clara conciencia de los fines sociales de su novela, no solamente en el prólogo, en que contrasta la realidad auténtica con los falsos conocimientos inculcados por la enseñanza oficial y los giros lingüísticos de la burguesía, sino también en la manera en que los personajes de su aldea extremeña tipifican las distintas clases sociales para así pintar los conflictos ideológicos y sociales en forma novelada.[87]

La corriente hacia una literatura documental recibió un apoyo importante de las películas documentales que entonces aparecían en Alemania y Rusia. En 1931 Juan Piqueras, en un artículo titulado «Dos exponentes de la vida de un pueblo»,[88] anunció que los Amigos de *Monde*, el círculo de Barbusse, habían iniciado una serie de sesiones

---

84 La obsesión anticlerical de su director, Augusto Vivero, salta a la vista en los títulos de la colección: *Las alegres abuelas de Jesucristo, Jesucristo, mala persona, La absurda virginidad de María, ¡Eso de las hostias!,* todos por el mismo Vivero.
85 Madrid, 1930.
86 Enrique Montero, «Revelación de una revista mítica» en *Octubre,* Vaduz: Topos Verlag, 1977, p. XXXV.
87 Por la que se refiere al debate entre los novelistas rusos sobre la tipificación de los personajes ver H. Ermolaev. *Soviet Literary Theories, 1917-34. The Genesis of Socialist Realism*. Berkeley, 1963, p. 153.
88 *El Sol*, 8 de febrero, 1931.

cinematográficas con películas de este género, empezando con *Tal es la vida*, del alemán Karl Junghans. Las obras del cineasta ruso, Dziga Vertov, dieron lugar a numerosos comentarios[89] y es interesante ver cómo C. P. Llopard, organizador de un grupo de teatro proletario, expresó su entusiasmo por este estilo[90]. En lo que concierne a la prosa, fueron varios los escritores que se dedicaron a reportajes o reportajes novelados que aparecieron en la prensa, sobre todo después de la represión en Asturias de 1934[91].

Finalmente, hay que mencionar la influencia de los esfuerzos de escritores como Brecht y Piscator en destruir la idea del «milagro» de la creación individual por media de obras cooperativas[92]. En España «Suma y sigue a el cuento de nunca acabar», aparecido en *Línea*, a finales de 1935 y principios de 1936, con la colaboración de Arconada, Sender y varios otros escritores, constituye una primera experiencia en este sentido, pero el ejemplo más acabado es la *Historia de un día de la vida española* que apareció en *Tensor* en octubre de 1936 como obra colectiva, sin duda con aportaciones de sus colaboradores regulares entre los que hay que mencionar a Arconada, Arderíus, Carranque de Ríos, Antonio Espina, Francisco Pina, Renau y Sender.

TEATRO.– La historia del teatro en España durante los años treinta se destaca por distintas tentativas de renovación dirigidas contra el teatro burgués establecido. Para permanecer dentro de los limites propuestos para este estudio será necesario hacer caso omiso de muchos de estos conflictos, sobre todo en lo que se refiere al teatro profesional[93]: si vamos a detenernos a examinar la multiplicidad de declaraciones, entrevistas y artículos sobre el tema del teatro proletario publicados en 1933, no hay que olvidar la existencia de una contracorriente constituida por lo que Núñez de Arenas llamó «sainetes de propaganda católica» como *Teresa de Jesús* de Marquina[94] o

---

89   Ver el artículo de S. Kracauer. El «cinema-ull de Dziga Vertov», en *L'Hora*, 18 de marzo, 1931.
90   «El Cinema Soviètic». Dziga Vertov, en *L'Hora*, 29 de agosto, 1931.
91   Ver R. Sender. «El guaje» en *Ayuda*, 15 de abril, 1936; y José NIETO, «La cerrojada». Relata auténtico de un preso político proletario» en la misma revista, 15 de junio, 1936. Ver también el apéndice «La literatura al servicio de la leyenda de Casas Viejas» en *Historia y Leyenda de Casas Viejas* de G. Brey y J. Maurice, Madrid, 1976.
92   Ver T. Eagleton. *Marxism and Literary Criticism*, Londres, 1976, Capítulo IV, «The author as a producer».
93   Para los aspectos de la obra de Alberti, relevantes aquí, remitimos al lector a los estudios de R. Marrast. *Aspects du Théâtre de Rafael Alberti*. París, 1967; y L. B. Popkin. *The Theatre of Rafael Alberti*. Wisconsin, 1972.
94   *La Voz*, 25 de marzo, 1933.

Santa Teresita del Niño Jesús de Vicente Mena, sin mencionar el éxito bien orquestado de *El Divino Impaciente* de Pemán, estrenado en el aniversario del golpe primorriverista en el Teatro Beatriz donde había sido presentado, con tanto escándalo, *AMDG*[95].

Las confusiones terminológicas que hemos encontrado anteriormente se reproducen también en las discusiones sobre una posible popularización del teatro: teatro popular, del pueblo, proletario o de masas son expresiones repetidas hasta la saciedad por los grupos más diversos. Cenit presentó *El Teatro Político* de Piscator y el *Teatro de la Revolución* de Romain Rolland[96] en la misma colección, lo que hace suponer que muchos lectores iban a asociar dos textos de tendencias tan distintas. El ensayo de Romain Rolland, con un título tan sugestivo, fue prologado por Araquistain muy en la línea del tímido reformismo burgués subrayado por Miguel Bilbatúa[97] al comentar su obra del año siguiente, *La batalla teatral*. Una ambigüedad parecida se asoma en la conferencia «Teatre del Proletariat» de Ramón Vinyes en que pareaba la definición de Romain Rolland: «Teatre del poble es teatre de cultura. El teatre del poble, pel sol fet d'ésser del poble, serà un teatre revolucionari» y la de Stalin: «Teatre del proletariat... ha de servir per l'educació socialista de les masses: per apuntalar la dictadura del proletariat»[98]. En el clima de 1931 ¿quién no iba a pasar por revolucionario? Bajo el epígrafe «Un Teatro del Pueblo» podemos leer en *La Libertad* del 24 de junio, 1931:

> Don José Martínez Ruiz, «Azorín» y don Valentín de Pedro, hicieron una visita al alcalde, don Pedro Rico, para pedirle su ayuda en favor de un Teatro del Pueblo. Trátase de una temporada en el Español a base de obras de carácter popular y revolucionario.

La expresión «teatro para el pueblo» ha sido utilizada muy acertadamente por Miguel Bilbatúa para referirse al Teatro de las Misiones Pedagógicas, La Barraca, El Búho y el Teatro Universitario Catalán, para él todos formando parte de una «corriente populista-culturalista... dentro de cierta línea del republicanismo radical y socialdemócrata», resultado de su consideración idealista de los bienes culturales y del pueblo coma depositario de unas esencias «populares»[99]. La ausencia

---

95 Ver M, D. McGaha. *The Spanish Theatre during the Second Republic*. Tesis doctoral inédita de la Universidad de Tejas, 1970, p. 324.
96 Madrid, 1929.
97 M. Bilbatúa. *Teatro de agitación política, 1933-1939*. Madrid, 1976. Presentación, pp. 14-22.
98 *El Carrer*, 10 de septiembre, 1932.
99 *Op. cit.*, p. 33.

de identificación con el pueblo por parte de estos grupos universitarios se capta en las últimas líneas del reportaje de Llado Figueres sobre La Barraca:

> Acabada la representació els estudiants, amb quatre salts, despleguen l'escenari i emprenen el retorn a la capital. Deixen al poble llibres i gramòfons.[100]

La influencia de autores y teatros extranjeros en las polémicas de aquellos años no deja lugar a dudas. Como en otros dominios artísticos, la fascinación de la actividad cultural surgida de la Revolución Rusa se hizo sentir poderosamente a pesar de que el teatro ruso se conocía poco en España antes de las visitas a Rusia de Alberti, Aub, y Sender en 1933. Así es que se producen frecuentes adaptaciones escénicas de novelas rusas por parte de grupos de teatro buscando obras con clara inspiración radicalizada, tales como la versión de *La semana* de Lebedinski preparada por el ex-libertario Ramón Magre para el Teatro de Masas barcelonés en 1933[101], o la obra de Isaac Pacheco, *Primero de Mayo*, basada en *La Madre* de Gorki[102]. Tampoco faltaban referencias al ejemplo alemán: la obra de Lebedinski antes mencionada era precedida por una adaptación de *Hinkeman* de Toller[103] y ya nos hemos referido varias veces al prestigio de Piscator en España. A pesar de las informaciones tan precisas ofrecidas por García Díaz a los lectores de *El Sol* en 1927 o, más tarde, por Fernández Armesto en *Nueva España*[104], dominaba la ilusión característica de los años 1930–1931 cuando se esperaba el amanecer republicano: «Leer en esta coyuntura *El teatro político* de Piscator es como trasladarse a otro hemisferio escénico.» Escribió Díaz Fernández en *El nuevo romanticismo*[105]. Para muchos imitadores se trataba efectivamente de la tierra prometida anunciada por el profeta alemán: la fe así despertada les impedía a menudo definir los problemas ocasionados por las dificultades de adaptar los métodos de Piscator al contexto español y la in-

---

100 «Teatre Universitari la Barraca», en *Mirador*, 2 de febrero, 1933.
101 La obra de Lebedinski fue mencionada por Julián Gorkín en su artículo «La nueva literatura rusa» aparecido en *La Batalla*, 19 de noviembre, 1931. El estreno de la versión española, titulada *Los forjadores*, fue reseñado en *La Batalla*, 30 de marzo, 1933.
102 Publicada en la colección Teatro del Pueblo. Madrid, 1934. La bien establecida tradición de funciones teatrales para marcar las fiestas del trabajo, etc., fue mencionada por Rivas Cherif en *La Pluma*, julio, 1920, p. 118 con referencia a una representación de *Un enemigo del pueblo*, de Ibsen en la ocasión del Congreso de la U.G.T.
103 J.V. «Teatro de Masas», en *La Batalla*, 22 de diciembre, 1932. La obra de Toller ya había sido escenificada en Alemania en 1921.
104 De García Díaz ver «Rasputín», en *El Sol*, 1 de diciembre, 1927. De Fernández Armesto. «Sobre la crisis del teatro», en *Nueva España*, 15 de febrero, 1930.
105 Madrid, 1930, p. 214.

existencia de autores y actores suficientemente preparados. Pocos fueron los que, como Díaz Fernández, situaron a Piscator dentro del coherente movimiento artístico entonces reinante en Alemania. El culto siguió, con fluctuaciones, hasta el último desengaño: la visita de Piscator a Barcelona en plena Guerra Civil –momento en que se pudo medir la distancia entre ilusión y realidad.

Por una curiosa casualidad Alberti, Aub y Sender visitaron Rusia, todos ellos en 1933[106]. En los tres casos los escritos sobre el teatro soviético representan un elemento importante en la evolución de sus ideas sobre el tema: pensamos en el entusiasmo de Sender por el teatro de agitación y propaganda que veremos disminuido al llegar 1936[107] o la manera en que las reservas de Max Aub sobre un teatro politizado iban a modificarse a medida que empeoraba el clima social en 1935-1936. Pero lo que nos interesa aquí es estimar la influencia que dichos escritos pudieran ejercer en el fortalecimiento del teatro proletario en España. Si el tan sonado artículo de Alberti: «La burguesía tiene el teatro que se merece»[108] produjo cierto revuelo en la prensa burguesa y si se podía pensar que el malogrado certamen de obras teatrales en un acto, organizado por *Octubre*, hubiera podido facilitar el trabajo de los grupos existentes, el examen de las actividades de éstos nos hace sospechar una separación casi completa entre los «agitadores» y los escritores profesionales. Uno de los grupos que mejor ejemplifica estos problemas fue el equipo patrocinado por el BOC, muy activa en Barcelona y su provincia entre 1931 y 1934, surgiendo de entidades como l'Associació Obrera del Teatre, establecida en 1927 en el molde paternalista de Adrià Gual. A la largo de 1931 activistas como M. Faure y C. Llopart en *L'Hora* y Joan Vallespinós en *La Batalla* contribuyeron con una serie de estudios sobre el tema del teatro del proletariado, y sus escritos manifiestan no solamente preocupaciones muy de la época (su rechazo del cine americano, del teatro burgués) sino también las dificultades a que antes hemos aludido (conocimiento limitado de obras y autores extranjeros, confusión de géneros, etc.). Estos órganos periodísticos siempre habían cultivado fines didácticos claramente determinados y la orientación de las páginas artísticas y el servicio de bibliotecas es testimonio de ello. Es muy posible que sus directores con-

---

106 Los reportajes de Alberti aparecieron en *Luz* en julio y agosto, 1933, los de Aub en el mismo diario en agosto y septiembre. Las impresiones de Sender aparecieron en el libro *Madrid-Moscú. Notas de viaje, 1933-34*. Madrid, 1934.
107 Ver «El teatro nuevo, en *Leviatán*», 1 de junio, 1936.
108 *El Imparcial*, 23 de abril, 1933.

cibieran el teatro proletario en términos parecidos. Los objetivos de la agrupación de teatro político de avanzada expuestos en *L'Hora* el 13 de junio, 1931, insistían en este aspecto de su trabajo:

> ... la missió no serà solament donar a conèixer les obrer més interessants de la producció proletària mundial, sinó que al mateix temps representarà la tribuna més elevada de la nostra ideología. [Además ha de] portar fins a les més llunyanes poblacions, amb un esforç de suprema voluntat, totes les noves idees creades entorn de la gran revolució social.

Desde las primeras producciones, que normalmente se estrenaban en la Sala Capsir de Barcelona, se organizaban representaciones, primero en otros barrios y luego en ciudades y pueblos como Badalona, Olot, Gerona, Villanueva y Sabadell[109] y al seguir estas actividades lo que emerge es el deseo de servirse del teatro como medio de divulgación ideológica. El hecho de que se organizara la publicación y distribución de los textos de las obras representadas sugiere que se las consideraba algo así como material propagandístico que los compañeros de otras localidades podrían utilizar sin más[110]. Hábilmente dirigida, tal campaña hubiera podido resultar muy eficaz pero la ilusión de facilidad iba sin duda a contribuir a los desengaños posteriores. En realidad el grupo fue acosado por una multiplicidad de inconvenientes: su primera presentación fue prohibida par las autoridades,[111] luego tuvieron que superar escisiones ideológicas dentro de la compañía,[112] pero la falta de un núcleo de miembros con experiencia profesional constituiría la dificultad más persistente. El primer manifiesto publicado en *L'Hora* el 15 de agosto de 1931, indicaba que todos eran estudiantes y obreros. El escaso conocimiento de las exigencias del teatro *agit-prop* se revela en la brevísima preparación para las actuaciones: para *Els forjadors*, la obra en tres actos de Magre basada en *La Semana*, los ensayos, a ritmo de tres por semana, empezaron el 23 de febrero para un estreno en el 18 de marzo. Para los directores el entusiasmo de los participantes sería suficiente para vencer las deficiencias:

---

109 Ver «Teatro de Masas», en *La Batalla*, 5 de enero, 1933.
110 Ver la lista de ofertas en *La Batalla*, 2 de febrero, 1933, que incluye *Sub-hombres*, *Reportatge* y *Els forjadors*, todas de Ramón Magre. *La Veus*, *Amèrica*, *vell país* e *Imatges*, de Joan Vallespinós; *El metallúrgic*, de Baptista Xuriguera, *Batecs del carrer*, de Joan Carol; *Hinkeman* y *Los destructores de máquinas* de Toller, terminando con un vestigio de una tradición anticuada, *Daniel*, de Dicenta.
111 «Teatro del Proletariado», en *La Batalla*, 1 de mayo, 1932.
112 «El Teatro del Proletariado y el B.O.C.», en *La Batalla*, 4 de agosto, 1932.

> El teatro profesional... podrá, sin duda alguna, sacar más provecho artístico de la obra pero les aventajará en cuanto a entusiasmo y desinterés, y lo que es más importante, en sinceridad del desarrollo de sus papeles[113].

En cuanto a las obras representadas ya hemos vista como, en su deseo de separarse de la cultura burguesa, los redactores de *La Batalla*, Magre, Vallespinós, Xuriguera y Joan Carol, compusieron sus propias piezas. Desafortunadamente Julián Gorkín sólo contribuyó con una obra, *La guerra estalla mañana*, estrenada el 17 de marzo de 1934, y representada con éxito en Gerona, Figueras, La Bisbal, Olot, Tarragona, Sitges, Sabadell y Mataró.[114]

En la presentación del grupo a la prensa barcelonesa Joan Vallespinós escribió:

> La novetat més sorprenent del nostre teatre està en la supressió gairebé total de decorats, la desaparició de l'apuntador i del teló. Hem suprimit els cartons grotescos per posarhi la llum del reflectors. Els actors ja no són actors. Son animadors. Ells i la llum es troben en plena possessió creadora. La puixança de l'esperit de l'obra anulla els compromisos convencionals, i tot s'esdevé en oscil·lant combinació fotogénica i teatral.[115]

Tal triunfalismo constituía un punto vulnerable que dificultaba su progreso y uno de los corresponsales de *L'Hora* lo condenó desde el principio de la experiencia:

> La creació és enemiga de l'estridència, la creació es producte de l'instint. Les obres totes presentades en el Teatre del Proletariat son d'una valor nulla... Cal, doncs, que comencem de nou.[116]

Poco a poco, en el curso del año 1934 se extinguen las referencias a sus actividades en la prensa y descubrimos, no con sorpresa, cuán fácilmente se podía regresar a la vetusta tradición de las «veladas artísticas»[117]. Bastante distinto fue el grupo madrileño «Nosotros», dirigido por César e Irene falcón. César Falcón ya había demostrado su interés en el teatro proletario mientras estaba en Londres y su fuerte personalidad explica sin duda cómo el grupo logró establecerse

---

113 «Teatro de Masas», en *La Batalla*, 16 de marzo, 1933.
114 «Las actividades del Teatro de Masas», en *La Batalla*, 16 de junio, 1934.
115 *La Publicitat*, 13 de abril, 1932.
116 Antoni Bonet Isard, *L'Hora*, 13 de noviembre, 1931.
117 El 13 de octubre, 1934 se anunció en *La Batalla* una velada que incluía danzas y canciones, un recital de violín y piano así como una representación del monólogo, *L'home de l'orgue* de Santiago Rusiñol.

en 1932,[118] venciendo muchos de los problemas que acabamos de estudiar. Así, nunca parece haber existido una carencia de obras: además del estreno de *Hinkemann* en 1932, se menciona la preparación de *Albergue de noche* de Máximo Gorki en 1933 y en abril del mismo año Irene Falcón señala también un proyecto para estrenar *La chinche*, de Maiakovski, y varias obras rusa y alemanas.

Una de las cuestiones más interesantes suscitadas por este grupo fue la de sus relaciones con los críticos de la prensa burguesa. A lo largo de la primavera de 1933 podemos seguir las reacciones de Antonio Espina, Juan Chabás y Max Aub a su trabajo. Es de lamentar el poco contacto entre los dos sectores: si, de un lado, los corresponsales de *Luz* negaron toda realidad a un teatro de *agit-prop*, del otro se manifiesta el peligro, ya señalado en el caso del grupo barcelonés, de aislarse por completo de toda crítica razonada. Joan Freixa, comentando esta discusión, aunque desde un punto de vista hostil a Irene Falcón, acertó en señalar la inmovilidad de los participantes:

> Tan bon punt un critic, enfrontat davant d'una obra de propaganda social, en un sentit subversiu, proclama la independència de l'art, sorgeixen de seguida una rèplica dels defensors i propugnadors de l'art utilitari, i una contra rèplica del critic i així successivament.[119]

La importancia de este grupo está en que, a pesar de todo, lograron superar la mayoría de los obstáculos y seguir ampliando sus actividades. En 1934, Irene Falcón habla de la formación de «La Central de Teatro y Cine Proletario»[120] y su grupo Teatro Proletario organiza una gira por varios centros asturianos[121]. Con esta inspiración surgen nuevos grupos como el del Socorro Rojo Internacional[122] o el de los Trabajadores de Banca y Bolsa. Este último mostró una clara conciencia de la orientación de su trabajo al rechazar vigorosamente una proposición de representar *Juan sin Tierra*, de Marcelino Domingo; además, supieron atraer la colaboración de Rafael Alberti y María Teresa León[123]. A pesar de la represión de 1934, este movimiento iba a fortalecerse, dando lugar a la aparición de la organización Cultura

---

118 Varios de sus reportajes de Londres para los lectores de *El Sol* trataban el teatro. Ver los artículos del 10 y del 17 de noviembre, 1927. Sobre los principios del grupo «Nosotros» ver las referencias de Antonio Espina a su representación de *Hinkemann*, *Luz*, 2 de enero, 1933.
119 «Teatre tendenciós o teatre pur», en *Mirador*, 18 de mayo, 1933.
120 *La Lucha*, 13 de enero, 1934.
121 *Ibid.*, 30 de enero, 1934. Reproducido en Esteban y Santonja. *Los novelistas sociales españoles (1928-1936)*. Madrid, 1977, pp. 104-107.
122 *Ibid.*, 7 de febrero, 1934.
123 *Ibid.*, 22 de enero, 1934.

Popular sólo unas semanas antes del estallido de la guerra. Fue el elemento de continuidad y la experiencia así ganada lo que posibilitó la rápida formación, en el otoño de 1936, del grupo teatral Altavoz del Frente, cuyas primeras representaciones incluían una obra de Irene Falcón, *La conquista de la prensa,* escrita para la gira asturiana en 1934.

La Dictadura de Primo De Rivera: Los Límites de la Modernización desde el Estado

Eduardo González Calleja

1. Los factores clave de la modernización política y su variante autoritaria

En términos generales, la modernización compendia el conjunto de cambios en la esfera política, económica y social que han acaecido en los últimos dos siglos, y en perspectiva histórico-política especialmente desde la Revolución Francesa. Claude E. Welch observa que el proceso de modernización política presenta tres características fundamentales: la creciente centralización del poder en el Estado, unido a un debilitamiento de las fuentes tradicionales de autoridad; la diferenciación y la especialización de las estructuras políticas (militares, burocráticas, de grupos de interés, de partidos, etc.), y la creciente participación popular en la política que se vincula a la creciente identificación de los individuos con el sistema político en su conjunto[124]. En opinión de Gianfranco Pasquino, la definición más satisfactoria del proceso modernizador en el ámbito político es la enunciada por Lucien W. Pye y Sydney Verba, quienes ponen el énfasis en tres características principales en lo que respecta a la población, la eficacia administrativa y el sistema de gobierno: la *igualdad* (el paso de súbditos a ciudadanos y la expansión del derecho al sufragio y a la participación política), la *capacidad* (mayores y mejores prestaciones gubernativas y del sistema o el Estado en su conjunto para dirigir los asuntos públicos, controlar las tensiones sociales y afrontar y satisfacer las peticiones crecientes de los miembros del sistema) y la *diferenciación estructural*, esto es, la mayor especificidad funcional e inte-

---

124 Welch, Claude E. «The Comparative Study of Political Modernization», en Welch, Claude E. (ed.): *Political modernization: a reader in comparative political change*. Belmont (CA): Wadsworth Pub. Co., 1967, p. 7. Véase también Bill, J y Hardgrave, R. L. «Modernización y desarrollo social», en Carnero, Mª Teresa (ed.). *Modernización, desarrollo político y cambio social*. Madrid: Alianza Editorial, 1992, p. 141.

gración de todas las instituciones y organizaciones que forman parte de la esfera política[125]. Pero no todos los procesos de modernización hacen avanzar estos tres parámetros de manera uniforme.

Concebida como un proceso hacia un gobierno más ordenado, eficiente y representativo de las aspiraciones de sus ciudadanos, la modernización política sería, por tanto, el resultado de cuatro factores clave: en primer lugar, la *eficacia del Estado*, que depende de su institucionalización, diferenciación y especialización, entendidas como la capacidad del sistema político para dotarse de una estructura burocrática crecientemente compleja que permita asumir sus funciones (y garantice su supervivencia), con autonomía y coherencia de sus organizaciones y con procedimientos racionales en la toma de decisiones políticas. La creación de una fuerte autoridad central es una condición esencial para que el proceso de modernización pueda desarrollarse de manera rápida y eficaz, y uno de los resultados más importantes del mismo proceso[126]. En segundo lugar, la *secularización de la cultura política*, entendida como el proceso por el cual los hombres y las instituciones van haciéndose más racionales, analíticos y empíricos en su acción. Un Estado moderno debe garantizar mediante reglas (leyes) claras la transparencia en la composición y el funcionamiento de sus instituciones, basadas en el mérito y la representatividad, e independientes de otras fuerzas de poder no institucionales. En tercera instancia, la *capacidad de respuesta* (*output*) de los gobiernos en términos de realizaciones: un régimen político es más moderno si logra canalizar las demandas (*input*) de grupos sociales y políticos cada vez más complejos, garantizando la libertad de la acción política ciudadana, la transparencia y la competitividad de los procesos electorales y la imparcialidad del Estado respecto de los diferentes actores políticos. Normalmente, esta respuesta está en relación directa con la capacidad de movilización independiente de la población en pos de intereses comunes. En términos generales, la relación entre movilización y respuesta estatal debe regirse por los principios del pluralismo, la competencia sometida a reglas y el equilibrio en el poder político de los distintos actores. Por último, algunos autores hablan de un sentido

---

125 Paquino, Gianfranco. «Modernizazione», en Bobbio, Norberto, Matteucci, Incola y Paquino, Gianfranco (eids.). *Dizionario di política*. Turín: TEA-UTET, 1990, p. 637 y Pye, Lucien y Verba, Sydney (dirs.). *Political Culture and Political Development*. Princeton: Princeton U.P., 1965, p. 13.

126 Paquino, Gianfranco. *Modernización y desarrollo político*. Barcelona: Hogar del Libro, 1984, p. 50.

generalizado y efectivo de la identificación popular con la historia, el territorio y la identidad nacional del Estado (*capacidad de legitimación del régimen y de nacionalización de las masas*).

De modo que la complejidad institucional, la racionalidad de la acción política, la eficacia en movilizar y satisfacer intereses y la capacidad de integración de la población en valores comunes serían los elementos fundamentales que debe asumir un Estado que aspire a modernizarse. Sin embargo, cabe advertir que los procesos de modernización social se pueden producir con escasa o nula coordinación con la política oficial o institucional. Estaríamos en el caso de lo que Luciano Cafagna llama «modernización pasiva», eso es, un proceso de cambio espontáneo y atomizado caracterizado por la dificultosa identificación entre los sectores modernizadores (por ejemplo, los estudiantes, los intelectuales o ciertas capas dinámicas de la clase media) con el Estado o buena parte de la sociedad, que fue la característica de la Italia risorgimental o la España de la Restauración[127]. También es necesario señalar que, en la mayor parte de los casos, este proceso de modernización no resulta lineal, sino que el deterioro institucional (por ejemplo, la crisis de representación del sistema político, evidenciada en la multiplicación de acciones de protesta, como las insurgencias populares, los golpes de Estado o las intervenciones militares) ha sido un fenómeno muy común en los países en vías de modernización, donde el cambio social acelerado a veces se ha realizado a expensas de la degradación de la política. Este pudo ser el caso de la llamada crisis de la Restauración en España. Tanto nuestro país como Portugal durante buena parte de la contemporaneidad pueden ser caracterizados como sistemas de modernización defensiva, donde las élites del poder no trataban de detener el proceso de modernización, sino limitar la preeminencia de las clases más comprometidas con este cambio instituyendo un programa de modernización defensiva[128]. Quizás sea esta la caracterización más adecuada para la Dictadura de Primo de Rivera: un régimen que trató de constreñir las derivaciones hacia el pluralismo y la competencia políticas del innegable proceso de modernización socioeconómica que vivió España en los años veinte mediante la imposición de un modelo autoritario de carácter corporativo.

---

127 Cafagna, Luciano. «Modernizzazione attiva e modernizzazione passiva», *Meridiana. Rivista di storia e scienze sociali*, 2, 2, 1988, pp. 229-240.
128 Perlmutter, Amos. *Modern Authoritarianism. A Comparative Institutional Analysis*, New Haven-Londres: Yale U.P., 1981, p. 121.

Nuestro propósito es comprobar cómo funcionaron estos factores (reforzamiento del poder institucional, secularización de la vida política y capacidades movilizadoras nacionalizadoras de masas) durante la Dictadura primorriverista, para luego hacer un balance de la modernidad o la capacidad modernizadora del Estado autoritario español de los años veinte. Pero antes quizás sea pertinente hacer una serie de consideraciones sobre la naturaleza de la relación entre autoritarismo y modernización, y ubicar la primera dictadura española del siglo XX en su contexto histórico.

2. Un vistazo a los regímenes autoritarios en la Europa de entreguerras

El autoritarismo se puede interpretar como la respuesta no democrática a los retos políticos, sociales y económicos que lanza un proceso de modernizador contemplado como irreversible. El autoritarismo como dictadura corporativa, oligárquica o monárquica es el gobierno de unos pocos en nombre de muchos, es decir, depende de las élites políticas, del apoyo popular y de la movilización, aunque ésta sea limitada, exclusivista y restrictiva. Para Amos Perlmutter, los autoritarismos son dictaduras perfectamente caracterizables como modernas, ya que están basadas en la movilización de parte de la población, la represión extensa y el predominio político de una corporación compleja, como suele ser la militar, una de cuyas características es su habilidad para asumir las funciones de la movilización política, control o propaganda[129]. Mario Stoppino describe los autoritarismos como regímenes que privilegian las capacidades de mando y disminuyen las capacidades de consenso, concentrando el poder político en un hombre o en un solo órgano, y devaluando las instituciones representativas. Estos sistemas reducen a la mínima expresión la oposición y la autonomía los subsistemas políticos, y destruyen o vacían los procedimientos o instituciones dirigidas a transmitir la autoridad política de abajo a arriba[130]. En su mayoría no son regímenes monopartidistas, pero tampoco son regímenes pluralistas, porque sus élites rectoras no han sido elegidas por un electorado en condiciones

---

129 *Ibid.*, pp. 1-2.
130 Stoppino, Mario. «Autoritarismo», en Bobbio, Norberto, Matteucci, Incola y Paquino, Gianfranco (eids.). *Dizionario di política*. Turín: TEA-UTET, 1990, p. 87.

de libre competencia. Los modernos sistemas autoritarios tienen como estructuras políticas clave el partido oficial, el Estado y una serie de estructuras auxiliares y paralelas de control, información, agitación y propaganda: policías políticas, guardias pretorianas y grupos militantes escogidos, que garantizan la integridad del régimen, la vida de las élites y la supervivencia del partido[131]. Cuando el moderno sistema autoritario se institucionaliza, las estructuras auxiliares son abolidas, ven disminuidas su tamaño o su influencia política, o quedan integradas dentro de estructuras paralelas. El modelo para toda estructura política autoritaria es la burocracia centralizada, jerárquica y controlada por un Estado que no sólo mantiene plena autonomía respecto de la sociedad, sino que aspira a controlarla. En los regímenes autoritarios, las élites compiten para dominar la estructura política hegemónica: el partido en los regímenes comunistas o fascistas, el Ejército en el modelo pretoriano, y los grandes grupos de interés en el corporativo. Los modernos autoritarismos limitan la movilización política y asignan la representación de los varios grupos de interés a élites burocráticas, que movilizan, apoyan o destruyen a los grupos competidores usando los instrumentos del Estado y del partido.

Juan J. Linz elaboró una clasificación de marcado carácter historicista en cinco tipos de regímenes autoritarios contemporáneos: los *burocrático-militares* (coalición de militares y burócratas con bajo grado de movilización, ausencia de ideología movilizante y de partido de masas, como Brasil o Argentina en los años cincuenta y sesenta, la dictadura de Primo de Rivera y los primeros años del Portugal de Salazar), *de estatalismo orgánico* (basados en el ordenamiento jerárquico de una pluralidad competitiva de grupos que representan diversos intereses y en teorías económicas y sociales con un cierto grado de movilización controlada de la población bajo formas «orgánicas» e incluso un partido único, como el *Estado Novo* salazarista, el franquismo maduro o ciertas dictaduras populistas de América Latina); *de movilización en países postdemocráticos* (con un grado más elevado de movilización política, un papel más incisivo del partido único y de la ideología dominante, y un grado más bajo de pluralismo político consentido, como el fascismo italiano); *de movilización post independencia* (en regímenes fruto de la lucha anticolonial en África y Asia,

---

131 Pelmutter, *Modern Authoritarianism*, p. 11.

con un partido único aun débil y no separado de las formaciones paramilitares típicas de los regímenes fascistas, un liderazgo carismático, una incierta componente ideológico y un bajo grado de participación política), y *postotalitarios*, con parcial despolitización de las masas, atenuación del papel del partido único y la ideología, y acentuada burocratización, como fueron los sistemas comunistas entre la muerte de Stalin y su derrumbe a fines de la década de los ochenta del siglo XX[132].

Esta y otras posibles clasificaciones políticas debieran ser pasadas por el tamiz de la Historia. La variedad de regímenes autoritarios que surgieron en Europa tras la Primera Guerra Mundial nos puede ayudar a compulsar la validez de los elementos clasificatorios y constitutivos que acabamos de mostrar. Su caracterización debe tener en cuenta la diversidad de situaciones nacionales, que dieron lugar a experiencias nada homogéneas, a mitad de camino entre la autocracia modernizadora (en los regímenes menos desarrollados, como las dictaduras monárquicas de Rumanía, Bulgaria o Yugoslavia), el autoritarismo conservador (militar o no, en los casos de Polonia, Hungría, España, Portugal o los países bálticos en los años veinte) o el estatalismo orgánico de los regímenes tendencialmente fascistas como el *Ständestaat* austrofascista entre 1934 y 1938 o el *Estado Novo* portugués y Nuevo Estado franquista a fines de los años treinta e inicio de los cuarenta. Muchos de estos experimentos autoritarios vinieron precedidos de un claro proceso de deterioro político del parlamentarismo liberal-oligárquico. La debilidad creciente del régimen político y de los gobiernos parlamentarios hizo aumentar el poder relativo de dos elementos propios del Estado moderno: la burocracia civil y el Ejército, además de la institución monárquica, lo que llevó a la implantación de dictaduras reales como las de Alejandro I de Yugoslavia en 1929, Boris de Bulgaria en 1934 y Carol II en Rumanía en 1938, o al establecimiento de regímenes autoritarios que contaron con el apoyo de la Corona, como los de Primo de Rivera en España en 1923 y Metaxas en Grecia en 1936. Estos sistemas autoritarios han sido considerados como uno de los posibles caminos hacia la modernización en el sentido de «racionalización de la conducta social y de la organización social»[133]. Los rasgos más comunes a estas «revoluciones desde

---

132 Linz, Juan J. «Totalitarian and Authoritarian Regimes», en Greenstein, Fred I. y Polsby, Nelson W. (eds.). *Handbook of Political Science, vol. 3: Macropolitical Theory*. Reading: Addison Wesley Pub. Co., 1975, pp. 175-412.

133 Moore, Wilbert E. *World Modernization. The Limits of Convergence*. Nueva York: Elsevier North Holland, 1979, pp. 29-30.

arriba» fueron: la iniciativa estatal, la industrialización orientada al mercado interior y en sectores limitados de la economía, el compromiso con los intereses de las clases dominantes, la contención salarial impuesta a obreros y campesinos y la dependencia tecnológica y de capital respecto de los países más avanzados. Aunque impulsaron una expansión del poder central –sobre todo del Ejecutivo– frente a otros posibles centros de poder, y reforzaron el intervencionismo estatal en todos sus aspectos, fueron regímenes dictatoriales que no llegaron a alcanzar el rango de totalitarios.

Según Gregory Luebbert, todos los regímenes políticos de la Europa de entreguerras se caracterizaron por basarse en una alianza de clases formada contra una clase excluida: la *democracia liberal* que se consolidó en los países occidentales se basaba en la unión interna de las clases medias y la alianza y cooptación con un movimiento obrero fundamentalmente reformista, que consolidó el poder burgués ante una clase obrera menos cohesionada, al menos hasta la experiencia de los Frentes Populares. La socialdemocracia que se estableció en los países escandinavos se fundamentó en una alianza de la clase obrera urbana con el «campesinado familiar» que respetó la democracia política, pero no la ortodoxia económica liberal. La tercera alternativa fue el *fascismo*, que se impuso cuando las fuerzas liberales no lograron establecer su hegemonía antes de la guerra por sus diferencias internas motivadas por diversas lealtades religiosas, lingüísticas o regionales, y tras ella se produjo la alianza entre el campesinado familiar y la burguesía urbana, el aplastamiento y la corporativización forzada de la clase obrera y el rechazo tanto de la política como de la economía liberales clásicas. La cuarta opción fue lo que denominó como *dictadura tradicional*, en la que se enmarcan el régimen de Primo de Rivera y la mayor parte de los regímenes autoritarios del Sur y Este de Europa. Allí, la aparición de nuevos Estados-nación independientes presidió una sociedad con partidos liberales oligárquicos, una fuerte diversidad étnica y un alto nivel de presencia campesina, pero un nivel bajo de movilización y una débil organización obrera. Tras la Gran Guerra se crearon regímenes antirrevolucionarios con un nivel diverso de autoritarismo, que garantizaron los intereses agrarios dominantes antes del conflicto europeo y los de una fracción de la burguesía urbana que controlaba la maquinaria del Estado. Fueron dictaduras semiconstitucionales, que comenzaron a surgir a mediados de la década de 1920, tras una breve experiencia política democrática, y que tuvieron como ideología básica un nacionalismo defensivo que trataba de sublimar los conflictos étnicos (importantes tanto en los estados sucesores de Austria-Hungría como los surgidos de la caída del Imperio zarista), conservaron instituciones representativas de soberanía muy limitada (en Grecia, Bulgaria, Yugoslavia, Rumanía, Polonia, Hungría, Finlandia o España) o prometieron su restablecimiento en un plazo no determinado.

La mayor parte de estos regímenes autoritarios se implantaron en países de industrialización tardía, con un importante peso de la agricultura tradicional y con un sector fabril reducido, donde el subdesarrollo, la ausencia de capital autóctono y de capacidad para iniciar el despegue económico dificultaron el proceso de modernización económica y su correlato presumible de estabilización social y política. La aparición y la movilización de nuevos sectores sociales (sobre todo el movimiento obrero organizado) y la polarización y fragmentación social durante el proceso de modernización contribuyeron a resquebrajar la alianza tradicional de sectores agrarios e industriales, que buscaron nuevos apoyos en defensa de sus intereses. En estos casos, la crisis se resolvió con el acceso al poder político de instituciones relativamente eficientes, como el Ejército y la burocracia estatal, cuyo poder se basó en una legitimidad tradicional basada en la mayor parte de los casos en la Corona o en el prestigio cuasi-monárquico de un regente. Según la tesis clásica de Barrington Moore Jr., en países de industrialización vigorosa sin modificación profunda de la estructura agraria se produjo una alianza entre las élites industriales y comerciales y las clases gobernantes tradicionales del campo, dirigida contra los campesinos y los trabajadores industriales (casos de Alemania o Japón). En países con industrialización más débil, como Italia, España, Hungría o Polonia, se percibió un mayor peso de los sectores agrarios en la coalición. Fueron regímenes conservadores que en los primeros años de la posguerra experimentaron en buena parte una revitalización democrática (la Italia giolittiana, el programa reformista de los últimos gobiernos liberales en España, la Constitución de

17 de marzo de 1921 en Polonia basada en la de la Tercera República francesa...), pero luego cayeron en el autoritarismo e incluso en el fascismo en el caso de los dos países industrialmente más avanzados: en Italia o Alemania, que contaban con un movimiento obrero fuerte, los regímenes parlamentarios pluripartidistas se transformaron en dictaduras fascistas estables. La diferencia ya no radicaba en el grado del autoritarismo; eran un modelo de régimen completamente distinto[134].

Las diferencias de este tipo de autoritarismos conservadores con los regímenes fascistas que comenzaron a establecerse a inicios de los años veinte en algunos países de Europa Occidental son harto significativas. El fascismo se distingue del autoritarismo conservador en la completa supresión de la instituciones representativas, su mayor cercanía al totalitarismo tipo y su mayor grado de intolerancia contra la disidencia y la oposición, su control total de la prensa, su ideología monopolística y su visión globalizadora del orden social, el compromiso con la movilización popular al servicio del Estado, el rechazo de la legitimidad negativa otorgada por la apatía y la desmovilización de las masas, y la extirpación total del socialismo y la subordinación absoluta de la clase obrera[135]. Los autoritarismos europeos de entreguerras abordaron programas de renacimiento, regeneración, renovación, depuración y activación, no de negación del sistema existente y promesa de un nuevo comienzo (palingenesia), como hicieron los fascismos. El aparato autoritario de poder descansaba en las viejas capas dominantes y no disponía de un partido de masas como apoyo a los gobernantes. Sus líderes fueron dictadores al viejo estilo: militares y políticos de gabinete, sin el carisma de los grandes líderes nacional-populistas, y se apoyaron fundamentalmente en el Ejército y la Iglesia[136]

En países como Italia o Alemania, con una cultura política desarrollada y un alto grado de disenso interno (lo que acentuaba la deslegitimación del sistema), la respuesta a la crisis de la democracia liberal vino de la sociedad civil, y dio lugar a regímenes totalitarios de partido único que no tuvieron necesidad de recurrir al Ejército para

---

134 Luebbert, Gregory M. *Liberalismo, fascismo o socialdemocracia. Clases sociales y orígenes políticos de los regímenes de la Europa de entreguerras.* Zaragoza: Prensas Universitarias de Zaragoza, 1979, p. 463.
135 *Ibid.*, p. 15.
136 Borejsza, Jerzy W. *La escalada del odio. Movimientos y sistemas autoritarios y fascistas en Europa, 1919-1945.* Madrid: Siglo XXI, 2002, pp. 148-149.

llegar al poder. Pero en países con un bajo nivel de cultura cívica, caracterizados por una débil organización e institucionalización social y política, un alto grado de fragmentación social producto de la acumulación temporal de distintas etapas de desarrollo, una debilidad relativa de los sectores sociales privilegiados que dificulta su hegemonía social y política, un mayor peso del Estado y de la burocracia administrativo-militar y una tradición intervencionista de Ejército, la pérdida de legitimidad del sistema parlamentario no dio lugar a una alternativa basada inequívocamente en la soberanía popular, sino a la descomposición política de las élites dominantes, que gobernaron apoyándose en el Ejército y en la legitimidad tradicional de la Monarquía, ante la indiferencia o la hostilidad latente de las masas[137]. Estos regímenes militares-corporativos mantuvieron una mentalidad política basada en el pensamiento militar-burocrático clásico y en la corriente de pensamiento orgánico-estatista.

Los fascismos eran regímenes totalitarios de partido único, cuyas élites procedían predominantemente de la sociedad civil, sus mecanismos de legitimación se basaban en la ideología del partido y albergaban una voluntad de penetración en la sociedad y de movilización de masas de forma permanente en el marco de las distintas organizaciones sectoriales. Por el contrario, los regímenes militares corporativos propiciaban la instauración de sistemas políticos apartidistas o sistemas de pluralismo limitado, con un partido dominante (caso de la Unión Patriótica en la Dictadura de Primo de Rivera) o un partido único débil, creado e impulsado por y desde el propio régimen. El aparato de poder en los sistemas autoritarios tradicionales descansa en las viejas clases dominantes, y sólo se permiten transformaciones limitadas dentro de las élites que ejercen el poder real. Los fascismos, por el contrario, tendieron a crear una nueva clase dominante, mientras que amplias capas de población permanecían sometidas por el terror. Sin embargo, la Dictadura primorriverista también mostró algunas semejanzas con el fascismo, como el rechazo a las perspectivas de democratización del sistema (representadas por Giolitti en Italia y el gobierno de concentración liberal del marqués de Alhucemas en España), la voluntad de liquidar el espíritu militante del proletariado mediante una estrategia complementaria de coacción

---

[137] Gómez-Navarro, José Luis. *El régimen de Primo de Rivera: reyes, dictaduras y dictadores*. Madrid: Cátedra, 1991, pp. 13-52.

y de implantación de relaciones laborales de tipo corporativo, o el apoyo que ambos regímenes tuvieron de las clases medias industriales aterrorizadas con el fantasma de la revolución proletaria. Como trataremos de demostrar, la Dictadura de Primo de Rivera fue, ante todo y sobre todo, un régimen contrarrevolucionario, un intento de emergencia por superar la falta de representatividad del sistema político de la Restauración, incapaz de responder con eficacia a las nuevas tensiones fruto de los desequilibrios regionales, sociales o sectoriales, las nuevas connotaciones reivindicativas que tomaban las diferencias de clase, los problemas inéditos de la urbanización, la agilización de procedimientos que exigía el nuevo capital financiero-industrial-energético del país, etc. Fue, en definitiva, un «cambio sin cambio», un intento incompleto, y a la larga frustrado, de acompasar el desarrollo político con la evolución modernizadora de la economía y de la sociedad[138].

3. El reforzamiento del Estado: la institucionalización de la Dictadura

En cierto sentido, la Dictadura trató de dotarse de una estructura burocrática y administrativa compleja y centralizada, pero la coherencia de estas instituciones resultó muy deficiente, lastró de ineficacia la acción gubernativa y a la postre erosionó la legitimidad del régimen.

a) La reforma de seguridad pública

La Dictadura puso en las manos exclusivas de las Fuerzas Armadas la defensa interna y externa del país. Un poder omnímodo, que no fue controlado por ninguna Asamblea, que fue y potenciado hasta la arbitrariedad por la suspensión de la Constitución y la virtual desaparición de las normativas inherentes a las libertades públicas. La gestión del orden público se caracterizó por tres rasgos fundamentales: la militarización del poder gubernativo, la arbitrariedad de la

---

[138] Malerbe, Pierre C. «La Dictadura de Primo de Rivera» en *Historia 16*, extra III, junio, 1977, p. 76; y Malerbe, Pierre C. «España, entre la crisis económica de posguerra (1920-1921) y la Dictadura», en *Cuadernos Económicos de I.C.E.*, nº 10, 1979, pp. 65-82.

función preventiva y represiva, y la imposición abusiva de trabas al normal desarrollo de las libertades individuales y colectivas. Factores que transformaron la vida pública española en un estado de excepción permanente, y dificultaron cualquier atisbo de movilización independiente de la población en reclamación de sus derechos. El 15 de septiembre de 1923 apareció un RD suspendiendo las garantías constitucionales y el día anterior se había declarado en toda España el estado de guerra, que se mantuvo hasta el final del Directorio Militar. Un anteproyecto de la Ley de Orden Público de 1929 autorizó al Gobierno a suspender la totalidad de los derechos consignados en el artículo III de la maltrecha Constitución de 1876. La intromisión de la jurisdicción castrense en ámbitos hasta entonces reservados a las instancias civiles fue otra característica de la política dictatorial. Un RD de 18 de septiembre de 1923 sometió a los tribunales militares los delitos contra la seguridad y la unidad de la patria, y otro de 17 de marzo de 1926 castigó la resistencia activa o pasiva a utilizar el castellano con multas de hasta 25.000 pesetas. La ampliación, indefinida y a menudo caótica, de la jurisdicción castrense a todos los ámbitos administrativos, produjo también la subsiguiente oleada de destituciones en Ayuntamientos, Diputaciones, Mancomunidades, Tribunales, sociedades profesionales, etc., y los situó bajo la férula omnipotente de los gobernadores militares y los delegados gubernativos. Los resortes superiores del orden público fueron despolitizándose y cayendo en manos del personal militar más «técnico» de la etapa anterior, como los generales Martínez Anido y Arlegui[139]. La gestión del orden público vino lastrada por la militarización efectiva de los medios de control social y la aplicación de instrumentos legislativos excepcionales, que no condujeron a una mejora objetiva de la situación corporativa de la Policía. Más bien todo lo contrario. Aunque la actuación represiva fue esporádica y selectiva en comparación con los amplios medios disponibles[140], la actividad policial no logró la tan ansiada profesionalización científica y legalista[141]. El debilitamiento de los controles internos hizo que la labor policial se resintiera por las rivali-

---

139 Casassas Ymbert, Jordi «Noves actituds i velles qüestions: el cas de la dictadura»,en *L'Avenç*, nº 72, junio, 1984 p. 43.
140 Tussel Gómez, Javier y García Queipo de Llano, Genoveva. «La Dictadura de Primo de Rivera como régimen político. Un intento de interpretación», en *Cuadernos Económicos de I.C.E.*, nº 10, 1979, p. 52.
141 Ucelay, Enric. «La repressió de la Dictadura de Primo de Rivera», en *IIes. Jornades de debat El poder de l'Estat: evolució, força o raó*. Reus: Edicions del Centre de Lectura, 1993, pp. 175-176.

dades domésticas, por las conveniencias particulares de la jerarquía, por el recurso sistemático a confidentes poco fiables, por el trato de favor otorgado a agentes sin escrúpulos, y por la persecución en forma de sanciones, relegación y vacío profesional sobre los inspectores más íntegros, que se negaron a colaborar en las maniobras provocativas o intoxicadoras conducidas desde la DGS, como el chapucero montaje policial de Vera de Bidasoa en el otoño de 1925, perpetrado un año después de la irrupción fallida protagonizada por los anarquistas y otros grupos de oposición a la Dictadura[142].

El Ejército fue presentado como la piedra angular del nuevo régimen, pero su unidad y lealtad resultaban engañosas. La política militar de la Dictadura, cuya mayor preocupación fue la intromisión constante en la concesión de ascensos y recompensas, resultó caótica y contradictoria. Ello exacerbó las rencillas corporativas y profesionales ya existentes, enajenando la lealtad de importantes generales y despertando el malestar de Armas y Cuerpos. El problema de los ascensos enfrentó al sector «juntero», mayoritario en las Fuerzas Armadas, y el sector «africanista», minoritario pero muy bien relacionado con el alto mando del Ejército y con el rey, que defendía los ascensos por méritos de guerra, muy proclives a manipulaciones en la guerra colonial del Rif, con pocos méritos reales. La política de ascensos, controlada por el Gobierno, se transformó en el reino de la contradicción y de la arbitrariedad. La Junta clasificatoria fue «reformada» por Primo de Rivera para dar cabida a sus leales, que la utilizaron para controlar los ascensos en el alto mando. Las medidas de supresión de la escala cerrada es decir, la renuncia voluntaria a todo ascenso obtenido por méritos de guerra, implantada tácitamente en los cuerpos más técnicos en junio de 1926 provocaron uno de los más graves conflictos corporativos del período: la rebelión artillera que se mantuvo hasta la caída de la Dictadura. Aunque los enfrentamientos entre «junteros» y «africanistas», tan intensos en el pasado, fueron decreciendo progresivamente hasta llegar a desaparecer tras el encauzamiento de la guerra marroquí, la indignación contra el régimen y el rey fue duradera, ya que los artilleros participaron en adelante en todos los complots antidictatoriales, como el que estallaría en Ciudad Real y Valencia a inicios de 1929.

---

142 Sobre esta cuestión véase González Calleja, Eduardo. *El máuser y el sufragio. Orden público, subversión y violencia política en la crisis de la Restauración (1917-1931)*. Madrid: CSIC, 1999, pp. 288-290.

En suma, Primo de Rivera había tratado de solucionar las dos principales contradicciones del régimen restauracionista en materia de orden público (una intervención castrense más acusada, que coincidió con la desconfianza de los medios sociales conservadores en los resortes tradicionales del orden público), integrándolas en condiciones de normalidad en el aparato del Estado. Por un lado, el dictador superó la intromisión militarista en las cuestiones de seguridad interior concediendo la gestión exclusiva del aparato policial a los militares más implicados a ese respecto en los anteriores conflictos con el poder civil. De igual modo, la «privatización» parcial de las cuestiones de seguridad impulsada en los años anteriores por los grupos «de orden» trató de ser canalizada mediante la oficialización del Somatén, y su generalización a toda España como institución semipolítica de apoyo activo al régimen y como elemento parapolicial de auxilio a la autoridad en caso de disturbios. Pero el fracaso en lograr tanto el consenso como la movilización permanente de estos sectores conservadores condujo al declive de la Dictadura. El agotamiento de la experiencia dictatorial y las divisiones y hostilidades de carácter político e institucional que ésta provocó en el interior del sistema de poder monárquico, sobre todo en el Ejército, mermaron la legitimidad de éste, y lo dejó inerme ante sus enemigos.

B) LA REFORMA ADMINISTRATIVA EN LOS ÁMBITOS LOCAL, PROVINCIAL Y REGIONAL

Primo de Rivera impulsó desde época muy temprana una total reforma de la administración local y provincial. Depositó la tarea en manos de la Dirección General de Administración Local, dirigida por el ex-maurista José Calvo Sotelo, que se rodeó de jóvenes y brillantes técnicos procedentes de la derecha católica, como José María Gil Robles. El Estatuto Municipal se puso en marcha el 8 de abril de 1924. El exhaustivo articulado (585 puntos) trataba de prever las más mínimas circunstancias de la vida municipal. La norma giraba en torno a dos ideas básicas: la autonomía y la necesidad de regenerar la vida pública, acabando con las corruptelas administrativas en pro de un municipio más libre y eficaz. Los Municipios podían dotarse de regímenes especiales de gobierno, y mantener una gestión económica y financiera independiente de la Administración Central. Se defendió una concepción democrática en la designación y el funcionamiento de los Ayuntamientos, ya que se preveía la elección por sufragio universal (a tal fin, la edad de voto se redujo de 25 a 23 años) de dos tercios de los concejales por sistema proporcional, y el tercio restante sería elegido entre corporaciones o asociaciones reconocidas en el municipio. Tanto los alcaldes como los concejales sólo podían ser depuestos por sentencia judicial firme o, en el caso del alcalde, por referéndum entre los vecinos. El Estatuto Municipal modernizó sin duda la estructura presupuestaria y fiscal de los ayuntamientos, y les dotó de mayores recursos ordinarios y extraordinarios. Los consistorios se vieron facultados para realizar obras de infraestructura, urbanización y saneamiento sin ser obligados a someter sus planes al informe de corporaciones y centros oficiales. Sin embargo, el intervencionismo paternalista fue especialmente fuerte en el tema hacendístico: desapareció el examen gubernativo de las cuentas municipales, pero se mantuvo la intervención de Hacienda. El crédito municipal y los presupuestos extraordinarios se regularon minuciosamente, y se establecieron recursos extraordinarios para cubrirlos a base de ingresos especiales o de recargos a ciertas contribuciones del Estado y arbitrios municipales. Desde un punto de vista político, la nueva autonomía municipal quedó lejos de la utópica democracia municipalista preconizada por Joaquín Costa, al convertir a diputaciones y ayuntamientos en apéndices dependientes del gobernador civil y luego del aparato de la Unión Patriótica (UP). Nunca se celebraron elecciones municipales, y, en consecuencia, los concejales de elección popular pasaron a ser nombrados por los gobernadores civiles a lo largo de toda la Dictadura, con el objeto no declarado de contar con corporaciones monolíticas de la UP.

Un año más tarde, el 20 de marzo de 1925, se promulgó el Estatuto Provincial, que contemplaba la provincia, no como una circunscripción al servicio del Estado, sino como una instancia administrativa al servicio de los ayuntamientos que la integraban, que podían llegar a disolver las diputaciones provinciales. En la parte electoral y hacendística se seguían las pautas de autonomía gestora marcadas por el Estatuto Municipal. Se otorgó a los ayuntamientos libertad para acordar la modificación del régimen provincial, sustituyendo la Diputación por otro u otros organismos, pero para eso se necesitaba una amplia mayoría de 2/3 de la población. La creación de una región era también una tarea harto complicada: requería el refrendo de las tres cuartas partes de los concejales de los ayuntamientos afectados y las tres cuartas partes de los entes locales, que debían representar a su vez la misma proporción de electores de la futura región. Dentro de su afán por impulsar un «regionalismo desde arriba», el Gobierno examinaría los proyectos y los redactaría de forma definitiva. La región como ente autónomo quedaba, pues, reducida a la mínima expresión, ya que sólo podría surgir de las comunidades naturales, es decir de los municipios, y no de entes artificiales como las provincias. El compromiso de aprobación de Estatutos regionales, que había permitido el acercamiento de la Dictadura con algunos grupos autonomistas de la periferia peninsular, fue siempre una asignatura pendiente. De hecho, la tan cacareada reactivación de la vida regional prometida por Primo de Rivera quedó pronto en letra muerta, ya que en el seno del Directorio se impuso inmediatamente la tendencia centralista que entendía hechos diferenciales como el catalán como opuesto radicalmente al proyecto nacionalista español que se buscaba patrocinar desde el poder. Por ejemplo, los tres primeros meses de gobierno primorriverista fueron de constante negación del hecho diferencial catalán en los ámbitos político (opción por la Unión Monárquica Nacional en vez de por la Lliga), religioso (prohibición de usar el catalán en al liturgia), cultural (españolismo excluyente, muy vinculado al mito historicista de la unidad política generada por los Reyes Católicos), educativo e institucional (supresión de la Mancomunitat e instituciones afines)[143].

---

143   Un análisis de los Estatutos Local y Provincial, en Tussell, Javier (con la colaboración de Chacón Ortiz, Diego). *La reforma de la administración local en España, 1900-1936.* 2ª ed. Madrid: Instituto de Administración Pública, 1987, pp. 173-197, además del testimonio de Calvo Sotelo, José. *Mis servicios al Estado. Seis años de gestión. Apuntes para la historia.* Madrid: Instituto de Estudios de Administración Local, 1974, pp. 30-34.

c) El parlamentarismo corporativo: la Asamblea Nacional Consultiva y el anteproyecto constitucional

En noviembre de 1925, Primo comenzó a hablar del establecimiento de un Parlamento corporativo. El proyecto de Asamblea Nacional presentado a fines de 1926 destruyó la imagen de la Dictadura como régimen provisional, y abrió el camino a la constitución de un régimen autoritario de carácter netamente liquidacionista, que pasaba de ser un estado de excepción coyuntural a convertirse en una empresa consciente de liquidación del régimen liberal-parlamentario. En un momento de crisis de representación del sistema liberal-democrático a escala continental, la Asamblea Nacional introdujo el voto corporativo de resonancias fascistas. El sistema de representación política «orgánica» estaba basado en tres ejes básicos: la administración, el partido y la sociedad. Teóricamente, la Cámara quedaría formada por 325-375 diputados divididos en tres grupos: los representantes del Estado, de las provincias y de los municipios. Cada provincia enviaría a tres representantes: uno de los municipios elegido entre los alcaldes y concejales de la provincia a razón de un voto por cada Ayuntamiento; otro de la Diputación Provincial elegido entre y por los diputados provinciales y que solía ser el presidente de la Diputación, controlada por la UP, y un representante de cada organización provincial de la UP, normalmente los cincuenta jefes provinciales. En el anteproyecto constitucional de 1929 la mitad de los diputados (206 de un máximo de 412) sería elegida por sufragio universal directo: un mínimo de seis y un máximo de 12 representantes lo serían en colegio nacional único entre las personas que reunieran los requisitos establecidos en el artículo 29 de la Ley Orgánica de las Cortes de Reino (ex-ministros, ex-presidentes de las Cortes, grandes de España con más de 100.000 pesetas de renta, obispos, tenientes generales, etc.), y el resto lo sería en colegios provinciales, a razón de un representante por cada 100.000 habitantes, con un mínimo de dos por provincia. Con este sistema, la valoración de la opinión pública más politizada decreció un 50%, ya que en el período constitucional la proporción era de un diputado elegible por cada 50.000 habitantes. La otra mitad de la Asamblea sería de elección corporativa por «profesiones y clases»[144]. La Asamblea Nacional fue la primera Cámara corporativa de la Europa de posguerra, pero su potencialidad modernizadora desde la perspectiva de garantizar una representación política pluralista fue prácticamente nula, e incluso negativa, al acentuar la sobrerrepresentación de los sectores sociales y de las instituciones más tradicionales. Por otro lado, el Reglamento proporcionó un férreo control gubernamental que sirvió para acallar cualquier crítica en el interior de la Cámara.

En el anteproyecto de Constitución elaborado en 1928-29 tampoco puede calificarse de «moderno», ya que mantenía el esquema doctrinario de las constituciones moderadas del siglo XIX, es decir, la cosoberanía de las Cortes con el rey (artículo 34) y la negativa de la soberanía popular, que es cedida al Estado como «órgano permanente representativo de la Nación» (artículo 4). Según el Título VII, el Poder Ejecutivo lo ejercía el rey con la obligada asistencia de los ministros responsables. El Gobierno no era responsable ante las Cortes (que podían ser clausuradas o sus sesiones suspendidas por decisión del Gabinete), sino ante la Corona, y en última instancia ante el Consejo del Reino, que reforzó notablemente sus atribuciones en materia consultiva y política, ya que canalizaba la acción política e influía en la marcha de los demás organismos constitucionales: Ejecutivo (consulta y control ante decisiones graves del gobierno en diversos ámbitos), Legislativo (segunda instancia de examen de proyectos o proposiciones, previa al veto real) y Judicial (tribunal constitucional). El Texto no garantizaba la libertad de la acción política, la transparencia y la competitividad de los procesos electorales y la imparcialidad del Estado respecto de los diferentes actores políticos. En realidad, la Constitución, que nunca llegó a entrar en vigor, reflejaba el compromiso entre el liberalismo residual de alguno de los componentes de la Comisión encargada de su redacción y los conceptos corporativos y tradicionalistas defendidos por la mayoría de los asambleístas: el Estado asumió el origen y el ejercicio de la soberanía, interviniendo de forma creciente en la vida social y económica; el reforzamiento del Ejecutivo anuló la capacidad fiscalizadora de las Cámaras, y el cor-

---

144 Sobre la composición de la Asamblea, véase Gómez-Navarro, José Luis, González Cabet, Teresa y Portuondo, Ernesto. «Aproximación al estudio de las élites políticas en la Dictadura de Primo de Rivera», en *Cuadernos Económicos de I.C.E.*, nº 10, 1980, pp. 167-168. Su actividad, en Morodo, Raúl. «La proyección constitucional de la Dictadura: la Asamblea Nacional Consultiva (I)», en *Boletín Informativo de Ciencia Política*, nº 13-14, agosto-diciembre, 1973, pp. 83-91.

porativismo socioeconómico adquirió rango constitucional como sistema de representación política para controlar y restringir el impacto del sufragio universal[145].

d) El intervencionismo del Estado en los asuntos sociolaborales

Tras la Gran Guerra se produjo en Europa lo que algunos autores denominan «revolución organizativa»: el liberalismo cayó en el descrédito, y la anterior representación plural de intereses, altamente individualizada, dejó paso a un importante grado de corporativización. Resurgieron entonces una serie de teorías, desarrolladas desde fines del siglo XIX, que ponían en cuestión el liberalismo político clásico. Fue, antes que nada, un movimiento de recuperación de las teorías «organicistas» procedentes de la escuela de Derecho Histórico alemana y la doctrina social de la Iglesia.

La crisis del régimen de la Restauración, que en parte se debió al desacompasamiento entre la modernización de la sociedad y la falta de un suficiente espíritu reformista desde el Estado, había conducido en la posguerra a una movilización política descontrolada de los sectores sociales en ascenso, especialmente el movimiento obrero y un sector de la clase media urbana. En la medida que estos intereses económicos y sociales no se sentían suficientemente contemplados y defendidos por el sistema político liberal, buscaron una representación directa ante el poder sin ningún tipo de mediación política, a través del desarrollo del corporativismo. Para ese entonces, la derecha conservadora había aceptado el principio de un Estado fuerte, que armonizase los intereses sociales creando mecanismos de conciliación y arbitraje. Como mediador de los conflictos entre los distintos sectores socioeconómicos, el Estado debía asumir el impulso del desarrollo material y de la estabilidad social, incorporando elementos corporativos al sistema de representación política.

El corporativismo se presentó como un movimiento de reacción frente a las dos grandes y contrapuestas maneras de entender la vida social: el liberalismo y el socialismo. En lugar del sindicato de clase reivindicativo, el sindicato pervivió como estructura formal, pero con-

---

145 García Canales, Maria. *El problema constitucional en la Dictadura de Primo de Rivera*. Madrid: Centro de Estudios Constitucionales, 1980; y Calero Amor, Antonio María. *Constitución y Dictaduras: Primo de Rivera y Franco*. Madrid: Fundación Santa María, 1985.

vertido en una organización de apoyo al sistema corporativo, con meras funciones asistenciales, de educación y de disciplina de sus propios asociados. Primo de Rivera fundamentó su política social en la atracción a la UGT, con el objeto de «nacionalizarla» y transformarla en órgano de gestión y colaboración clases. Eduardo Aunós fue designado por el dictador para abordar la nueva codificación laboral y un amplísimo repertorio de medidas sociales: viviendas baratas, educación profesional, protección de la emigración, subsidio a familias numerosas, maternidad, retiro obrero, descanso dominical, regulación del trabajo nocturno y a domicilio. Pero a pesar de esta ampliación y racionalización de los servicios sociales, el grado de cumplimiento por parte de los patronos fue muy relativo.

El 3 de noviembre de 1926 se presentó en el Consejo de Ministros el plan de organización corporativa del trabajo, conocido por Comités Paritarios, que dio lugar al RD-Ley de 26 de noviembre que creó la Organización Corporativa Nacional. El modelo español no fue, como el italiano, un ensayo global de carácter obligatorio: mientras que en Italia se impulsó la sindicación forzosa y la integración de las organizaciones laborales en el seno del Estado, en España las uniones obreras mantuvieron su esfera de acción natural y su carácter voluntario. En el caso español el corporativismo era integral desde su célula más simple (el Comité Paritario) hasta la instancia más alta de la institución corporativa después del Ministerio de Trabajo: la Comisión Delegada de Consejos. Esto significaba que todo el sistema estaba integrado por agrupaciones mixtas de patronos y obreros que funcionaban jerárquicamente con poderes delegados por el Estado[146]. Cuando la Dictadura cayó, los Comités Paritarios continuaron su actividad, hasta convertirse con la República en Jurados Mixtos. Pero su excesiva dependencia del Gobierno les transformó en manzana de la discordia de los diferentes intereses económicos a escala local y provincial, hasta convertirse en el epicentro de las tensiones que, especialmente en el ámbito agrario, conmocionaron la vida del régimen republicano.

---

146 Sobre el corporativismo primorriverista, véase Perfecto, Miguel Ángel. *Orígenes y evolución de la idea corporativa en Europa. Su influencia en el esquema teórico del corporativismo primorriverista (1926-1930)*. Salamanca: Ediciones Universidad de Salamanca, 1982; y el testimonio de Aunós, Eduardo. *La reforma corporativa del Estado*. Madrid: Aguilar, 1930.

E) ¿FUE LA DICTADURA UNA EFICAZ MODERNIZADORA DE LA ECONOMÍA: LA POLÍTICA INTERVENCIONISTA

Uno de los rasgos más sintomáticos de los procesos de modernización es la mayor eficiencia y mejor organización de las capacidades y potencialidades productivas en los procesos de industrialización, que en ocasiones se vincula con un mayor nivel de intervencionismo estatal. En España, la tradición intervencionista se había limitado desde fines del siglo XIX a la aplicación de políticas proteccionistas. Aunque el nacionalismo económico había recibido un importante estímulo desde la Gran Guerra, la política económica primorriverista mantuvo y amplió esta vía nacionalista del capitalismo español, avanzando hacia el proteccionismo, la autarquía y la supresión de principios liberales como el libre comercio y la libre competencia mediante el incremento del corporativismo y el intervencionismo estatales. La economía fue sometida a un amplio grado de dirigismo y tutela, con monopolios y comisiones reguladoras que supervisaban las actividades económicas hasta en sus mínimos detalles. Junto a ello se inició una política de fomento de la producción nacional mediante la adopción de una amplia gama de medidas de protección fiscal, crediticia y administrativa. Las consecuencias de esta política intervencionista fue la existencia de costes elevados debidos a la protección arancelaria y el freno oligopolístico a la competencia interior, que redundó en un freno a la modernización de las estructuras productivas y en un aumento de los precios. La reorganización del capitalismo español se benefició de una verdadera cartelización de la producción (enmascarado a través de consorcios, juntas reguladoras y comisiones que alcanzaban al control del mercado de los combustibles –CAMPSA, octubre 1927–, la minería, el cemento, el papel, etc.) y de un proteccionismo heredado de Arancel Cambó de 1922, reforzado con disposiciones adicionales en 1924 y 1926.

Las abundantes obras públicas (ferrocarriles, carreteras nacionales, obras hidráulicas, electrificación, edificios públicos, exposiciones de Sevilla y Barcelona...) fueron subvencionadas mediante la emisión de deuda especial (ferroviaria) y su incorporación al Presupuesto Extraordinario. Ello quiere decir que el gasto del Estado no se consignó como una unidad, sino que, además del registrado en el Presupuesto

Ordinario, apareció distribuido en el Presupuesto Extraordinario y en diversas Cajas Especiales autónomas en su gestión, financiación y control al margen del presupuesto: Caja Ferroviaria, Confederaciones Hidrográficas, Caja de Combustibles del Estado, Servicio del Crédito Agrícola, Circuito Nacional de Firmes Especiales, Caja para el Fomento de la Pequeña Propiedad, Patronato Nacional de Turismo, Patronato Para el Fomento del Consumo de Artículos Nacionales, Caja de Crédito Marítimo, etc.[147]

¿Qué repercusiones tuvo la política de gasto público en la evolución de la economía? Para Velarde Fuertes, el programa de obras públicas y el crecimiento del gasto presupuestario fueron los soportes de una política económica expansiva, hasta el punto de considerar que se daba un «keynesianismo prematuro», pero el reducido tamaño del sector público y la inversión del Estado no permitieron alterar sustancialmente el ciclo económico[148]. Además, el incremento en la inversión pública no vino acompañado de una reforma fiscal progresiva que paliara el enorme déficit público. De hecho, la Dictadura aumentó la presión fiscal, pero actuó de forma preferente sobre las clases medias. La reforma tributaria de Calvo Sotelo se basó en convertir los impuestos de consumo en un impuesto progresivo sobre la renta global. Se tomaron medidas contra la evasión fiscal, pero el ministro se plegó ante las fuertes resistencias procedentes de los sectores privilegiados. De modo que la Dictadura no modificó la estructura tributaria heredada, sino que intensificó las tensiones inherentes a una desigual distribución de la renta sobre la que gravitan la congelación del problema de la tierra, la baja de los salarios reales, la forzada concentración económica, etc.

El déficit público fomentó la demanda interna. No cabe duda de que la producción española aumentó gracias a esta política de estímulos y al incremento del poder de compra exterior en un contexto de expansión económica internacional, lo que generó un fuerte crecimiento. Pero, como señala Martín Aceña, el auge económico de los últimos años de la Dictadura estuvo facilitado por una aceleración de la tasa de crecimiento de la cantidad de dinero y por una persistente y acusada depreciación del tipo de cambio de la peseta[149].

---

[147] Melguizo Sánchez, Ángel. «El presupuesto de Calvo Sotelo. Notas en torno a sus cifras de liquidación», en Velasco Murviedro, Carlos. «Economía política de la Dictadura de Primo de Rivera», en *Cuadernos Económicos de I.C.E.*, nº 10, 1970, pp. 401-442.

[148] Velarde Fuertes, Juan. *Política económica de la Dictadura*. Madrid: Guadiana, 1973, p. 130.

[149] Martín Aceña, Pablo. *Política monetaria en España, 1919-1935*. Madrid: Instituto de Estudios Fiscales, 1984.

Según José Luis García Delgado, las políticas económicas del primorriverismo prolongaron las prácticas proteccionistas e intervencionistas de las etapas precedentes, que se revistieron con el corporativismo propio de la ocasión[150]. En definitiva, fue una «política económica a la defensiva», caracterizada por el amplio intervencionismo, el alto grado de ineficacia, el aumento del grado de concentración económica y la proliferación de prácticas monopolistas. Pero, en todo caso, la Dictadura fue una de las etapas cruciales en el proceso de formación de la sociedad capitalista española, ya que prolongó actitudes anteriores (nacionalismo), acentuó otras (intervencionismo estatal, prácticas monopolistas, apoyo al poder financiero) y ensayó nuevas fórmulas de fomento de la producción y de distribución de al renta (organización corporativa, nuevas entidades crediticias, retoques en el sistema tributario, etc.).

4. Los límites de la secularización de la vida política: el «descuaje del caciquismo»

La Dictadura se presentó como heredera directa del impulso regeneracionista de fin de siglo, y se mostró dispuesta a acabar con la irracionalidad y la ineficacia del sistema caciquil y sustituirlo por un Estado teóricamente más transparente e independiente de los grandes intereses. Para dar impulso a este proceso secularizador se arbitraron dos tipos de medidas de choque: las iniciativas quirúrgicas encaminadas a la destrucción de la «vieja política» (decreto de incompatibilidades, disolución de ayuntamientos y diputaciones, depuración del poder judicial) y las actuaciones regeneracionistas que eran la base de la «nueva política»: nombramiento de delegados gubernativos, Somatén, UP y Estatutos Municipal y Provincial.

La Dictadura siempre confesó que su principal objetivo a destruir era el caciquismo que anidaba en todos lo escalones de la vida del país: desde el ámbito local hasta la administración central, el Parlamento, el poder judicial y los partidos políticos. El acoso a los responsables del fenecido régimen liberal se inició el 3 de octubre de 1923 con el nombramiento de una Junta militar especial, encargada de inspec-

---

150 García Delgado, José Luis. «Economía», en *Los comienzos del siglo XX*, vol. XXXVII de la *Historia de España Menéndez Pidal*. Madrid: Espasa-Calpe, 1984, p. 74.

cionar los procedimientos judiciales y los pretendidos actos de irregularidad cometidos por diputados y senadores a lo largo de los últimos cinco años. El día 13 se promulgó un decreto de incompatibilidades que vedó a los políticos y funcionarios públicos el ingreso en los consejos de administración de empresas privadas, que poco más tarde acabaron siendo la sinecura de los paniaguados del nuevo régimen, ya que una RO de julio de 1927 eximió a las empresas creadas por el Directorio de los efectos del decreto de incompatibilidades.

a) La «limpieza» de la Administración

La «limpieza» de la administración a nivel local, provincial y nacional comenzó con una campaña de moralización superficial de la función pública a través de medidas de austeridad y escarmiento burocráticos. Primo de Rivera ordenó por RD de 30 de septiembre de 1923 (*Gaceta* de 1 de octubre) la disolución de los 9.254 Ayuntamientos de España, que fueron sustituidos por nuevas corporaciones formadas de «personas de alto prestigio social, de solvencia acreditada y a ser posible con título profesional, o en su defecto, mayores contribuyentes». Las actuaciones del Directorio contemplaron la reforma de los usos y costumbres de la Administración Central (RD de 17 de septiembre de 1923), la sustitución de los gobernadores civiles por los militares el 20 de septiembre, la disolución de los Ayuntamientos por RD de 30 de septiembre (*Gaceta* del 1 de octubre) y la liquidación de las Diputaciones por RD de 12 de enero de 1924 (*Gaceta* del 13). La erradicación del clientelismo político en la dotación de los puestos de la Administración central coincidió con una intensa campaña contra el absentismo injustificado, la impuntualidad y el despilfarro de los funcionarios públicos: se impuso la jornada continua de 9 a 14 horas, el cumplimiento escrupuloso del calendario laboral y la creación de oficinas de reclamaciones en cada departamento. Por RO de 9 de diciembre de 1927 se creó en cada Gobierno Civil un negociado de reclamaciones a cargo de uno de los delegados gubernativos adscritos para recibir las quejas que se refirieran a los servicios dependientes de organismos oficiales y públicos. Al tiempo, se alentó la delación de las irregularidades administrativas cometidas por los ediles o los secretarios municipales. Se inspeccionaron 815 ayuntamientos, y se detectaron irregularidades en 379, incoándose 109 sumarios y destituyéndose a 152 secretarios. Hubo detenciones, algunos suicidios y reintegración de importantes sumas de dinero. Aunque la Dictadura no logró erradicar el caciquismo, sino cambiar los titulares de los feudos, fue innegable que en los primeros tiempos sus decisiones tuvieron un importante eco propagandístico que permitió apuntalar la popularidad del régimen. Pero el carácter intervencionista del conjunto de la política dictatorial incrementó la burocracia, y con ella el trato de favor a los afines, la acumulación abusiva de cargos y las compensaciones salariales con gastos de representación, bonos, etc. En definitiva, no se logró una auténtica reforma de la administración local o provincial, sino la pervivencia de actitudes clientelares maquilladas con medidas cosméticas de carácter disciplinario contra las actuaciones corruptas o antipatrióticas más flagrantes.

La «depuración» de la administración de Justicia comenzó el 21 de septiembre de 1923 con la suspensión del funcionamiento del Tribunal del Jurado en toda España. La labor fiscalizadora de la judicatura se ejerció a través de una Junta Inspectora del Personal Judicial que fue emplazada para revisar en un plazo de tres meses los expedientes y los procedimientos de todas clases que se hubieran incoado en los últimos cinco años para exigir responsabilidad civil o criminal a jueces y magistrados. Al finalizar su plazo de actuación a fines de 1923, las conclusiones de la operación depuradora fueron poco significativas: de las 1.055 personas de plantilla en el poder judicial fueron sancionadas 47, quince fueron destituidas, dos trasladadas a categoría inferior, ocho trasladadas a plaza de igual categoría, once postergadas en su ascenso y otras sometidas a correctivos menores. Para garantizar la independencia judicial se emitió el 20 de octubre de 1923 un RD creando la Junta Organizadora del Poder Judicial que acordaría «todas las propuestas de nombramientos, ascensos, traslados y permutas desde la categoría de jueces de entrada a la de Presidente de la Sala inclusive del Tribunal Supremo». Todo ello provocó una oleada de jubilaciones y traslados forzosos, un creciente sometimiento del poder judicial al Gobierno, y una absoluta falta de control judicial sobre los actos del Ejecutivo, contra los que era inútil recurrir (RD de 14 de octubre de 1926) y que podía suspender con carácter extraordinario e incluso retroactivo sentencias firmes dictadas por la Sala Tercera del Tribunal Supremo o de los Tribunales provinciales contencioso-administrativos. Todo ello dejaba a los ciudadanos absolutamente inermes ante los frecuentes abusos administrativos[151].

B) La militarización de la función gubernativa

El Directorio libró a la Administración del influjo de los partidos políticos para entregarla indefensa al de ciertos grupos burocráticos de presión, especialmente el Ejército, que se lanzó con los principales puestos gubernativos. Los gobernadores militares sustituyeron a los gobernadores civiles el 15 de septiembre de 1923 y ejercieron el mando sobre todas las instancias de gobierno durante los siete primeros meses, hasta abril de 1924. Más tarde, los gobernadores civiles fueron reinstalados con amplísimas facultades, pero bajo el control del subsecretario de Gobernación, general Severiano Martínez Anido. Escudándose en los nuevos Estatutos Local y Provincial, estos «superprefectos» ejercieron un control total sobre diputaciones y ayuntamientos a través del nombramiento de sus integrantes.

Los delegados gubernativos, nombrados en cada partido judicial por RD de 20 de octubre de 1923 entre los jefes militares (comandantes y capitanes) por los Ministerios de la Guerra y Gobernación, debían informar a los gobernadores civiles de las actividades de los ayuntamientos, dirigiéndolos hacia la nueva tendencia regeneracionista autoritaria dominante. Concebidos como censores de la moral pública, guardianes de la higiene e intermediarios en las disputas vecinales y movilizadores de la opinión, la intervención de los delegados en el ámbito local tuvo un sentido marcadamente didáctico, de animación social, orientación y ayuda, para «fortificar y refinar el alma del ciudadano». Pero al hacer función proselitista en contra de las estructuras caciquiles tradicionales, se vieron inmersos en las contiendas locales. Muchos de ellos acabaron ligados al caciquismo de los partidos tradicionales.

---

151 Sobre la reforma del Poder Judicial, véanse Tussell, Javier. *La crisis del caciquismo andaluz (1923-1931)*. Madrid: Cupsa, 1977, pp. 74-85; y el testimonio de Salazar Alonso, Rafael. *La justicia bajo la Dictadura*. Madrid: Zeus., 1930.

La intromisión gubernamental en todos los campos de la vida social resultó especialmente enojosa cuando, bajo el palio de una mayor eficacia administrativa o de una vaga doctrina corporativa, trató de dirimir cuestiones jurisdiccionales o profesionales de entidades estatales y paraestatales, como el cuerpo de Artillería, el profesorado universitario, el movimiento estudiantil, el Ateneo, los Tribunales de Justicia, los Colegios de Abogados, los Municipios, las Diputaciones, la Mancomunidad de Cataluña, el Cuerpo de Correos y Telégrafos, periódicos, sindicatos, etc., imponiendo instancias militares y delegados regios o gubernativos allí donde hasta entonces habían campado la autonomía y los fueros privativos.

c) La reforma de la enseñanza

En pura lógica regeneracionista, la educación fue una de las líneas de actuación preferentes de la Dictadura. En un país donde el Censo de 1920 mostraba que un 52,35% de españoles no sabía leer ni escribir, la lucha contra el analfabetismo se transformó en una cuestión de Estado. El descenso del analfabetismo entre 1920 y 1930 fue el más fuerte del siglo hasta los años sesenta: 8,7% en los hombres y 9,15% en las mujeres. En el Censo de 1930 la tasa de iletrados había descendido al 42,33%, aunque con grandes diferencias regionales. Con todo, el presupuesto de Instrucción Pública suponía sólo un 5,74% de los Presupuestos Generales del Estado; todavía muy lejos del 11,93% asignado a Guerra, el 10,32 de Fomento o el 8,38 de los gastos en Marruecos. En Europa, sólo Grecia, Austria y Portugal tenían presupuestos inferiores, mientras que en 1930 Francia gastaba en estos servicios el 6%, Italia el 7,2%, Gran Bretaña el 10,6% y Suiza el 19,8%[152]. Durante el régimen primorriverista, los gastos del Ministerio de Instrucción Pública y Bellas Artes apenas experimentaron variación alguna en cuanto a su proporción con respecto al total del Estado, y continuaron manteniendo niveles parecidos a los años de la Restauración. La enseñanza primaria fue la más potenciada, con la creación de más de 6.366 escuelas oficiales, de las que 5.563 se construyeron a partir de 1927 con la entrada en vigor del presupuesto extraordi-

---

152 López Martín, Ramón *Ideología y educación en la dictadura de Primo de Rivera (I): Escuelas y maestros*. Valencia: Universitat de València, Departamento de Educación Comparada e Historia de la Educación, 1994, pp. 43-44.

nario[153]. En el Curso Académico 1923-24 se matriculó el 50,75% de la población escolarizable (entre los 6 y 14 años). En el Curso 1925-26 la tasa de escolarización fue del 55,76%, y en el Curso 1926-27 del 57%.

En los tres primeros años de la Dictadura, el número de alumnos de enseñanza media aumentó un 20%; crecimiento análogo al experimentado en toda la década anterior a 1923. El aumento no se debió a la labor interventora del Estado, sino sobre todo a la prosperidad económica de las familias de clase media. Además, la educación secundaria había sido tradicionalmente controlada por las órdenes religiosas y a la altura de 1923 la mayoría de los colegios de secundaria eran privados. El 23 de agosto de 1926 implantó el texto único para el Bachillerato, vieja aspiración de los sectores clericales que provocó numerosas reacciones, ya que si algunas órdenes religiosas lo vieron como una ventaja económica que fomentaba el ahorro de las familias y como una medida de higiene moral que evitaría la transmisión de «ideas perniciosas» entre la juventud, otros ambientes clericales lo atacaron como una imposición estatal intolerable, y los sectores más liberales lo calificaron de serio atentado a la libertad de cátedra. La «reforma Callejo» de agosto de 1926 introdujo cambios significativos en los contenidos curriculares. En comparación a la Ley de 1903, se ponía un mayor énfasis en la educación técnico-científica, en consonancia con el discurso modernizador de los ideólogos del régimen. En segundo lugar, la docencia de la Historia pasaba a ocupar un lugar central en la formación de los jóvenes: de tres horas semanales durante los dos últimos cursos de bachillerato se pasó a tres horas semanales en los tres primeros años y seis en el último. La obsesión primorriverista de impulsar la «nacionalización de la escuela» como estímulo del sentimiento patriótico llevó a la imposición coactiva de ciertas normas uniformizadoras. El programa oficial de «Patria, Religión y Monarquía» implicaba la imposición de una instrucción elemental que debía de ser a la vez patriótica y religiosa. El artículo 4 del texto declaró obligatoria, aunque no evaluable, la asignatura de Religión en los estudios secundarios.

La Dictadura tomó partido claramente en favor de la educación católica, obstaculizando otras formas de enseñanza laica, neutra o racionalista. A lo largo de la Dictadura se constató un continuo creci-

---

153   Díaz de la Guardia, Emilio. «La enseñanza con Primo de Rivera», en *Historia 16*, n° 71, marzo, 1982, p. 21.

miento de las órdenes religiosas dedicadas a la enseñanza: en 1925, el 57% de las comunidades de religiosos y el 36% de las de religiosas se dedicaba a tales menesteres, recibiendo un apoyo constante de la Dictadura por su labor de «garantía del orden social». El modelo de escuela propuesto por el ministro Callejo parecía ajustarse como un guante a los cánones de la escuela confesional, ya que la RO de 12 de febrero de 1924 establecía la destitución de los maestros que conculcasen la doctrina religiosa y patriótica, y se dieron órdenes en la primavera de 1927 para hacer obligatoria la asistencia a misa de maestros y alumnos.

El crecimiento de la enseñanza superior fue igualmente espectacular. La población universitaria se duplicó: de 18.969 alumnos en 1922 se pasó a 27.000 en 1923, a 42.099 en 1928-29 y a casi 60.000 en 1929-30, mientras que apenas había aumentado un 8% en los ocho años precedentes. El aumento del nivel de vida de la pequeña burguesía y de las clases medias urbanas produjo una afluencia notable de estudiantes a las aulas universitarias, sobre todo en la etapa final de la Dictadura. En noviembre de 1927, el ministro Callejo presentó un Proyecto de Bases para la Reforma de los Estudios Universitarios, cuyo punto más polémico fue el famoso artículo 53, que reconocía la colación de títulos por parte de universidades confesionales como los Agustinos del Escorial y los Jesuitas de Deusto. Con la exigencia de la derogación de este artículo 53 (hecha efectiva en septiembre de 1929), las revueltas estudiantiles (que son un fenómeno propio de sociedades tradicionales que iniciaban un proceso acelerado de modernización, sin alcanzar aún altos niveles de implicación y movilización política) cobraron una virulencia que no se aplacaría hasta la caída de la Monarquía[154]. En los sistemas autoritarios con una débil oposición organizada en forma de partidos o sindicatos, los estudiantes suplen la apatía pública con su facilidad de movilización ante un hecho histórico (en este caso, la protesta contra la «Ley Callejo») que cataliza una protesta de contenido social o político. En esta tesitura,

---

154 La «reforma Callejo», en López Martín, Ramón. *Ideología y educación en la dictadura de Primo de Rivera (II): Institutos y Universidades*. Valencia: Universitat de València, Departamento de Educación Comparada e Historia de la Educación, 1985. La agitación escolar contra la Dictadura, en Ben-Ami, Shlomo. «La rébellion universitaire en Espagne (1927-1931)», en *Revue d'Histoire Moderne et Contemporaine*, tomo XXVI, julio-septiembre, 1979, pp. 365-390; Queipo de Llano, Genoveva. «La rebelión de los estudiantes y la movilización intelectual contra la Dictadura (1929)», en *Boletín de la Real Academia de la Historia*, tomo CLXXXIV, cuaderno II, mayo-agosto, 1987, pp. 315-358; y González Calleja, Eduardo. *Rebelión en las aulas. Movilización y protesta estudiantil en la España contemporánea (1865-2008)*. Madrid: Alianza Editorial, 2009, pp. 99-137.

los universitarios se mostraron más proclives a tomar parte en movilizaciones de protesta merced a varias circunstancias concurrentes: el incremento de su importancia numérica y de su influencia social, su autonomía de pensamiento y acción respecto de los grupos sociales y políticos, o en el contexto favorable de la autonomía universitaria y de la Universidad como centro de pensamiento crítico, foro de discusión y ámbito favorable para la circulación de ideas[155]. En ese tipo de sociedades sometidas a un cambio acelerado, la juventud ejerce una función importante de movilización de la opinión pública, como vanguardia de movimientos de contestación política, social o cultural.

5. La fallida movilización de masas: el Somatén y la Unión Patriótica

Desde las afirmaciones de Raymond Carr sobre si la Dictadura efectuó la eutanasia a un moribundo (el régimen liberal oligárquico de la Restauración) o cometió un infanticidio (el de la naciente movilización democrática patrocinada por el gobierno de concentración liberal de García Prieto), se ha venido discutiendo sobre la capacidad del régimen primorriverista para impulsar la participación de la ciudadanía en el proceso político. A ello hay que responder que no. Ni hubo elecciones ni se alentó el pluralismo político, por mucho que algunos autores hablen de un pretendido «turno» remozado entre la UP y el PSOE que nunca tuvo lugar. Sólo se tutelaron desde el poder iniciativas políticas no regidas por la democracia interna, sino por los intereses específicos del gobierno y de las nuevas o viejas oligarquías dominantes.

La Dictadura fue una respuesta «de orden» frente las aspiraciones democratizadoras, reformistas o revolucionarias, de unas masas que entonces estaban ingresando en la vida política. El régimen de Primo de Rivera comprendió desde el primer momento que la manipulación o la canalización de las reivindicaciones de estas masas era una tarea fundamental de cara a su propia supervivencia. De ahí la necesidad de mostrar un talante movilizador, populista y dinámico que no se conocía en la derecha española desde los tiempos del maurismo. Las dos

---

155 Braungart, Richard G. «Historical and Generational Patterns of Youth Movements: A Global Perspective», en *Comparative Social Research* (Greenwich, CT), vol. VII, 1984, p. 16.

experiencias de movilización tutelada de masas fueron el Somatén y la Unión Patriótica. El primero, creado por RD de 17 de septiembre de 1923, fue una especie de milicia armada con cierto peso político, a mitad de camino entre el activismo populista de los *fasci di combattimento* y la defensa del orden social y político propio de las «uniones cívicas» europeas de posguerra, que identificó su actuación y valores con los del sistema político que le dio vida. Pero la idea somatenista, eficaz en el entorno rural catalán, no logró arraigar en el resto de España, donde los resortes caciquiles del poder local impidieron su desarrollo independiente. Mediatizado por el militarismo imperante en el régimen, con un obrerismo que difícilmente podía jugar el papel de amenaza revolucionaria, y ayuno de un ideario dinámico que le pusiera en contacto con la derecha radical ultranacionalista de otras latitudes, el Somatén Nacional nunca se planteó el salto hacia el fascismo[156].

En cuanto a la Unión Patriótica, se planteó a partir de abril de 1924 como una organización política más estable, que actuase de altavoz propagandístico del régimen y de eventual vivero de candidatos para la provisión de cargos públicos. Encontró la base de apoyo idónea el catolicismo más conservador, y fue un típico «partido del poder» que copó los puestos públicos bajo la égida de los gobernadores civiles y los delegados gubernativos. Su ideario entroncaba con el pensamiento reaccionario español de corte antidemocrático, tradicionalista y católico, fundamentado en principios como la monarquía, la religión, la patria, la autoridad, el orden social, la nación, la jerarquía y el antiigualitarismo[157]. Nunca tuvo verdadera autonomía, ya que, como era de temer, los clanes familiares de los antiguos partidos dinásticos coparon sus puestos directivos, junto a una heterogénea cohorte de carlistas, mauristas, ex-liberales oportunistas y ex-conservadores con

---

156   Sobre el Somatén primorriverista, véanse Martínez Sagarra, Rosa María «Grupos económicos en el Somatén», en *Cuadernos Económicos de I.C.E.*, n° 10, 1979, pp. 209-224; y Martínez Sagarra, María. *El Somatén Nacional en la Dictadura del general Primo de Rivera*. Tesis doctoral. Madrid: Servicio de Reprografía de la Universidad Complutense, 1984; González Calleja, Eduardo y Rey del Reguillo, Fernando. *La defensa armada contra la revolución. Una historia de las «guardias cívicas» en la España del siglo XX*. Madrid: CSIC, 1995, pp. 165-219.

157   Un repaso al ideario upetista, en el trabajo de Gómez-Navarro, José Luis. «Unión Patriótica: análisis de un partido del poder», en *Estudios de Historia Social*, n° 32-33, enero-junio, 1985, pp. 117-127; y las obras coetáneas de Pemán y Pemartín, José María. *El hecho y la idea de la Unión Patriótica*. Prólogo del general Primo de Rivera. Madrid: Impta. Artística Sáez Hnos./Eds. de la Junta de Propaganda Patriótica y Ciudadana, 1929; y Permartín Sanjuán, José. *Los valores históricos en la dictadura española*. Prólogo del General Primo de Rivera. Madrid: Ed. Arte y Ciencia/Publicaciones de la Junta de Propaganda Patriótica y Ciudadana, 1929.

mentalidad autoritaria, reimplantando en ocasiones con más fuerza las prácticas caciquiles que se pretendían erradicar.

El debate sobre la naturaleza política del upetismo está tan vacío de contenido como su propia ideología y su función en el entramado de poder de la Dictadura. Es cierto que la tentación fascistizante se mantenía en el ambiente, pero a pesar de su antiparlamentarismo y de su confesada admiración por Mussolini, Primo de Rivera nunca dio el salto hacia un autoritarismo sistematizado y burocratizado de estilo fascista, ya que sus bases de apoyo se conformaban con una dictadura conservadora con tintes paternalistas y populistas que garantizase su predominio económico y social sin grandes trastornos. Fue, pues, un partido creado desde el gobierno, cuya evolución posterior vino marcada por su papel en las eventuales salidas que podían darse a la Dictadura: la democracia, el fascismo o la estabilización del régimen. Como otros partidos únicos en regímenes autoritarios en Rumanía, Polonia, Grecia, Yugoslavia o Portugal, la UP no fue, a diferencia del Partido Nacional Fascista italiano, un partido para la toma del poder, sino un medio para conservarlo. Fue, antes que nada, un modo de popularizar la política de un régimen autoritario[158].

6. La nacionalización de las masas: la forja del «ciudadano ejemplar»

Como señalamos al comienzo, algunos autores asignan al estado modernizador la misión de crear una corriente de adhesión a una identidad mancomunada de carácter nacional. Durante la Dictadura, la nacionalización de la población se tradujo en el fomento de actos masivos de propaganda callejera y manifestaciones multitudinarias de adhesión ante Primo, donde la exaltación pueril de los aspectos más folklóricos de la idiosincrasia local y provincial trataba de elaborar un abigarrado compendio del nacionalismo español por encima de las «peligrosas» identidades regionales. Además de este nacionalismo de tintes folkloristas, desde varias instancias del poder (como la UP, el Somatén o los delegados gubernativos) se intentó la creación de un ciudadano ejemplar (una especie de «hombre nuevo» totalitario en tono

---

158 Sobre la Unión Patriótica, véanse Gómez-Navarro, José Luis «Unión Patriótica: análisis de un partido del poder», en *Estudios de Historia Social*, nº 32-33, enero-junio, 1985, pp. 93-163.

menor) a través del fomento a escala local de la educación física, ciudadana y premilitar. Todo ello, unido a la presencia de ingredientes tradicionalistas como la Iglesia o el Ejército, hace que estemos muy lejos de la religión laica presente en los rituales de masas mussolinianos. El régimen estimuló los valores de la ciudadanía, entendida como un compromiso con la familia, la profesión, la sociedad y la nación. El buen ciudadano tenía que adorar al líder indiscutible, formar parte del Somatén, participar en las ceremonias patrióticas, colaborar con las autoridades en todo momento y movilizarse en favor del régimen cuando éste lo requiriera. Esta obsesión semitotalitaria por la creación de un «hombre nuevo», laborioso, de vida intachable, caballeroso y sano, como el que el régimen pretendió forjar a través de la pedagogía desplegada en el cuartel, la iglesia o la escuela, o con su programa de educación cívica y premilitar, no llegó a los extremos del fascismo, pero estuvo cerca de ser el primer gran programa integral de nacionalización de masas de la historia contemporánea de España.

Transformar el cuartel en «escuela de la Patria» fue una de las obsesiones del Ejército español, imbuido de afanes regeneracionistas a partir de 1890. La llegada al poder de un régimen estrictamente militar a partir de 1923 empujó al Ejército, hasta entonces garante supremo de la unidad del Estado nacional según la constitución de 1876, a convertirse en intérprete privilegiado de la voluntad popular. Los delegados gubernativos fueron la figura clave encargada de divulgar estos valores patrióticos e inculcarlos al conjunto de la población[159]. Se les asignó también otras tareas, como publicar y distribuir propaganda primorriverista y organizar un variado elenco de «conferencias patrióticas», ceremonias cívico-religioso-militares, festivales y rituales de acentuado carácter nacionalista. La labor de los delegados gubernativos formó parte de un ambicioso programa de adoctrinamiento militar de masas plasmado en la creación del Servicio Nacional de Educación Física, Ciudadana y Premilitar, dedicado a educar física y políticamente a los jóvenes antes de su ingreso en filas, con el fin de «mejorar la raza» y crear un «nuevo ciudadano» que incorporara los valores militares a la vida civil.

El legado de las políticas primorriveristas de nacionalización de

---

159 Quiroga, Alejandro. «Los apóstoles de la Patria». El Ejército como instrumento de nacionalización de masas durante la Dictadura de Primo de Rivera», en *Mélanges de la Casa de Velázquez*, vol. 34-1, 2004, p. 245. Sobre el proceso nacionalizador en esta época, la obra de referencia es la de Quiroga, Alejandro *Haciendo españoles. La nacionalización de las masas en la Dictadura de Primo de Rivera (1923-1930)*. Madrid: CEPC, 2008.

masas fue, a medio plazo, desastroso para la derecha española. En primer lugar, estas políticas radicalizaron la dialéctica entre el nacionalismo español y los nacionalismos periféricos, hasta hacerlos difícilmente conciliables. En segundo término, la escisión entre una derecha radical estatalista de herencia primorriverista (la Unión Monárquica Nacional y más tarde Renovación Española) y una derecha autoritaria conservadora inspirada en el catolicismo social (Acción Nacional y la Confederación Española de Derechas Autónomas) se mantuvo durante los años treinta. Mientras que los primeros siguieron defendiendo un catolicismo trasformado en elemento consustancial de la nación, a la vez que apostaban por un Estado autoritario, centralista y de corte militarista, los católicos sociales y tradicionalistas continuaron con su defensa cerrada de los intereses y valores de la Iglesia católica. Sólo la victoria de la izquierda en las elecciones de febrero de 1936 volvería a unir de nuevo a ambas tendencias de la derecha en un apoyo condicionado a un nuevo Estado nacionalista bajo control militar. Con todo, no cabe desdeñar el influjo que este conato de movilización patriótica ejerció sobre los rituales nacionalistas que, con aroma de incienso y cuartel, elaboró la dictadura franquista menos de una década después.

7. Balance: modernidad y tradicionalismo en la España de los años veinte

Los regímenes autoritarios no deben ubicarse como un camino intermedio o un período de transición entre democracia y totalitarismo o viceversa, sino que éstos serían en punto de destino teórico de un proceso alternativo de modernización política. En realidad, los autoritarismos no debieran entenderse como regímenes políticos plenamente caracterizados y con rasgos perfectamente pautados, sino como procesos contingentes e imprevisibles (y, claro está, reversibles) que tratan de ofrecer una respuesta regresiva e involucionista a los retos que plantean la modernidad y el desarrollo político. Desde ese punto de vista, la democratización sería la clásica respuesta progresiva a estos desafíos, pero no es la única. Conviene recalcar que la modernidad no transita necesariamente por la ruta marcada por la democracia liberal al estilo occidental, como puede constatarse en los experimentos políticos, inclusivos o excluyentes, que se plantean en el Tercer Mundo, Rusia o China.

La modernización «del» Estado y «por el» Estado durante la Dictadura tuvo, como en todo proceso histórico complejo, luces y sombras: se mezclaron reminiscencias premodernas (sustitución de un caciquismo por otro, arbitrariedades políticas al más alto nivel, supresión de la división de poderes, ausencia de democracia representativa, mantenimiento de la preponderancia de la Iglesia católica en el nivel educativo, militarización del orden público...) con elementos claramente modernos (reformas administrativas a nivel local, provincial y nacional, regulación de las relaciones laborales, desarrollo de las infraestructuras...). Otros muchos rasgos de la modernidad (huida al campo y urbanización, mayores oportunidades de empleo en el sector industrial, crecimiento de la clase media, «desarcaización» de las costumbres por parte de los grupos juveniles, generalización del ocio de masas y de los nuevos medios de transporte y comunicación...) acaecieron en la sociedad no gracias, sino incluso a pesar del propio régimen político.

En realidad, en muchos aspectos, la Dictadura no resultó excesivamente innovadora, sino que presidió el desenlace de una serie de tendencias de cambio observadas en los decenios anteriores (evolución demográfica, crecimiento urbano, modernización productiva, concentración capitalista, nacionalismo económico, etc.), con sus correspondientes contrapartidas sociales (éxodo rural, desarrollo numérico y organizativo del proletariado, crisis de las clases medias y reforzamiento de nuevos planteamientos ideológicos) que no fueron canalizadas con éxito por el sistema político liberal. Aunque la Dictadura se presentó como superación del «antiguo régimen», el Directorio no fue un régimen conscientemente modernizador, sino, ante todo y sobre todo, un régimen contrarrevolucionario, un intento de emergencia por superar la falta de representatividad y de eficacia del sistema político de la Restauración, a la hora de responder a problemas como los desequilibrios regionales, sociales o sectoriales, las nuevas connotaciones reivindicativas que tomaban las diferencias de clase, los problemas inéditos de la urbanización, la agilización de procedimientos que exigía el nuevo capital financiero-industrial-energético del país, etc. Su falta de decisión en la política modernizadora queda demostrada por la pervivencia de los problemas que intentó resolver. Fue, en definitiva, un «cambio sin cambio», un intento incompleto, y a la larga frustrado, de acompasar el desarrollo político con la evolución modernizadora de la economía y de la sociedad.

La Izquierda Radical en la Crisis de la Monarquía

Alejandro Civantos Urrutia

Como apuntó en su momento Andreu Nin, el golpe de Estado del general Miguel Primo de Rivera en Septiembre de 1923 no tuvo nada de fascista (por más que Mussolini lo considerara un buen imitador y que, andando el tiempo, su propio hijo José Antonio, se erigiera en fundador del fascismo a la española). Se trató más bien de «un pronunciamiento típico realizado por las Juntas de Defensa militares, en medio de la indiferencia general y sin ninguna intervención de las masas» (Nin, 2007: 30). Uno más pues de esa espiral infinita de pronunciamientos militares con que sazonó nuestro ejército el s. XIX. De hecho, la razón primordial del desembarque en Madrid de su directorio militar no era otra que la de salvaguardar el prestigio del ejército, que tan maltrecho salía del desastre de Annual, evitando, de paso, la depuración de responsabilidades que con respecto al mismo podían afectar al entramado castrense e incluso al mismo monarca. En definitiva, y tras el penúltimo fracaso colonial en Marruecos, Primo de Rivera venía a restaurar la honorabilidad del ejército. No venía, pues, a alterar lo más mínimo el *status quo* del país en sus estructuras productivas, ni en absoluto se sustentaba en ninguna filosofía del «nuevo orden». Como insistía Nin, aquello no tenía nada que ver con la «marcha sobre Roma».

No obstante, y pese a que ni siquiera contaba con el asentimiento de todos los militares, sorprende la cantidad de apoyos que, aun sin solicitarlos, el general fue sumando, haciendo posible que lo que en un principio no era más que una maniobra táctica del ejército, un régimen provisional que pretendía sólo oxigenar las hostigadas instituciones políticas, acabara afirmándose en una dictadura estable que se prolongó hasta 1929.

En primer lugar estaba la oligarquía económica agraria, principalmente andaluza y extremeña, tantas veces puesta contra las cuerdas por el campesinado en armas durante el periodo precedente, en especial durante el llamado «trienio bolchevista» del campo andaluz (1917-1920). Ahora, poniéndose detrás del dictador, los grandes terratenientes del sur de España pretendían reforzar sus posiciones, y de hecho lo consiguieron; mientras el ejército se ocupara de apaciguar la escena política, la libertad de acción en las fincas de los viejos señores feudales iba a incrementarse sobremanera. Marqués de Estella, grande de España pues, Primo de Rivera no pudo sustraerse al influjo de los grandes terratenientes y fue bajo su mandato cuando se realizó, de hecho, «el primer ensayo de capitalismo de Estado al servicio de la monarquía» (Tuñón de Lara, 2000: 158).

De otro lado, el flamante dictador recibió también el insospechado respaldo de la burguesía industrial catalana, en realidad la única burguesía industrial solvente en nuestro país, y que superaba también un periodo de grandes penurias en su enfrentamiento con el proletariado. Desde la Semana Trágica de 1909 a la Huelga de la Canadiense, pasando por la gran Huelga General Revolucionaria de agosto de 1917, el multitudinario congreso de la CNT en Sabadell en 1919, con trescientos mil afiliados, y la infinidad de huelgas en núcleos industriales catalanes, era evidente que el proletariado catalán, nutrido principalmente por anarquistas, era el más activo de toda España[160]. Esta conflictividad social había llenado las calles de «pistoleros» reaccionarios a sueldo de la patronal (que llegaron a asesinar en 1922 a Salvador Seguí, líder principal del anarcosindicalismo catalán), y de terroristas revolucionarios, procedentes de las centrales sindicales. Un tenso ambiente que horrorizaba a los empresarios hasta tal punto que Teresa Abelló ha podido decir que «entre 1919 y 1923 las calles de Barcelona estuvieron dominadas por la pistola *Star*» (Abelló, 1997: 97).

Las relaciones de la patronal catalana con las organizaciones sindicales habían sido en realidad tensas desde el principio. Aunque la

---

[160] La Canadiense, compañía eléctrica de Cataluña, cuyo principal accionista era el mayor banco comercial de Toronto, padeció una tensa huelga de 44 días, entre Febrero y Abril de 1919, en solidaridad con 8 trabajadores despedidos por fundar un sindicato. Sostenida principalmente por las Cajas de Resistencia de la CNT, la Huelga de la Canadiense se erigió pronto en auténtico hito de la lucha obrera. Cfr. para la intensa agitación proletaria de aquellos años Tuñón de Lara (1977, v. 2, 170-187); Abelló (1997, 92-102); Tuñón de Lara (2000, 159); Vilar (2004, 118-120) y Tusell (2007, 340-343). Para la importancia de Barcelona como clave de bóveda del movimiento obrero existen monográficos fundamentales como Serrano (1997), o Elham (2005), que se extiende hasta la Guerra Civil y la Barcelona «colectivizada».

Restauración había realizado, con el Instituto de Reformas Sociales, un tímido intento de resolver «armónicamente» la «cuestión social» dando una mayor representatividad a los sindicatos en el tejido productivo y empresarial del país, este se había revelado fallido, pues en gran medida los altos empresarios nacionales lo consideraron una «subversión del sistema», y una «deriva a la izquierda» muy lesiva a sus intereses (Barrio, 2007, 10). De manera que el joven movimiento sindical se vio excluido pronto de la participación efectiva en la estructura de relaciones laborales, lo que fragmentó y dividió sobremanera a un movimiento obrero ya muy diferenciado entre sí por origen. Los socialistas de la UGT optaron siempre por una posición contemporizadora con el poder, en la esperanza de que fuese el modo más eficaz de obtener beneficios laborales. No obstante, su influencia en realidad era escasa, y se limitaba al centro de la península, poco más que Castilla, de manera que los grandes focos industriales del país (Cataluña, Levante, Asturias...) nunca se dejaron atraer por la postura «reformista». En consecuencia, la mayor parte del proletariado español, situado en la periferia industrial y articulado en torno al anarquismo de la CNT, optó por la abierta beligerancia ante la patronal, en lo que vino a conocerse como «sindicalismo revolucionario».

En el fondo, las diferencias entre las dos grandes centrales sindicales del país en realidad eran «de clase». Pérez Ledesma vincula, de hecho, al socialismo con la «aristocracia obrera». En general, según Ledesma, los fundadores del socialismo eran «artesanos y obreros de los oficios clásicos, escasamente sometidos a las nuevas formas productivas» (Pérez Ledesma, 1997, 204-205), y en realidad pequeños empresarios (tipógrafos, como el propio Pablo Iglesias) muy vinculados de hecho a la misma burguesía porque tenían más cerca que ningún otro trabajador manual la posibilidad de alcanzar su *status* convirtiéndose en propietarios de sus negocios, ya que eran «una capa superior a la mayoría de jornaleros urbanos o de proletarios fabriles» (Pérez Ledesma, 1997: 208). De otro lado, claro, los trabajadores por cuenta ajena, los jornaleros de las fábricas, operarios a destajo, «explotados» por la nueva industria, el «lumpenproletariado» en fin, que sufría en las zonas industriales la penetración del capitalismo, y que optó por agruparse en torno a la CNT, un sindicato «de combate», del todo hostil a las instituciones políticas, dispuesto a jugársela en las calles contra la patronal[161].

Así las cosas, la repentina llegada del directorio militar en 1923 fue interpretada por los empresarios catalanes, de manera oportunista, como la fórmula más eficaz para abortar desde el poder el «sindicalismo revolucionario». Dispuestos a ver en Primo de Rivera a la figura de hierro que habría de acabar con la conflictividad social, el capitalismo catalán «cerró los ojos ante el carácter españolista, anticatalanista, del nuevo gobierno, porque veía en él un poder fuerte, capaz de destruir las organizaciones obreras y de acabar con el terrorismo» (Nin, 2007: 30).

El dictador agradecería también el inusitado apoyo de los industriales catalanes con un gesto inequívoco: nombrando Subsecretario de Gobernación y más adelante Ministro del ramo al legendario general Martínez Anido, el que fuera gobernador civil de Barcelona en los periodos de represión más cruenta y auténtico inventor del «pistolerismo» en las calles catalanas.

Y así, de manera paulatina, Primo de Rivera siguió sumando adeptos. Casi sin pretenderlo, el dictador se encontraba al frente de toda la oligarquía nacional. Tuñón de Lara afirma que en aquellos días fueron muchos los que prácticamente entregaron una letra en blanco al poder militar, bien por acción, bien por omisión, y ciertamente la casi romántica deportación de Unamuno a Fuerteventura con posterior fuga incluida, fue un episodio novelesco muy poco representativo de la actitud general de los intelectuales españoles ante el directorio militar[162].

Con todo, el refrendo más inusitado de los que recibió el nuevo dictador venía de la corriente social-ugetista, que reiteraba a través de su prensa un mensaje desmovilizador, alejado de la lucha, que era el que, según afirmaban, más convenía en aquel momento a los intereses de los trabajadores. En su línea habitual, la UGT siguió apostando por el «colaboracionismo» con el poder, y el General, consciente de la fuerza del movimiento obrero, no desaprovechó la oportunidad es-

---

161 En realidad el anarcosindicalismo, que representaba la CNT, era una «auténtica amalgama de impulsos anarquistas y sindicalistas, que se dio únicamente en España» (Meacker 1978, 16). Para la singularidad del anarquismo español continúa siendo imprescindible Brenan, Gerald (2009): *El laberinto español*. Barcelona: Backlist, especialmente pp. 182-275.

162 De hecho, la cultura establecida se alió también con Primo de Rivera, pues «los mismos intelectuales creyeron que sus opiniones serían por fin atendidas y sus propuestas llevadas a la práctica». Cfr. Fernández Cifuentes (1982: 247).

tratégica de desmovilizar pacíficamente a una parte del mismo, y por ello se mostró reiteradamente conciliador con la UGT y con el PSOE, en una situación política que acabó por entronizar a la sindical ugetista, que empezó ahora a incrementar su magro balance de afiliados y que, a la postre, conseguía «colocar» a su Secretario General, Francisco Largo Caballero, en el Consejo de Estado de la Dictadura.

Por lo que a lo que a nuestro tema concierne, el resultado más inmediato de la política del directorio militar fue el desmantelamiento efectivo del movimiento obrero más combativo, sobre todo el anarcosindicalismo catalán, así como la prohibición de sus publicaciones. En el mismo Septiembre de 1923 fue ilegalizado el Partido Comunista, y detenidos sus principales dirigentes que, en condiciones muy difíciles, siguieron publicando en la clandestinidad *La antorcha*, su órgano de prensa. El 1° de Mayo de 1924 le tocó el turno a la CNT, que fue prohibida y clausurados todos sus locales, muchos de los cuales ya lo habían sido desde la misma llegada del dictador. Se prohibieron además todas las manifestaciones obreras e incluso el ejercicio de huelga. Se suspendió también la publicación de *Solidaridad Obrera*, principal órgano del anarcosindicalismo, y la difusión de los libros y folletos de tendencia ácrata, que eran innumerables. Así, se suspendieron de hecho todas las publicaciones político-sociales que por aquel entonces circulaban en nuestro país.

El dictador comprendió bien que sólo a través de la represión al movimiento obrero más combativo conseguía concitar en torno a él el beneplácito de los poderes económicos del país.

En rigor, y dejando al margen el movimiento obrero comunista y libertario, enseguida descabezado como hemos visto, las más firmes y prácticamente únicas muestras de descontento ante el cambio de régimen vinieron del movimiento estudiantil, tradicionalmente una plataforma de promoción intelectual de la minoría dirigente, pero que «a comienzos de los años 20 inició un proceso de regeneración como consecuencia de la incorporación a sus aulas de nuevas generaciones de jóvenes procedentes de la pequeña burguesía» (Martín, 1994: 285). Como defienden Javier Tusell y Genoveva Queipo de Llano en su clásico *Los intelectuales y la República,* fue en la Universidad donde creció de manera más vertiginosa una «conciencia generacional» frente a la vieja política, que ejecutaba con Primo de Rivera uno más de sus teatrales golpes de efecto. Y de hecho el descontento, promovido por los universitarios, fue aumentando en las calles hasta crear una generalizada corriente de opinión proclive al cambio de régimen. Publicaciones, manifiestos y encierros, protagonizados por universitarios, fueron en realidad las únicas chinas en los zapatos de un régimen que había acabado gozando del favor o la gentileza de los principales poderes nacionales. La juventud revolucionaria fue fraterna en ese sentido, en el rechazo a la clásica democracia burguesa, pero no lo fue en la fórmula que debía sustituirla: unos se orillaron a la izquierda radical revolucionaria, muy permeables a los acontecimientos soviéticos (José Díaz Fernández, Giménez Siles, Wenceslao Roces, José Antonio Balbontín) otros a la izquierda liberal de corte francés (Azaña, Jiménez de Asúa, Luis Araquistáin), y finalmente hubo otros que se orientaron claramente al fascismo (Giménez Caballero, Ledesma Ramos, Sánchez Mazas)[163]. Todos eran estudiantes, o jóvenes profesores, durante la dictadura de Primo, y todos de alguna manera contribuyeron a defenestrarla. No obstante, si la Historia acabó dando mayor protagonismo a los dos últimos grupos citados, fue tal vez el primero, el más olvidado si cabe, el que más claramente se significó y con más denuedo se esforzó en transformar no sólo las estructuras políticas sino también el modelo de intelectual heredado del viejo régimen. Con ellos estaba naciendo la burguesía radical de izquierda, cuya contribución en la quiebra definitiva del sistema y el advenimiento de la República iba a ser fundamental, pero también en la definición de las nuevas zonas de tránsito entre los intelectuales y el mundo obrero, constituyéndose así en el primer sector de la burguesía partidario del acercamiento al «sindicalismo revolucionario» que tan reacio se había mostrado al juego del Parlamento. Simpatizando con la parte del movimiento obrero más hostil al sistema, y con sus grandes masas de seguidores, los jóvenes de la recién nacida izquierda radical burguesa intuyeron factible el derrumbe de la Monarquía, del que en realidad el golpe militar de 1923 era un síntoma que sólo ellos supieron ver.

Quizá el mayor acierto de esta juventud radical burguesa estuvo en su capacidad para discriminar que, en aquel momento, el enemigo

---

163 Para todo el nuevo entramado universitario y su futuro intelectual, con su intrincada red de conexiones, cfr. Tusell y Queipo (1990: 59; 87-90; 127-140; 150-160).

no era sólo el régimen ni la monarquía, que perpetuaban una vez más y hasta el hartazgo los viejos bloques de poder oligárquico, sino también, y quizá más esencialmente, el «Arte por el Arte», el «arte puro», intelectualizado y elitista, que negaba personalidad civil al intelectual y negaba al arte la posibilidad de influir sobre los conflictos humanos a ras de calle. Si alguien estaba impidiendo en España cualquier tipo de revolución verdadera era, precisamente, ese intelectual al servicio únicamente del espíritu, que ejercía de cancerbero del sistema. Un intelectual ajeno al ruido de la política y que, precisamente por ello, es el intelectual que más conviene a los dictadores. No por casualidad es justamente en 1923 cuando Ortega y Gasset funda la aclamada «Revista de Occidente», ejemplo paradigmático de la cultura de élite. Al año siguiente le sigue la editorial del mismo nombre, y es justamente ahora cuando inician su andadura, protegidos y aún promocionados por el régimen, los jóvenes intelectuales que, enarbolando bien alto la bandera del «arte puro», acabaron convirtiendo 1927 en fecha emblemática de su ordalía. Mientras, a su alrededor, y con saña pertinaz, el aparato represor del régimen va liquidando las manifestaciones aún balbucientes de «arte político» que las rotativas y minúsculas editoras ácratas habían conseguido poner en pie durante el agitado periodo revolucionario precedente. En ese ambiente, la joven izquierda radical burguesa vislumbró que acaso sólo el «arte político» tenía la llave para desmantelar efectivamente el régimen. Aspirantes a intelectuales como universitarios que eran, supieron comprender que era el arte aséptico, intelectualizado y de élite, el mejor defensor de las más rancias estructuras oligárquicas nacionales, y se esforzaron en proponer un nuevo modelo. En «El estudiante», la revista universitaria más importante del momento, fundada en 1925 y dirigida por Rafael Giménez Siles, fundador de la Unión Liberal de Estudiantes, clamaron con rotundidad contra a los «intelectuales de nómina y enchufe que habían hecho de su condición un medio de vida, una profesión al servicio del Estado, de las empresas o de los magnates» y propusieron un nuevo escenario: «si el intelectual estaba llamado a jugar un papel de primer orden en la regeneración del país no podía, bajo ningún concepto, sepultar en el silencio o la inacción las ansias de liberación del pueblo». Para «El Estudiante», arte y política no sólo no eran incompatibles sino que no habría auténtica revolución literaria sin compromiso con la actualidad. Es más: el concurso del movimiento obrero se estimaba fundamental para forzar el cambio de régimen, y es por ello que el intelectual verdaderamente comprometido con el cambio debía aspirar a integrarse en él. La revista no fue mezquina en la defensa de esta posición: «comprendemos que sin la ayuda entusiasta del proletariado, fundido con nuestros ideales, no se puede intentar la verdadera renovación de nuestro Estado ni de ningún Estado moderno». También avanzaba: «el porvenir sólo es posible modificando las viejas estructuras de propiedad» (Martín, 1994; 284-298). Los más conspicuos representantes de este novedoso posicionamiento intelectual y político, como el propio Giménez Siles (a la postre, infatigable editor de literatura política), José Antonio Balbontín (presidente del grupo de estudiantes de Madrid, fundado en 1917, tras la Huelga General Revolucionaria), Graco Marsá (presidente de la ULE) o José Díaz Fernández (el más ácido columnista de *El Estudiante* y corresponsal de la revista en Oviedo), continuarían esta defensa de integración de intelectuales y proletariado en posteriores proyectos culturales. Para ellos, como para todo el ala más radical de la izquierda burguesa, acabar con la cultura como privilegio de clase era, en el fondo, una ambición política de primer orden: fusionar los intereses del movimiento obrero más belicoso con los de la izquierda burguesa más radical, el primero ahora en un periodo crítico pero con profundas raíces históricas, la segunda en vertiginoso proceso de adquisición de fuerza pero sin ningún tipo de pasado a sus espaldas.

Buena parte de las ambiciones de esa aún imberbe izquierda radical cristalizaron en 1929 con la fundación del Partido Republicano Radical Socialista, al que se llegó después de mil conspiraciones y batallas con la censura y tras un proceso de rápida configuración en la cárcel Modelo de Madrid, donde algunos de sus miembros más representativos, entre ellos Giménez Siles, habían sido detenidos por incitación a la sublevación en Marruecos. Con la declarada intención de convertirse en «núcleo de condensación de todas las fuerzas difusas de la izquierda republicana», el PRRS nacía para ocupar el hasta ahora vacante espacio de la izquierda republicana radical, situándose a la izquierda de las propias formaciones de izquierda burguesa, que era justamente lo que pretendían en el otoño de 1923 aquellos estudiantes rebeldes que tan ostentosamente se enfrentaron a Primo de Rivera mientras todo el panorama político e intelectual de entonces le hacía el pasillo. De hecho, en el manifiesto fundacional del Partido, firmado en Diciembre de 1929 por 86 miembros de clase media intelectual, figuraban en lugar destacado los nombres de José Antonio Balbontín, Joaquín Arderíus, José Díaz Fernández, Botella Asensi, Eduardo Ortega y Gasset y Ángel Galarza, figuras que antes o después se habían ido sumando al proyecto de «arte político» que se había impulsado en las páginas de *El Estudiante* y en el repertorio de protestas universitarias de los primeros años veinte. En aquel manifiesto fundacional las dos grandes personalidades del Partido eran, sin duda, Álvaro de Albornoz y Marcelino Domingo, ministrables ambos casi desde el primer momento, como ministros fueron, de hecho, ya en el Gobierno Provisional de la República.

La actividad del impetuoso PRRS desde ese diciembre de 1929 hasta la proclamación de la República fue sorprendentemente activa, tanto en el pacto de San Sebastián, como en la Sublevación de Jaca, donde tuvo un protagonismo muy superior al del resto de partidos republicanos (Tuñón de Lara, 2000: 246-247). No cabe la menor duda de que en el proceso por el cual el PRRS pasó a significarse tanto en tan poco tiempo debía bastante a ese proyecto de identificación de los intereses del movimiento obrero de cualesquiera tendencia con los de la izquierda burguesa radical, algo que nunca fue tan evidente como en los tiempos del Pacto de San Sebastián y la posterior Sublevación de Jaca el 12 de diciembre de 1930. Además, el tono inicial del Partido, llamando a una revolución basada en el proletariado obrero y campesino, y con Albornoz negándose a formar parte del juego parlamentario, pues «en el Parlamento había muerto siempre la fuerza de la izquierda», era de hecho el mismo programa que defendían ya los jóvenes de *El Estudiante* en 1925. En definitiva: el programa de una burguesía enfrentada al papel histórico e intelectual de la burguesía, y que se veía más próxima a las luchas obreras que a las intrigas de palacio. Algo insólito, qué duda cabe, en el panorama político nacional. De alguna manera, el PRRS era la encarnación de esa anomalía que había nacido en la Universidad de los años veinte: el espacio «representativo de un sector del republicanismo de izquierdas que aspiraba a constituirse en representante político de los trabajadores anarcosindicalistas» (Avilés, 1985: 56, 61).

Recordemos, por último, que el PRRS fue, con dos ministros (Albornoz y Domingo), el partido de izquierda burguesa mejor representado en el Gobierno Provisional, además de ocupar puestos clave como el de Gobernador Civil de Madrid (Eduardo Ortega y Gasset), o el de Fiscal General de la República (Ángel Galarza). La posterior historia del partido, desde su triunfal incorporación al juego parlamentario (56 diputados en las Cortes Constituyentes en junio del 31, más del doble que Acción Republicana) hasta su aparatosa y prematura caída final, con sólo un diputado en las elecciones de Noviembre de 1933 (Tuñón de Lara, 2000: 295, 362), pasando por su paulatina degradación y su viraje a la derecha desde que ostentó responsabilidades de gobierno (con su singular resaca de expulsiones de los miembros más extremados: el primero Balbontín, en Mayo del 31, que acabó fundando el Partido Radical Socialista Independiente, con el que aún consiguió arañar seis diputados en 1933; en 1932 los expulsados fueron, precisamente, Botella Asensi y Eduardo Ortega y Gasset); esa historia posterior, como decimos, acaso no haga sino demostrar que las alianzas y afinidades que sirvieron para derribar una Monarquía no resultaron suficientes o adecuadas para sostener una República, pero, en cualquier caso, esa es otra historia, que no puede hacernos olvidar lo que significaba el PRRS en 1929, o al menos cuál era la marca de su prestigio.

Bibliografía

Abelló Güell, Teresa. *El movimiento obrero en España. S. XIX y XX*. Barcelona: Hipótesis, 1997.

Avilés Farré, Juan. *La izquierda burguesa en la II República*. Madrid: Espasa-Calpe, 1985.

Barrio Alonso, Ángeles. *El sueño de la democracia industrial (sindicalismo y democracia en España 1917-1923)*. Santander: Universidad de Cantabria, 2004.

Brenan, Gerald. *El laberinto español*. Barcelona: Backlist, 2009.

Cucalón Vela, Diego. «Aspirantes a caudillos o la imposibilidad de un partido: el Partido Republicano Radical Socialista», en *Alcores: Revista de Historia contemporánea*, 3, 2007, pp. 207-234.

Cucalón Vela, Diego. «El Partido Republicano Radical Socialista: un estado de la cuestión», ponencia presentada en I Encuentro de Jóvenes Investigadores en Historia Contemporánea, Zaragoza, 26-28 de septiembre de 2007.

Elham, Chris. *La lucha por Barcelona: clase, cultura y conflicto 1898-1939*. Madrid: Alianza Editorial, 2005.

Fernández Cifuentes, Luis. *Teoría y mercado de la novela en España: del 98 a la República*. Madrid: Gredos, 1982.

Martín, Francisco de Luis. «La juventud rebelde frente a la dictadura: *El Estudiante* entre Salamanca y Madrid, 1925-1926», en *Cincuenta años de cultura obrera en España 1890-1940*. Madrid: Editorial Pablo Iglesias, 1994, pp. 284-298.

Meacker, Gerald. *La izquierda revolucionaria en España 1914-1923*. Barcelona: Ariel, 1978.

Nin, Andreu. *La revolución española (1930-1937)*. Barcelona: El Viejo Topo, 2007.

Pérez Ledesma, Manuel. «La formación de la clase obrera: una creación cultural», en Cruz, Rafael y Pérez Ledesma, Manuel (eds.). *Cultura y movilización en la España contemporánea*. Madrid: Alianza, 1997, pp. 201-224.

Ramírez Jiménez, Manuel. «La escisión del Partido Republicano Radical Socialista en la Segunda República española» en *Las Reformas de la II República*. Madrid: Júcar, 1977, pp. 91-124

Serrano, Miguel Ángel. *La ciudad de las bombas. Barcelona y los años trágicos del movimiento obrero*. Madrid: Ediciones Temas de Hoy. 1977.

Tuñón de Lara, Manuel. *El movimiento obrero en la historia de España* (3 volúmenes). Madrid-Barcelona: Taurus/Laia, 1977.

Tuñón de Lara, Manuel. *La España del S. XX*. Volumen 1. Madrid: Akal (tercera edición), 2000.

Tusell, Javier. *Historia de España en el S. XX* (tomo 1). Madrid: Taurus, 2007.

Tusell, Javier y Queipo de Llano, Genoveva. *Los intelectuales y la República*. Madrid: Editorial Nerea, 1990.

Vilar, Pierre. *Historia de España*. Barcelona: Crítica, 2004.

La Obra de Fermín Galán: una Filosofía de Avanzada

César de Vicente Hernando

La aparición de *El Nuevo Romanticismo* en 1930, el libro que sintetizó los afanes y luchas de toda una generación de intelectuales y militantes de izquierda, escrito por José Díaz Fernandez, fue acompañado de otro, editado ese mismo año, de Fermín Galán[164]: *Nueva Creación (La política ya no es arte sino ciencia)*, en la editorial Cervantes de Barcelona[165] que puede ser pensado como una *filosofía* de avanzada. Antes de ser publicado, el libro de Galán había sido discutido intensamente por camaradas y amigos del escritor. Así, en una carta dirigida a Antonio Leal (uno de estos amigos), el 16 de junio de 1929, le escribe:

> Adjunto le envío unas cuartillas para que se entretengan en discutirlas. Es la parte más importante del régimen económico que he estudiado, y *aunque su conocimiento completo no se tiene sin previamente conocer los capítulos anteriores de la obra*, sí permite apreciar los principios fundamentales en que ha de apoyarse la nueva economía.
> Nada de lo que expongo en esas cuartillas es caprichoso, sino fruto de una meditación ordenada y como consecuencia de principios sociológicos científicamente establecidos en los capítulos I y II del primer tomo, que está del todo ultimado a falta sólo de una

---

164 Fermín Galán Rodríguez (1899-1930) nació en San Fernando (Cádiz). De padre militar, cuando éste fallece su madre se traslada con sus hijos a Guadalajara. Galán estudia en el Colegio de Huérfanos de Guerra. En 1915 ingresa en la Academia de Infantería de Toledo. Durante los años veinte realiza una brillante carrera militar en Marruecos. Evacuado al Hospital de Madrid, su pensamiento experimenta, hacia 1925, un notable cambio debido al conocimiento de la situación política y social de España. La misma guerra de Marruecos se ha convertido en *La barbarie organizada*, título de su única novela, publicada ya póstumamente, aunque terminada en 1926. Ese año participa en el intento de sublevación contra la dictadura de Primo de Rivera llamado «la Sanjuanada». Encarcelado en el penal de San Francisco (en Madrid) y de Montjuich (en Barcelona), se dedica intensamente al estudio y a la escritura. Puesto en libertad y destinado a Jaca, participa de un nuevo intento de derrocar la monarquía a finales de 1930. Tras un juicio sumarísimo, es fusilado el 14 de diciembre.

165 De este ensayo se realizaron después tres ediciones más: en 1931, en la editorial Rafael Caro Raggio, Madrid; en 1937, en Ediciones y Reportajes, Barcelona (con pequeñas variaciones); y en 1979, en Producciones Editoriales, Barcelona. Algunos fragmentos habían sido reproducidos en el libro de J. Montero Alonso. *Vida, Muerte y Gloria de Fermín Galán,* Editorial Castro.

última corrección. Doctrinariamente podrá combatirse mi punto de vista, pero yo invito a los doctrinarios a que desciendan de sus alturas y entren en contacto con la evolución y la realidad, y una vez con ambas, den una solución apropiada al régimen económico que necesita el socialismo en su fase primera o inicial.

Fácilmente se convencerán de que lo fundamental de mi estudio es inconmovible. Podrá ser más perfeccionado en los detalles, pero en este sentido ya lo ofrezco a su discusión en bien de ese perfeccionamiento, que soy yo el primero en desear (Galán, 1934: 129-130, subrayado mío).

En esta carta, el mismo Galán hace alusión a la coherencia interna de su libro, a la estructura argumental del mismo. La progresión analítica, que va desde la exposición de principios a su realización práctica, sostiene la vertebración teórica del ensayo.

Sin embargo, el libro pasó prácticamente desapercibido, como el mismo Galán se encarga de señalar en una carta del 2 de mayo de 1930 a Vicente Clavel:

Mi querido amigo: Recibo su carta con el adjunto artículo de *La Tarde*, que le agradezco. Este y un comentario que a raíz de la publicación del libro publicó *El Sol*, es lo único que se ha hecho por la obra. Confieso mi decepción. Yo creí que el libro tendría un éxito grande, no lo creí como autor, sino *serenamente por las cuestiones científicas originales que contiene*. Pero el éxito no se ha producido a pesar de contener nada menos que los principios fundamentales de Sociología.

Con cuantos intelectuales de ésta he hablado, algunos de ello» amigos íntimos, he visto con sorpresa que esa parte científica que tanta importancia tiene y que a no dudar algún día será reconocida, no es entendida por ninguno. *Unos creen que hablo con materiales ya usados y que repito en suma lo que alguien ha dicho, siendo el contenido, como es, netamente original y mío;* y otros suponen que la visión de las cosas que estudio es una visión simplemente especulativa que nada tiene de científica. Esta experiencia me ha hecho reaccionar contra la pseudointelectualidad triunfante. He podido comprobar con tristeza el encasillamiento en que la gran mayoría de los intelectuales viven ignorando el grado general de avance del movimiento científico. Pero no quiero seguir hablando en este sentido. Es posible que mi lenguaje le diera a usted la impresión de despecho por la decepción sufrida. Y nada tan lejos de lo que siento. Serenamente veo cuanto pasa y aprendo, aprendo mucho afirmándome en mis convicciones. Ya triunfaré algún día. Estoy seguro de ello. (Galán, 1934: 180-181, subrayado mío).

La pobre atención que tuvo el libro[166] tiene que ver con tres cuestiones importantes: en primer lugar, el hecho de que Galán, un militar de profesión, dedicado a la lectura de los positivistas y anarquistas del siglo XIX, no tuviera lugar en el campo de la filosofía y del ensayo político, dominado por liberales como José Ortega y Gasset o Miguel de Unamuno, que disponían, además, de un gran control de los aparatos editoriales y periodísticos. Es decir, una filosofía académica establecida que chocaba con el positivismo racionalista romántico y revolucionario que sostiene su libro; pero también, por el hecho de que el proyecto de sistema social que se defendía en la segunda parte del ensayo, una utopía comunitaria científica[167], no participara del conflicto político principal que caracterizaba a la sociedad española de 1930, sustancialmente resumido en el antagonismo monarquía o república, o sea, un cambio en la forma de Estado, y no una *nueva sociedad*. Además, Galán era un intelectual controvertido y sumamente polémico. Max Aub lo describe en su novela *La calle de Valverde* (1961), ambientada en el periodo de la dictadura de Primo de Rivera, de manera tosca y caricaturesca. En uno de los cafés de Madrid donde se reunían los grupos de intelectuales, lo muestra arengando a los asistentes y discutiendo con un Rafael Mella, símbolo de la mesura y el saber:

> Habla Galán, sin preámbulo, a lo suyo. Para eso fue a buscarlos.
> –Las actuales ideologías –anarquismo, sindicalismo, socialismo– no sirven, tal y como son, para resolver el problema de España. Hay que crear algo nuevo, nuestro. Una nueva creación.
> –Es mucho decir –apunta Victoriano para darse importancia.
> Galán le mira de soslayo, con su cara de pocos amigos. No contesta. Victoriano, ofendido, quisiera despedirse. ¿Cómo sin dar a

---

166 Sobre la peripecia editorial del libro, puede verse el texto del Capitán Claridades, *Fermín Galán y su nueva creación*. Barcelona: Cervantes, 1931, en el que explica las discusiones entre editor y autor acerca de atenuar algunas expresiones para evitar la censura, señala el valor del mismo: «es indudable que *Nueva creación* contiene alguno de los conceptos de inusitada valentía y de un fondo ideológico verdaderamente audaz»; y del rechazo por parte de Galán de cualquier remuneración por el libro: «he escrito *Nueva creación* para prestar un servicio a la Humanidad, y no pensaba en el lucro. Si yo recibiera dinero por mis ideas, me consideraría deshonrado. Yo lucho y me afano por los hombres sin pensar en el premio» (Claridades: 62-79).

167 En el ensayo, Galán se opone a los proyectos de los socialistas utópicos del siglo XIX a los que considera idealistas. Sigue en esto a Friedrich Engels que en 1882 publicaba un texto, *Del socialismo utópico al socialismo científico,* en el que considera limitado los intentos utopistas dado que les faltan las premisas objetivas y los análisis científicos de las antítesis del régimen capitalista.

entender su molestia? Todo antes que eso. Metió la pata: aguantarse.

Galán pregunta con la vista, a Rafael Mella, quién es Terraza, si se puede tener confianza en él. El futuro bibliotecario hace una mueca para demostrar su ignorancia.

—El socialismo —sigue Galán, yéndose a su tema preferido, hijo de sus pensamientos solitarios—, basado en el evolucionismo y en el determinismo histórico, adquiere un carácter científico inexacto, que le transmite la inexactitud de las ciencias sociales en su iniciación. La intuición es la llamada a resolver. Las experiencias del porvenir son las únicas que pueden resolver el problema social humano: la intuición creadora, con fundamentos positivos.

Molina tiene ganas de echar a correr o de pegar gritos. Galán sigue:

—Ahora bien, nuestro programa no puede ser obra intuitiva sino consecuencia directa del estudio de las ciencias sociales. Es falso que el punto de partida de éstas no tenga por principio el instinto de conservación y libertad. El instinto de libertad es el principio activo de la conservación, el motor esencial de la vida.

Molina que ha estudiado —en serio— muchas cosas (las oposiciones le han llevado del derecho a la sociología, de la sociología a la historia del arte), conoce el paño. Si fuera otro estallaría. Sabe quién es Galán, cuál su empeño, pero no esperaba ese maremágnum farragoso de lecturas mal digeridas. Su visita, su interés por Sbert ponen de manifiesto que se trata de algo más que de una discusión académica; está de acuerdo en que la actual situación es vergonzosa, que hay que hacer todo lo posible por variar; ahora bien, romperse la cabeza (todavía le duele) para llevar al poder a insensatos de esta clase... La confusión le saca de quicio.

Mira a Rafael Mella que aprueba, grave, las teorías fantasmagóricas de Galán, «tú tenías que ser». No es que el aragonés le sea antipático[16], pero puede quitarle un puesto —no son más que tres. Goza de gran ventaja sobre él: su pasión por las fichas y presencia en el Centro de Estudios Históricos. Su finalidad: hallar un dato y restregárselo por las narices a su compañero. ¡No digamos si pudiera hacerlo con don Ramón Menéndez Pidal o doña María![17]. La erudición —piensa Molina— no pasa de eso. Mella no es, ni mucho menos, un inconsciente, sabe perfectamente lo que quiere, pero se regodea de sus limitaciones.

—Hay demasiadas cosas en la vida —le decía ayer—. Querer alcanzarlas todas es de ilusos. Eso de la vida integral que tanto te solivianta es una tontería. No te arriendo la ganancia. Dejando aparte que el mundo no va por ahí y que la especialización produce goces más hondos. En los detalles está el intríngulis, lo profundo. Lo demás —y lo de los demás— es superficial. Lo que importa es saber una cosa bien, a fondo. El resto, al cesto. (Aub: 336-337).

En cambio, Marcelino Domingo, que fuera en la República Ministro de Instrucción Pública y, más tarde, Ministro de Agricultura, Industria y Comercio, escribía sobre Galán en el prólogo al citado libro de J, Montero Alonso que:

> A los cinco minutos de conversación se daba uno cuenta de la rica capacidad intelectual de Galán. Se advertía que había meditado intensamente sobre lo que debía hacerse; pero sobre lo que debía hacerse tenía ideas limpias, hondas, inviolables; que poseía, por otra parte, una capacidad de exposición que le permitía dibujar sus ideas con una precisión de léxico magistral. Además, por el metal de su voz, por la rotundidad de sus palabras, por la inflamación de su rostro, se adquiría el convencimiento de que las ideas no eran retórica o elocuencia gutural o simplemente literatura: eran palpitaciones entrañables de todo su ser (...) Pensaba profundamente; pero descubría que su actuación respondía a su pensamiento. Era un místico y un héroe. Podía escribir un libro y acaudillar una revolución (Domingo: s/p).

Algunos datos más pueden ser relevantes para entender la escasa repercusión del libro: por ejemplo, que la primera edición del ensayo se hizo sin publicidad «para evitar el peligro de denuncia» (Claridades: 78). Los tres o cuatro mil ejemplares que, según el autor de *Fermín Galán y su nueva creación,* se iban a vender se quedaron en apenas «unos centenares los que se colocaron» (Claridades: 78). Félix Martí Ibáñez, el prologuista de la tercera edición, realizada ya en medio de la guerra civil española, apunta otro dato importante: que el ensayo de Galán no tenía peso político en el conflicto generado por el alzamiento militar de 1936, a pesar de que considere que alguna de estas páginas, «el nervio, la vibración romántica de las mismas» (Martí: 4) *pueden ser útiles en nuestro tiempo aunque no sea más que por ampliar la fraternidad obrera que aspiramos a implantar* (Martí: 4, subrayado mío).

En todo caso, la obra de Galán sólo tiene un cierto eco en el discurso radical de la pequeña burguesía revolucionaria, en ese discurso de la «literatura de avanzada» que entre 1925 y 1935, establece, como horizonte de acción y de pensamiento, un cambio en los destinos de la Humanidad, un nuevo modo de vida, una nueva civilización vuelta hacia lo humano. Con todo, tampoco en este grupo encuentra una recepción a la altura de su intento. Así, Antonio Leal y Juan A. Rodríguez, en *Para la historia* (1931) escriben, sin análisis alguno, que *Nueva creación*

> era una noble e ingenua convocatoria a todos los hombres, sin distinción, para realizar un acuerdo revolucionario. Presentaba su consigna sencilla y desnuda, algo confusa por la razón expuesta; porque más que de exaltación revolucionaria, su libro parecería el poema del hombre sin odio que subestima la crueldad natural de la vida en la competencia (Leal: 20).

Tampoco Díaz Fernández y Joaquín Arderíus consideran el ensayo, aunque traten de sacar la figura de Galán de los retratos de «iluminados» que se hicieron de él. Éste, para los dos autores de *Vida de Fermín Galán* (1931), no es un utopista

> candoroso que se lanza a reformar la vida humana desde un rincón del Pirineo sin otro plan que la abstracción de un sueño (...) [ni] el militar frenético de un momento en cuya gallardía cuaja la inquietud española de los últimos años. (...) Galán es un producto de nuestro tiempo, un exponente de la juventud revolucionaria que en el punto de intersección de dos épocas, cuando muere una cultura y amanece un nuevo orden social, quiere actuar con decisión y urgencia» (Díaz Fernández, 1931: 8).

Bajo el signo de Spengler

Los años veinte constituyen el tiempo de la gran crisis civilizatoria que se desarrolla a partir de la Primer Guerra Mundial. A la crítica del parlamentarismo burgués (que tiene su máxima expresión en el debate Kelsen-Schmidt) se añade la interpretación del triunfo de las masas como punto de desequilibrio de la estructura social instituida (bien sea en la versión liberal de Ortega, bien sea en la tendencia izquierdista del *pueblo en marcha*), y el final de los mitos del progreso humano y la emergente expresión social del capitalismo (materializado en el desastre *humano* de la guerra y en el triunfo de la nueva acumulación capitalista). Para Galán: «la gravedad del presente consiste en que en la enorme confusión sobrevenida (...) no hay ninguna solución a los principios actuales. La civilización sufre una honda crisis en todos sus órdenes» (Galán, 1979: 23)[168]. Crisis de civilización que es interpretada a partir del influyente ensayo de Oswald Spengler *La decadencia de Occidente* y que se inicia con una significativa propuesta: «En este libro se acomete por vez primera el intento de predecir la historia» (Spengler: 27). Para ello, Spengler elabora una posición filosófica peculiar que señala con los términos de su interrogación:

> ¿Hay una lógica de la historia? ¿Hay más allá de los hechos singulares, que son contingentes e imprevisibles, una estructura de la humanidad histórica, por decirlo así, metafísica, que sea en lo esencial independiente de las manifestaciones político-espirituales tan patentes y de todos conocidas? ¿Una estructura que es, en rigor, la generadora de esa otra menos profunda?» (Spengler: 27).

Sigue una orientación precisa, que ya había desarrollado ampliamente el filósofo británico Herbert Spencer: «Los conceptos fundamentales de todo lo orgánico: nacimiento, muerte, juventud, vejez, duración de la vida, ¿no tendrán también en esta esfera un sentido riguroso que nadie aún ha desentrañado?» (Spengler: 28). El principio indicador es la idea del universo como historia:

> Al principio abarcaba sólo un problema particular de la civilización moderna, y ahora se convierte en una filosofía enteramente nueva, la filosofía del porvenir, si es que de nuestro suelo, metafísicamente exhausto, puede aún brotar una. Esta filosofía es la única que puede contarse al menos entre las posibilidades que aún quedan al espíritu occidental en sus postreros estadios. Nuestra tarea se agranda hasta convertirse en la idea de una morfología de la historia universal, del universo como historia. En oposición a la morfología de la natu-

---

[168] En su novela *La barbarie organizada,* Galán describe un sueño del protagonista al respecto: «Me hallo ante un monstruo de ojos y boca descomunales. Un río enorme de sangre corre a su lado. Repetidamente escupe él a este río. Escupe sangre. Junto a la corriente, unos prados verdes forman una llanura fértil. Poso mis ojos en ellos y los veo de pronto rojos. Es que el río se ha desbordado manchando de sangre la verde y fértil llanura. Miro más allá a unas casas de labor. La sangre también las envuelve pintándolas de rojo. Dos bueyes uncidos se ahogan. Un labriego grita desesperado ante una muerte cercana. El monstruo ríe... Y después, me mira a mí.
—Soy la civilización –me dice–. Ese río de sangre que ves correr a mi lado es el tributo que la naturaleza impone a la vida. Tributo constante. Cuando se conmueven mis cimientos escupo sangre al río y el río se desborda inundándolo todo... Esos prados son los campos... Esas casas, las ciudades... Esos bueyes y ese labriego, símbolos del trabajo organizado... Cuando la inundación viene, todo se tiñe de rojo. Y todo empieza a decaer hasta que al fin se paraliza. Yo muero, las civilizaciones mueren. Vosotros los hombres, lo mismo que las forjan, las matan (Galán, 2008: 91).

raleza, tema único, hasta hoy, de la filosofía, comprenderá todas las formas y movimientos del mundo, en su significación última y más profunda; pero ordenándolas muy de otra manera, a fin de constituir, no un panorama de las cosas conocidas, sino un cuadro de la vida misma, no de lo que se ha producido, sino del producirse mismo (Spengler: 30-31).

Galán esboza en *Nueva creación* una salida de esta crisis, abandonando el proyecto liberal, en beneficio de una suerte de *humanisferio*[169], y dando forma a un nuevo sistema social en el que se pretenden integrar (aunque haciéndolos funcionar de manera diferente) todos los elementos reconocibles en los sistemas libertarios, comunista y capitalista. Un intento de síntesis que disuelva las contradicciones estructurales que cada uno de esos sistemas conlleva en términos *humanos*. Por ejemplo, respecto a la propiedad, Galán señala que «toda la riqueza será propiedad del Estado, como poder representativo de la colectividad. El Estado, para darle la autonomía y la independencia necesaria a todos los factores vitales de la economía, otorga en usufructo la propiedad de la riqueza a los que la hacen producir» (Galán, 1979: 131-132).

En efecto, este intento de trascender la problemática particular para *crear* una *estructura de la humanidad histórica*, de la que hablaba Spengler, es la que le hace colocar al comienzo de su libro una significativa dedicatoria: «A mis hermanos, los hombres». Igualmente, en *La barbarie organizada* fija los términos de una comunidad humana:

> La religión verdadera es la de la Humanidad. La de vivir por y para los hombres sin divinidades que tanto se contradicen –dice Torrelles muy dulcemente–. La misión humana, el que todos seamos hermanos, ¿no es de por sí un ideal eterno de salvación...? ¿Para qué sirven las religiones sino para separar a los hombres? ¿Para qué sirven las fronteras sino para separar a los mismos de una misma religión? Mientras las religiones y las fronteras no se derrumben; mientras, como hoy, continúen siendo murallas que dividen y subdividen, la paz en la humanidad será una mera ilusión. La fraternidad humana perseguida por todos los apóstoles, por todos los fundadores de religiones, no tendrá nunca sentido. Interpretémoslas de modo natural y sigamos la dirección que nos marca la fraternidad universal. Sin dogmas ni fronteras, sin ninguna división (Galán, 2008: 169).

---

169 Humanisferio llamó Joseph Déjacque a su utopía escrita en 1858. Por otra parte, el internacionalismo proletario se transforma en la obra de Galán en internacionalismo humanista, como puede apreciarse al final del ensayo, en los «Consejos éticos»: «no veas en las fronteras más limitación entre los hombres que la que estableció la barbarie» (Galán, 1979: 183).

Desde las primeras páginas, como hemos señalado, trata también de distinguirse de todas las utopías socialistas del siglo XIX, incluso de los resultados de la revolución rusa («esta es la fecha en que abstractamente todos sabemos lo que es el socialismo y nadie lo sabe de modo concreto» [Galán, 1979: 22]), en tanto que está regidos por el idealismo y no por el materialismo. Así, pues, el humanismo de Galán no participa de la ideología humanista burguesa, de la que trata de salir siguiendo el camino de la ciencia.

Crítica del idealismo, el determinismo y el doctrinarismo

El primer ajuste que hace Galán en su ensayo es una crítica al idealismo dado su carácter especulativo, por el hecho de que el ideal pueda ser «trazado caprichosamente y automáticamente admitido sin tener en cuenta si se tiene o no contacto con el medio vital» (Galán, 1979: 23). Si en un momento de la historia del pensamiento el idealismo era necesario para que cristalizara el positivismo, ahora es necesario que sea superado. Galán ataca la manera en que el idealismo desfigura la definición de la práctica vital y social:

> el idealismo como sistema de pensamiento conduce a la admisión real de principios que no son reales. Puestos en juego políticamente estos principios, el desgaste o el fracaso los deja a un lado. *Si idealmente siguen existiendo, prácticamente dejan de existir*». (Galán, 1979: 23).

Este sentido práctico, un intento por homogeneizar las condiciones de existencia (primera parte del libro) con las condiciones sociales objetivas (la segunda parte del libro)[170], lleva a Galán a considerar como discurso filosófico relevante el positivismo racional, frente al idealismo, al que considera precientífico, prerracional.

El segundo principio filosófico que considera en su libro es el determinismo, que interpreta a partir de los avances científicos, pero limitados, de Marx pues:

> La obra de Marx es, sin duda, la mayor aportación hecha a la delimitación científica del socialismo, pero justo es reconocer que cierta, en principio, en relación con el determinismo histórico, es falsa sociológicamente considerada por ser falsas las llamadas leyes de la

---

170 Se trata de encontrar una salida que no es posible encontrar «en el caos de teoría y principios actuales construidos sin contacto directo con lo íntimo y concreto de la realidad» (Galán, 1979: 24).

> Historia, como más adelante hemos de ver. Marx estudia sistemáticamente el capitalismo hasta destruirlo idealmente, como hemos dicho. Pero la conclusión de que después del capitalismo en ruinas nace el socialismo es una conclusión hipotética. Admitida, empero, no nos dice qué es el socialismo, cómo se levanta, en qué condiciones, cuáles son sus cimientos. La vana fórmula de «socialización de las fuentes de producción y de cambio» y la no menos vana de que «el Estado administrará la riqueza», llenan el enorme vacío que queda, que es realmente todo. Nada establece Marx de lo que es o debe ser la nueva creación (Galán, 1979: 25).

Así, para Galán la ley fundamental de la Historia es la de la causalidad «como no en vano preside todo el Universo. La manifestación espontánea de fuerzas que chocan y que se unen o que se rechazan» (Galán, 1979: 43)[171]. Precisamente por esto la Historia sólo es «condensaciones relativas de experiencias que se acumulan, conformando nuestra posición en la vida» (Galán, 1979: 44) y no Leyes. Y, por ello también, «el determinismo histórico, en todos sus aspectos, ya social, ya económico, es de una falsedad evidente» (Galán, 1979: 48). De nuevo el intento de describir la estructura de la humanidad histórica le lleva a considerar que «La teoría de la evolución, cierta en el Universo, aplicada a las sociedades tiene las mismas características del Universo mismo. No puede ser, no es, la bola de nieve que rueda por el tiempo acumulando progreso y conocimientos, sino la constante evolución de un todo que a sí mismo se crea y se destruye con ilimitadas modalidades en sus formas» (Galán, 1979: 49).

Puede entenderse ya que el título del libro no es un acto idealista sino, al contrario, premeditadamente materialista que es posible encontrarse también en los escritos de Mijail Bakunin, para quien

> Con la palabra *creación* no queremos indicar una creación teológica o metafísica, ni tampoco una forma artística, científica, industrial o de cualquier otro tipo que presuponga un creador individual. Con este término indicamos simplemente el proyecto infinitamente complejo de un número ilimitado de causas ampliamente diversas —grandes y pequeñas, conocidas algunas pero desconocidas todavía en su mayor parte— que habiéndose combinado en un momento preciso (por supuesto, no sin causa, pero sin premeditación alguna y sin planes trazados de antemano) produjeron este hecho (Bakunin: 38).

---

171 Una suerte de materialismo aleatorio que pudo encontrar en Epicuro y en el Lucrecio de *De la naturaleza de las cosas* (vs. 900 y ss.).

El objeto de la «filosofía de avanzada»

En un momento de su ensayo *Nueva creación,* Galán se encarga de señalar el objeto de intervenir en este momento de la crisis civilizatoria:

> Es indispensable dar un corte vertical en el presente que separe lo que le pertenece al pasado y lo que es del porvenir. Trasladar a aquél a su época, y con lo que nos quede, juntamente con el conocimiento, modelar un nuevo presente que sea el comienzo del porvenir racional humano. Este corte vertical ha de ser un hecho histórico que ponga fin a la barbarie en su último grado pre-racional y abra los horizontes de un mundo nuevo, de vida amplia, de libertad positiva, controlada, encauzada y dirigida por la ciencia en una concepción sociológica universal (Galán: 1979: 52).

Pero para que esta intervención se realice en un nivel *humano*, que supere, por tanto, las diferencias culturales, las ideologías, las diversidades de organización de los individuos, debe darse *en aquello que constituye universalmente al ser humano*. Para ello, sostiene su teoría es una economía política de los instintos. El instinto, las fuerzas que actúan impulsando la acción humana, es una «norma de conducta fisiológica». Son predisposiciones adquiridas que dependen «de cada individuo, del grado vital de su conformación o desarrollo, la mayor o menor intensidad en el ejercicio de las facultades que hereda» (Galán: 60). Sin embargo, la potencialidad de los instintos así como sus contradicciones coloca a la libertad como expresión más radical de los mismos, dado que los instintos son modificados históricamente. Así:

> La vida psicofisiológica agrupa todas las manifestaciones psíquicas que hacen relación, ya directa, ya indirecta, ya refleja, a la conservación y libertad propia, a la conservación y libertad de la especie y a la multiplicación y propalación, que diría Bacon, de la misma, y es vida fundamentalmente instintiva.
>
> Al dar lugar la evolución vital a que el cerebro humano pueda asociar las percepciones y disociar las asociaciones, al ser una realidad la capacidad de abstracción, el hombre agrega a las características psicofisiológicas, que en la evolución arrastra la facultad superior de la racionalidad creadora.
>
> La nueva vida psicorracional del hombre contiene a la antigua vida psicofisiológica, rebasándola, hasta llegar al estado psíquico de la razón pura, donde, con la abstracción, se producen las formas re-

creativas del pensamiento y la entrada en la nueva vida cognoscitiva.
Pero todo cuanto en la evolución biológica se adquiere no se excluye, se condensa. La nueva vida psíquica del hombre es una vida psicofisiológica-rracional (Galán, 1979: 57).

Así, pues, tenemos una gran cantidad de estímulos psíquicos que proceden de la naturaleza y de la sociedad (en forma de, como hemos visto, sedimentaciones) que son recibidos por los focos sensitivos del cerebro. Esa vida psicofisiológica tiende a la conservación del individuo tanto como a la conservación de la especie, de la vida social. La capacidad de abstracción, por otra parte, convierte toda esa vida psicofisiológica en una vida psicorracional. Desde esta perspectiva, todo el afán de la filosofía de avanzada de Galán es analizar la relación que guardan las impresiones (reflejos, enlaces asociativos, etc.) con las sensaciones en los estados psíquicos propios a la vida individual y colectiva en general. El control, por parte de una discurso positivista racional, de esta relación, el dominio sobre las normas instintivas de conducta «revisando constantemente el tejer de la vida colectiva, científicamente, separándonos del saber intuitivo para apoyarnos en el saber positivo» (Galán, 1979: 69-70) supone la posibilidad de dirigir al ser humano «a las más altas formas de civilización». Para Galán, las tendencias hacia un sistema social (basado en el individuo y en los instintos de conservación de éste) o hacia otro (basado en los instintos de conservación de la colectividad) constituyen la manifestación de la deshumanización (la primera) y la humanización (la segunda)[172]. Consecuentemente, las normas de conducta sociales, la moral, también están determinadas por esta divisoria: así, si el instinto de libertad vela por la libertad propia «irradia naturalmente amoralismo», si vela por la libertad de los demás, «irradia naturalmente moralidad» (Galán, 1979: 37). Todo el desarrollo del ensayo en esta primera parte intenta derivar de la teoría de los instintos la conflictiva organización de la sociedad. La tesis última que se alcanza es que «la política cambiará de sentido al cambiar de sentido la vida» (Galán, 1979: 87).

Un ejemplo bien interesante de los efectos que en la literatura tiene sus ideas es la novela *La barbarie organizada*. Estudiada habitualmente

---

172 El porvenir, pues, de una sociedad depende sólo y exclusivamente del sentido de predominio de los instintos de conservación en el hombre. Si es el instintos social el que predomina la sociedad progresivamente se humaniza; si es el individual la sociedad se deshumaniza hasta originarse otra causa cualquiera en el tiempo que invierta el orden de los instintos y la rehaga o bien precipite la deshumanización y con ella el regreso a la animalidad» (Galán, 1979: 42-43).

como una de las novelas que se publicaron entre 1926 y 1936 contra la Guerra de Marruecos (junto con *Imán* de Ramón J. Sender, *El blocao* de José Díaz Fernández, o *Cuatro gotas de sangre* de Josep Maria Prous i Vila), *La barbarie organiza* es, sin embargo, un texto que incorpora los procedimientos analíticos que propone su *filosofía* de avanzada. Desde el comienzo de la novela, la vida del protagonista es descrita en términos de impulsos, respuestas instintivas, estados psíquicos diversos (razón, sueño, inconsciencia), percepción de estímulos sensitivos, etc. Desde las primeras páginas del libro los instintos de conservación del individuo se ven contrapuestos a los instintos de conservación de una autoridad, la militar y colonial, que –como señala en *Nueva creación* es inmoral– que no procede de ningún instinto social que garantice el interés general. Por la misma razón, la guerra pierde toda legalidad cuando la sociedad está dominada por los instintos individuales. Galán compone la novela sobre esta red discursiva en la que descansa el argumento.

Un concepto fundamental: las experiencias del porvenir

En las primeras páginas de su ensayo, Galán introduce un concepto que funcionará como elemento de diferenciación con el utopismo socialista del siglo XIX: *experiencia del porvenir*. Aparece en una cita del libro de Bakunin *Socialismo y federalismo* que dice:

> La doble falta de los fourieristas consistió: primero, en que creyeron sinceramente que con la sola fuerza de la persuasión y la propaganda pacífica llegarían a conmover el corazón de los ricos hasta el punto de que éstos fuesen a depositar lo superfluo de sus riquezas a las puertas de sus falansterios, y después, sin imaginar que se podía teóricamente, «a priori», construir un paraíso social donde podría albergarse toda la humanidad futura. *No comprendieron que podemos enunciar los grandes principios de su desarrollo, pero que debemos dejar a las experiencias del porvenir la realización práctica de esos principios* (Galán, 1979: 28).

Y más adelante escribe que «la intuición no positiva convierte a las experiencias del porvenir en una nave a la deriva», para concluir que «las *experiencias del porvenir* con base positiva, son las únicas ciertamente, que pueden resolver el problema social humano» (Galán, 1979: 30).

Claramente Galán alterna la significación de proyecto utópico científico e intuición creadora positiva para explicar el concepto *experiencia del porvenir,* siempre escrito en cursiva. Sin embargo, cuando uno termina el ensayo se da cuenta de que el contenido de ese concepto no se limita a ser un sinónimo de proyección científica del futuro. Precisamente porque su investigación parte de una teoría de los instintos es allí, en esa relación entre las impresiones generales y las sensaciones en los estados psíquicos propios a la vida individual y colectiva, donde se sitúa el significado de las experiencias del porvenir. Sabemos que no se trata del conocido debate entre el empirismo y el racionalismo, dado que Galán ya considera que se puede *conocer* anticipadamente con la ciencia, y no solamente por la experiencia. Lo que Galán hace es considerar la experiencia en la estela del pragmatismo norteamericano por la que los datos psíquicos, los estímulos percibidos (los instintos en el ensayo) *no son experiencia.* Esta se produce en contacto con el ambiente. Como escribe John Dewey: «La experiencia es el resultado, el signo y la recompensa de esta interacción del organismo y del ambiente, que cuando se realiza plenamente es una interacción en participación y comunicación» (Dewey: 26). Esto supone que se diluye los tiempos (pasado, presente y futuro) tal y como son comprendidos habitualmente. La transformación de la relación señalada, bien a través del arte, bien a través de la filosofía, convierte los estímulos individuales y sociales en potencialidades inscritas en el presente, en un proceso de objetivación del porvenir que se viven como posibles aun cuando todavía no se hayan materializado. Por eso, es posible para Galán experimentar el futuro.

Nueva creación no sirvió para la lucha política, empeñada en un cambio de sistema político y no en un cambio de civilización, pero la pequeña *filosofía de avanzada* que se esboza en el libro trató al menos de pensar, en los años 20, otro camino posible para el mundo.

Referencias Citadas

Arderíus, Joaquín y Díaz Fernández, José. *Vida de Fermín Galán*. Madrid: Zeus, 1931.
Aub, Max. *La calla de Valverde*. Madrid: Cátedra, 1997.
Bakunin, Mijail. *Escritos de filosofía política, I*. Madrid: Alianza Editorial, 1978.
Capitán Claridades. *Fermín Galán y su nueva creación*. Barcelona: Cervantes, 1931.
Dewey, John. *El arte como experiencia*. Barcelona: Paidós, 2008.
Fauquenot, Louis Bertrand. «Fermín Galán, verdad y mito». *Historia 16*, nº 109, Mayo, 1985, pp. 11-32.
Díaz Fernández, José. *El Nuevo Romanticismo*. Doral: StockCero, 2013.
Galán, Fermín. *Desde la prisión de Montjuich. Cartas políticas de Fermín Galán*. Madrid: Castro, 1934.
_____. *Nuevas ideas*. Barcelona: Producciones editoriales, 1979.
Gómez, Esteban. *Semblanza biográfica de Fermín Galán Rodríguez*. http://www.rolde.org/content/files/magazine_31_07_galan.pdf.
Leal, Antonio y Rodríguez, Juan A. *Para la historia*. Barcelona, 1931.
Martí, Félix. «Prólogo» a Fermín Galán. *Nueva creación*. Barcelona: Ediciones y Reportajes, 1937.
Martínez de Baños, Fernando. *Fermín Galán Rodríguez*. Zaragoza: Delsan Libros, 2005.
Montero Alonso, J. *Vida, Muerte y Gloria de Fermín Galán*. Madrid: Castro, 1931.
Spengler, Oswald. *La decadencia de Occidente*. Madrid: Espasa Calpe, 2007, 2 vv.

(ed. César de Vicente Hernando)

REDES, ESTÉTICAS Y DRAMATURGIAS DEL ANARQUISMO Y EL SOCIALISMO CATALANES EN LOS AÑOS VEINTE

Francesc Foguet i Boreu

Desde el siglo XIX, se puede constatar, en la capital catalana, la existencia más o menos consolidada de dos redes culturales paralelas, la anarquista y la socialista, que se erigían en contrasociedades autosuficientes respecto a las dinámicas capitalistas de la sociedad industrial (Litvak 1981; Vinyes 1989; Luis 1994; Aisa 2006). Se trataba de dos universos que, desde cierta invisibilidad mediática, presentaban márgenes muy difuminados dentro del magma del asociacionismo obrero y de sus formas de sociabilidad. En una urbe en transformación y crecimiento constantes como lo era la Barcelona de los denominados «felices veinte» –pero también la Valencia o la Palma de Mallorca de la época– estas redes organizaban un considerable número de actividades de índole cultural con el fin, más o menos consciente, de convertirse en una alternativa para el futuro, en lo que se ha venido a llamar un «proyecto contrahegemónico» (Ealham 2005: 96), o sea, de preparar el terreno para la revolución. Huelga decir que estas redes fueron liquidadas en 1939.

De hecho, el asociacionismo de las clases trabajadoras de la Barcelona de entreguerras presentaba una tipología muy variada que incluía desde casinos o cooperativas hasta centros políticos de tradición diversa y ateneos populares de signo catalanista, libertario y socialista, en cuyos locales se solían programar actividades culturales y específicamente teatrales de modo más o menos permanente o regular (Solà 1978a/b y 1993; Gabriel 1992 y 1998). Cada tradición política y cultural configuraba su propia red de sociabilidad y organizaba sus acciones formativas y/o lúdicas, en las que el teatro jugaba una baza muy importante. Aunque los márgenes no sean nítidos, sino todo lo contrario, puesto que existen zonas de confluencia (en particular, con el *entourage* del republicanismo catalanista [Termes 2011]), nos fijaremos en la red libertaria y la socialista de la década de los veinte, ambas coincidentes –por decirlo así– en su difuso antiburguesismo.

No hay duda de que, en la actividad cultural de las redes obreras, el teatro fue una constante educativa e instructiva, pero también lúdica y evasionista, que se tradujo en la formación, en sus centros de sociabilidad, de cuadros artísticos y grupos teatrales compuestos por aficionados. Se ha destacado que, entre los núcleos socialistas, los autores más representados durante el primer tercio del siglo XX fueron «aquellos que pueden incluirse bajo el marbete de un teatro de tesis, de carácter progresista y fondo social»: Henrik Ibsen (*Espectros*), Joaquín Dicenta (*Juan José*), José Fola Igurbide (*El Cristo Moderno, Giordano Bruno, El sol de la humanidad*), José Luis Pinillos «Pármeno» y, entre los catalanes, Àngel Guimerà o Ignasi Iglésias, además de autores que triunfaron en la escena comercial como Benito Pérez Galdós, Jacinto Benavente, Gregorio Martínez Sierra o Santiago Rusiñol, junto a otros, de adscripción más o menos socialista, prácticamente desconocidos como Torralba Beci, Vicente Lacambra, Juan Almela Meliá, Francisco Olabuénaga o Juan Armengol (Luis 1994: 27-28). En cuanto a los escenarios anarquistas, sus clásicos serían el difundido Ibsen (*Un enemigo del pueblo, Espectros, Casa de muñecas*), Gerhart Hauptmann (*Los tejedores*) o Octave Mirbeau (*Los malos pastores*), además de algunas adaptaciones de Lev Tolstoi y Émile Zola, ciertas piezas de August Strindberg y Björnstjerne Björnson y dramaturgos españoles como Dicenta, Galdós (*Electra*) o Fola, y catalanes como Iglésias o Rusiñol (Luis 1994: 28).

Un nombre más, un nombre menos, como marco general, esta nómina sirve para hacerse una idea de los grandes trazos de un repertorio heterogéneo que, si bien se mira, respondería al mismo doble fenómeno –una suerte de pecado original– que se puede advertir en la configuración de una literatura propia por parte del obrerismo «consciente» de finales del siglo XIX: *a*) daba satisfacción a una demanda ideológica muy genérica, en virtud de la cual se identificaría «con todo aquello que suena a libertad y rebeldía moral e incluso aceptando de buen grado desenfocadas visiones de su propia lucha por la dignidad», y *b*) denotaba una singular y paradójica «dependencia estética e ideológica [...] con respecto a formas literarias específicamente burguesas» (Mainer 1988: 22). Sin ir más lejos, sería el caso de las piezas teatrales de Guimerà y, en cierto modo, de Iglésias, aplaudidas por igual tanto en los escenarios obreros como en los burgueses, aunque denostadas por la crítica de uno y de otro signo, hecho que revelaría una vez más las escisiones entre las líneas «oficiales» y el gusto del público. Si el teatro de Guimerà –léase *En Pólvora* o *La festa del blat*– era el reflejo de la convicción idealista de su autor de que las tensiones e injusticias sociales tenían que dirimirse con una evangélica fraternidad entre las clases, el de Iglésias no dejaba de ser, en el fondo, como indicaba Pere Coromines (1972), esencialmente obrero, a pesar de la decoración burguesa de algunas de sus últimas obras.

No obstante, una mirada más atenta a las redes de cultura obrera de la Barcelona de los veinte nos permitiría, con toda probabilidad, ahondar y afinar un poco más el análisis. Habría que tener en cuenta al menos, en primer lugar, que la represión ejercida por la dictadura del general Primo de Rivera (1923-1930) debilitó la actuación del catalanismo cultural (Roig 1992) y del sindicalismo indígena –de claro dominio anarquista y ya diezmado por los duros años del «pistolerismo»– que tuvo que refugiarse en la clandestinidad, y también afectó al activismo de sus redes de cultura. A pesar de la represión del mundo catalanista y/u obrero y la censura férrea o prohibición de sus órganos de prensa que conllevaba el nuevo régimen, éste mostró, en cambio, cierta tolerancia con las publicaciones de carácter cultural, desde las cuales, de modo más o menos explícito, se intentó crear un discurso estético propio que seguramente –y es sólo una hipótesis de trabajo– estaba a mucha distancia de los repertorios al uso en los centros de sociabilidad obrera –un tema en el que, como el de la censura en el teatro catalán más comprometido de este período, aún queda mucho trabajo de investigación por hacer. Pongamos sólo un ejemplo. En una etapa de expansión, la actividad teatral del Ateneu Enciclopèdic Popular de Barcelona, un centro en el que convivían entonces tendencias políticas muy diversas e incluso antagónicas y que padeció también las prohibiciones del nuevo régimen (fue clausurado en los primeros meses de la dictadura), siguió criterios más bien culturalistas en la selección del repertorio, llevando a escena piezas en catalán de Séneca (*Medea*), Esquilo (*Els perses*) o Goethe (*Eridon i Ànima*, traducida por Joan Maragall), con alguna excepción más contemporánea como *La cena dels cardenals*, del portugués Juli Dantàs, o *Poruga*, del catalán Josep Pin i Soler (Aisa 2000: 401). En segundo lugar, en los años veinte, el fenómeno de la crisis generalizada de la cultura burguesa y, concretamente, del teatro –hasta entonces una de las formas de diversión más masiva– corre en paralelo a la apabullante invasión del cine norteamericano o el auge de los deportes como espectáculos de masas, restando así espacio público y presencia social a las artes escénicas –aunque quede también por analizar en profundidad hasta qué punto y en qué ámbitos concretos.

Por un ecléctico teatro de contenido social

En la esfera pública obrera de Barcelona, la red libertaria creó lo que Chris Ealham (2005: 92) ha llamado una «infraestructura social alternativa formada desde las bases por periódicos, asociaciones culturales y clubes sociales». Entre las múltiples vías de difusión del ideario anarquista, cabe señalar dos de las publicaciones más influyentes –durante los años veinte– en la configuración de una cultura, de una moral y de una estética emancipadoras: *La Revista Blanca* (segunda época, 1923-1937) y *Estudios* (1928-1937). En sus páginas, se debatió también sobre la función social del teatro y sobre las dramaturgias más apreciadas, posicionándose en contra de las vanguardias artísticas y, con cierto alarde de un generoso eclecticismo, apelando a la importancia de las artes escénicas desde el punto de vista educativo y cultural.

La Revista Blanca atacó a las vanguardias artísticas por su indiferencia respecto a la cuestión social y, en contrapartida, defendió encarecidamente el arte más comprometido: al igual que la ideología anarquista, el arte tenía que ser un instrumento crítico y didáctico de transformación social, una fuerza revolucionaria de emancipación individual y colectiva de gran calado (Díez 2007: 122). Ante la «vanguardia artística», se contraponía la «vanguardia moral»: en toda obra de arte, la dimensión ética y estética se completaba ineludiblemente con la social, de modo que toda creación debía incorporar la crítica al injusto orden burgués y ofrecer, a su vez, «un mundo alternativo mucho mejor» (Díez 2007: 123). Ante el arte decadente o elitista, ante los *ismos* minoritarios, la estética de la revista promovió un arte comprometido que fuese, en síntesis, la expresión de la realidad social (Senabre 1990: 215).

Si en su primera época se reivindicaron como referentes –destacando siempre aquello que más los aproximaba al ideal ácrata– a Hugo, Tolstoi, Ibsen, Zola, Björnson, Hauptmann o, en clave indígena, Iglésias, en la segunda se mantienen éstos y se amplía el abanico, de un modo un tanto brumoso, a otros nombres como Dicenta y Galdós e incluso, cada vez con más reparos, Benavente, Manuel Linares Rivas y Martínez Sierra (Moncada 1923a: 13-15; Senabre 1988: 56). Asimismo, divulgaron con entusiasmo los clásicos griegos (Esquilo, Sófocles, Eurípides, Aristófanes), aplaudieron emocionadamente la aportación regeneradora de Ibsen con motivo de la conmemoración del centenario de su nacimiento en 1928, destacaron el Iglésias más social (*Els vells*, *Foc follet*, *Joventut*) a raíz de su muerte en ese mismo año y valoraron con muchas reticencias, por razones de estética y/o de moral, tanto a Gabriele D'Annunzio como a August Strindberg o Oscar Wilde, por poner sólo algunos ejemplos.

Por lo que se refiere a la dramaturgia española en concreto, el crítico literario de la revista, Augusto de Moncada (1923b: 12), sostenía que, al morir Dicenta y Galdós, el llamado «teatro social» había casi desaparecido: ni Linares Rivas era «un dramaturgo de multitudes», ni «Pármeno» podía considerarse de tendencia social, puesto que sus obras eran «falsas y endebles», ni otros autores de la misma o peor calaña eran aconsejables, ya que se aprovechaban de modo espurio del interés cada vez mayor por la cuestión social. Según el dictamen de Moncada (1925: 20), la situación del teatro español no podía ser «más triste», pese a los intentos «desdichados de hacer obras de tesis, iniciados por [Luis] Araquistáin y Marcelino Domingo». Trayendo a colación la crisis de la escena española del momento, que desde las páginas de la revista se interpretaba como un epifenómeno de la que vivía la sociedad burguesa, se criticaba que se buscase el mero divertimento y se obligase así al artista a producir obras mediocres como reflejaba el teatro costumbrista de Arniches, los hermanos Quintero o Muñoz Seca (Martín 1925). En lo que atañe al teatro catalán en concreto, Montseny (1931: 432) no iba más allá de la tríada clásica al hacer balance de la literatura catalana contemporánea: si bien equiparaba las tragedias de Guimerà a Esquilo y Shakespeare y, en cambio, lamentaba la mediocridad de Iglésias, los mejores elogios se los llevaba la figura irreverente de Rusiñol («reacción vehemente, burlona, elegante y viril contra el medio [...] un hijo de hormigas que osó ser cigarra»).

En todo caso, en consonancia con su visión estética y sus antecedentes (Lida 1970; Litvak 1988 y 1990), el teatro sigue considerándose para los anarquistas como el arte más adecuado para cumplir la función educativa y revolucionaria que persiguen: las artes escénicas —como todas las artes— deben funcionar como una arma concienciadora y didáctica, valiéndose de formas no partidistas, inteligibles y vitales, dando prioridad al contenido sobre la forma, para alcanzar la proyección social deseada y para apostar por un futuro mejor. Por lo demás, se rechazaba la creación de una literatura proletaria —contrapuesta a la burguesa o elitista— porque se aspiraba a un arte único que se comprometiera con la realidad social, que se valiera de medios artísticos y que, aunque expresase las aspiraciones de la clase obrera, sirviera para todos los hombres y mujeres, según el ideal anarquista que, naturalmente, se situaba más allá de la lucha de clases.

Por su parte, la revista valenciana *Estudios*, una de las más prestigiosas del universo libertario, apostó eclécticamente por la cultura como un instrumento revolucionario y emancipador, idóneo para construir códigos y referentes propios y para fundar una nueva moral, un sistema alternativo coherente con el ideal anarquista (Díez 2007: 137 y 145). Como en el caso de *La Revista Blanca*, aunque con menos beligerancia y con más apertura de miras, los valores estéticos de *Estudios* rehuían las vanguardias artísticas, consideradas artificiosas y elitistas, ajenas a las preocupaciones del pueblo, y abogaban por una creación artística de fuerte contenido social que fuera «una expresión de la vida y del ideal»: «se reivindica una literatura popular, aunque no proletaria. Una literatura viva y próxima a los problemas cotidianos, con valores y emociones humanos, pero en ningún caso una literatura de combate o propaganda. Un arte preocupado por los temas universales, y no un seguidismo de modas. Un arte pedagógico, asequible para todos, y no un arte comercial» (Díez 2007: 142).

Además de las obras de más contenido social de Hugo o Zola, en sus páginas se valoraba positivamente el teatro de Ibsen, Wilde o Frank Wedekind. De Ibsen, por ejemplo, uno de los dramaturgos más admirados y citados por el mundo cultural libertario, se destacaba la vigencia y vitalidad de las problemáticas planteadas en sus dramas (Navarro 1997: 170). Sin embargo, haciendo gala de su eclecticismo estético, entre las colecciones de libros distribuidos por *Estudios* en la década de los veinte no faltan, junto al pensador anarquista francés Han Ryner (*Los esclavos*), uno de los «dioses mayores» de la revista, las piezas teatrales de clásicos como Shakespeare, Goethe, Schiller o Hugo y de contemporáneos como Romain Rolland (*Teatro de la Revolución*) (Navarro 1997: 246-248).

En la red educativa y cultural creada por los anarquistas, en coherencia con su propia ideología libertaria, juegan un papel importante los ateneos que, como es sabido, ofrecían una amplia programación de actividades, siendo el teatro una de las más vistosas. No obstante, si se analizasen con detalle los repertorios correspondientes a la década de los veinte, probablemente se llegaría a la conclusión de que no siempre o pocas veces se trataba de una dramaturgia de *agitprop* y que, a lo más, echaban mano del teatro social del cambio de siglo, siendo la dramaturgia de creación e ideología propias la excepción que confirmaba la regla. Este fenómeno se puede observar incluso en los núcleos anarquistas más concienciados, como, por poner sólo un ejemplo, el grupo de afinidad «Verdad», de L'Hospitalet de Llobregat, que, durante los años de la dictadura primorriverista, puso en escena –en catalán y en castellano– algunos de los autores del teatro social más entronizados (Dicenta, Fola, Iglésias, Mirbeau), junto a unas pocas piezas de autoría anarquista o afín (Caro Crespo, Pietro Gori, François Coppée y Deslinle de Sachevetieri) o, más secundariamente, de la tradición catalana (*La criada nova*, de Josep Asmarats) (Marín 1997: 462-464).

Un discurso socialista de baja intensidad en materia teatral

La percepción que se tenía de los partidarios del socialismo de raíz marxista desde la cultura burguesa revela que se propendía a su ridiculización o a su descrédito. Aun así, no faltaron algunos escritores —lo ha destacado Ricard Vinyes (1989: 149 y 160-161)— como Alfons Maseras, Joan Sallarès, Josep Roure i Torrent o Ambrosi Carrion, todos ellos vinculados a los *affaires* teatrales, que habían leído a Marx y que se movían en círculos políticamente afines. En todo caso, el período constituyente del socialismo marxista catalán se puede ubicar en los años veinte, aunque no alcanzara, ni mucho menos, el arraigo del movimiento libertario. Un joven militante socialista, Albert Pérez Baró (1974: 16), comenta en sus memorias que, en los años veinte, allende de lecturas colectivas del *Manifiesto* de Marx y Engels, también realizaban con regularidad, en un centro ideológicamente poco activo, representaciones teatrales inofensivas que terminaban con el ineludible baile de sociedad. Corroboración de ello sería la protesta de Jaume Miravitlles (1931: 28-29) por la pobreza espiritual y artística de las manifestaciones teatrales programadas en las sociedades obreras, cuya finalidad a menudo benéfica y humanitaria hacía olvidar a los espectadores su carácter «perniciosament burgès»: en vez de renovar el espíritu revolucionario, se convertía en un sedante de las inquietudes de rebeldía, tal y como denunciaba en su panfleto *Contra la cultura burguesa*, un alegato a favor de la creación de una cultura revolucionaria digna del proletariado.

Proporcionalmente, la cultura de la órbita socialista y comunista tuvo una red no tan organizada ni tan extensa como la de filiación libertaria. Compartían la confianza en la virtualidad de la cultura para transformar la mentalidad de los hombres y conducir a la revolución, como proclamaba el propagandista ácrata Felip Barjau en 1921 al citado Pérez Baró (1974: 137). Sin embargo, frente a la proliferación de ateneos, es bien sabido que el modelo de las Casas del Pueblo como centros de sociabilidad del proyecto ideológico y cultural socialista no arraigó en Cataluña, en dónde el anarquismo de amplio espectro y el republicanismo catalanista, a veces imbricados, acaparaban los espacios de sociabilidad más relevantes, aunque sí se implantaron en Valencia y en Mallorca, sin menoscabo de una fuerte presencia también del anarquismo en éstas (Nadal y Perelló 1993: 29-30; Nadal 1998: 30; Luis y Arias 2009: 254-275; Termes 2011: 358-391).

Sea como fuere, en Barcelona, el rearme ideológico del socialismo indígena se fraguó en la Unió Socialista de Catalunya (USC), un partido específicamente catalán, encabezado por Gabriel Alomar, Rafael Campalans y Manuel Serra i Moret, que se constituyó en 1923 frente a un PSOE poco sensible a las reivindicaciones autonomistas catalanas (Izquierdo 2006: 196). Su portavoz fue el semanario barcelonés *Justícia Social* (1923-1926), muy vigilado por la censura militar, que tuvo como objetivo principal difundir las ideas socialistas en todos los ámbitos de la sociedad catalana. Una ojeada a esta publicación no puede ser más demostrativa de las dificultades en conformar un sistema de referentes propios, válidos para la revolución cultural que, según Cristòfor de Domènec (1924: 4) –el director del semanario socialista–, era imprescindible para alcanzar la política, siguiendo el ejemplo de la Revolución rusa de 1917.

Con todo, resulta como mínimo sorprendente leer en *Justícia Social* algunas manchetas con citas de Ernest Renant (en la que se asegura que toda literatura que sólo se proponga divertir e interesar debe considerarse frívola y banal y excluirse de la república de las letras) o de Máximo Gorki (en la que se concibe que la literatura tiene como finalidad el ennoblecimiento del hombre) y, a su vez, comprobar la condescendencia de la crítica teatral al valorar ideológicamente la cartelera barcelonesa (se aplaude desde la compañía cómica de Josep Santpere, sita en el Teatre Espanyol, hasta las sesiones del Teatre Íntim de Adrià Gual, una iniciativa de teatro de arte reanudada en 1924) o de articular unas preferencias estéticas acorde con las ideológicas.

De hecho, aparte de lamentar el olvido de Ignasi Iglésias, las reflexiones sobre la dramaturgia catalana se limitan a duras penas a la reivindicación de algunos autores con el telón de fondo del interminable debate y controversia en torno a los proyectos culturales e ideológicos del Modernisme y el Noucentisme. La muerte de Guimerà en 1924, por ejemplo, da pie a un sentido homenaje en las páginas de *Justícia Social* para el que, además de reproducir fragmentos de *La festa del blat* (la escena IV del acto primero y la última del acto tercero), publican colaboraciones –muy censuradas– de Gabriel Alomar, Cristòfor de Domènec, Alfons Maseras, Josep Roure i Torrent y Josep Maria Prous i Vila. De todas ellas, la del joven militante de la USC Roure i Torrent (1924: 2) es la que explicita con más claridad una lectura «socialista» del magisterio del dramaturgo catalán: tras bautizar a Guimerà como «poeta del poble», no solo reivindicaba su catalanismo radical, su ardiente espíritu idealista y liberal y su conciencia de las injusticias sobre los humildes, sino que, llevándolo a su propio terreno, abogaba por que el espíritu guimeraniano sirviera de guía modélico para los socialistas catalanes. Prueba de ello era el teatro de Guimerà, un enérgico canto a la rebeldía, al republicanismo, a la democracia y a la justicia, al decir de Roure i Torrent (1924: 2), quién no tenía ningún reparo a interpretar *Terra baixa* y *La festa del blat* como piezas antiburguesas que defendían los derechos de los explotados.

Como algo excéntrico en *Justícia Social*, vale la pena anotar la publicación en 1925 de dos breves piezas paradramáticas «a la manera de Pirandello» de Jaume Aiguader i Miró, entonces afiliado a USC, que firmaba con el seudónimo de «Cot de Reddis» (1925a y 1925b). Se trataba de breves escenas muy discursivas, «Comèdia de comparses» y «La llibertat de cantar», escritas bajo la inspiración superficial del metateatro pirandelliano, que concluían con un inequívoco mensaje social. En la primera, uno de los comparsas de una estrambótica representación con aires carnavalescos se dirige al público para hacerle ver que algún día no habrá ni espectadores ni comparsas, puesto que todos serán actores de una misma obra en la que el corazón, el espíritu y la pasión de éstos invadirán la escena, en una evidente metáfora de una sociedad sin clases y con los trabajadores como poder hegemónico. En la segunda, el debate sobre la licitud de la libertad de cantar al alba, a pleno pulmón, en medio de la calle –unos borrachos se ponen a vociferar delante de la taberna, una vecina con una hija enferma les lanza una maceta y, de resultas de ello, es condenada a muerte– constituye el pretexto alegórico para cuestionar a fondo la arbitrariedad de la ley, denunciar las miserias de los trabajadores y defender unas condiciones de vida más dignas para ellos.

Por otra parte, son pocas e indirectas las alusiones al teatro soviético, a pesar de la admiración que despertaba en el semanario socialista catalán todo lo que procedía de la República de los Soviets. Se limitaban a sintetizar el artículo «El teatro en Sovietilandia» que Alfons Maseras publicó en *El Día Gráfico* (28 de agosto de 1924), basándose en el comentario del libro *The New Theatre and Cinema of Soviet Russia*, de Huntley Carter, que Ricardo Baeza había escrito para la *Revista de Occidente* (n.º XII, junio de 1924): Maseras subrayaba en su pieza periodística el hecho de que el teatro ruso nacido de la revolución de 1917 era un medio de instrucción y de propaganda de ideales, una especie de universidad y de tribuna popular que expresaba sobre todo las manifestaciones de la vida cívica protagonizada por la masa popular, y escénicamente recibía la influencia del futurismo italiano en lo que concierne a algunas ideas de acción mecánica, de improvisación y de ejercicio de la imaginación creadora («El teatre soviètic rus» 1924).

En cuanto a la dramaturgia catalana, la opinión de *Justícia Social* no podía ser, bien mirado, más anodina. Con motivo de la *tournée* a París en 1925 que preparaba Jaume Borràs —el hermano de Enric—, un artículo anónimo afirmaba que, con el repertorio antiguo (Pitarra, Guimerà, Iglésias, Rusiñol), no había suficiente para presentarse ante el público francés, mientras que el repertorio nuevo tampoco ofrecía demasiadas garantías, a excepción de Joan Puig i Ferreter, el Josep Pous i Pagès de *L'endemà de bodes*, el Carles Soldevila de *Civilitzats, tanmateix* y el Josep Maria de Sagarra que se dignase algún día a escribir una obra innovadora («El teatre català a París?» 1925). No deja de ser elocuente que Puig i Ferreter, uno de los principales escritores modernistas, fuera presentado como el único dramaturgo sin reservas, ya que el semanario socialista se apuntó también a la reacción «antinoucentista». A modo de ver de Màrius Vidal (1925a y b), pseudónimo de Ignasi Armengou i Torra, otro afiliado a la USC y colaborador de *Justícia Social*, el romántico, vehemente y cordial Guimerà tenía que ser un ejemplo para los jóvenes escritores coetáneos, a los antípodas de un movimiento, el Noucentisme, elitista e ininteligible, que significaba el divorcio del pueblo y su literatura. No resulta extraño de que, ante la descomposición del Noucentisme y en el contexto de la revaloración de Rusiñol, el mismo Vidal (1925c) considerase éste como un autor de referencia, en tanto que artífice de una literatura popular, humorística, sin complicaciones, que –a pesar de sus deficiencias– había despertado muchos entusiasmos entre los lectores y que, con ello, cumplió una importante misión educativa y social. Con sólo *L'auca del senyor Esteve*, Rusiñol se había ganado la inmortalidad, en opinión de Vidal (1925d), que concluía que su teatro no era perfecto, pero sí humano y vital. Cristòfor de Domènec (1926) también se declaraba admirador de Rusiñol y, además de *L'auca del senyor Esteve*, destacaba *L'alegria que passa*. Más difícil era, por el contrario, reivindicar como «literatura moral», según pretendía Roure i Torrent (1925: 4), las zarzuelas, las operetas y los vodeviles más escabrosos de Lluís Capdevila, evocadores de la vida del vicio barcelonés que este escritor bohemio había frecuentado. O rendirse incondicionalmente a *La follia del desig*, de Josep Maria de Sagarra (Teatre Romea, 1925), un truculento melodrama inspirado en *Anna Christie*, de Eugene O'Neill, y ambientado en el salvaje oeste americano sobre la insaciable fuerza del deseo que el heterodoxo Domènec (1925) tenía por la más teatral de sus obras y que era, a juicio suyo, una de las mejores del teatro catalán de los últimos tiempos.

Como nota marginal, el semanario socialista dejó constancia de la creación, en Valencia, del «Teatre Lliure», una iniciativa animada al parecer por Artur Perucho, uno de los colaboradores de *Justícia Social* y futuro autor del célebre *Resum de literatura russa* (1933), que emulaba el Teatre Íntim de Adrià Gual y que pretendía representar obras selectas tanto de los clásicos como de los autores más avanzados («Notes marginals» 1925). No hay constancia de que este proyecto –en el que Perucho estaría acompañado, entre otros, de Adolf Pizcueta, director de *Taula de Lletres Valencianes* (1927-1930), una de las publicaciones más sólidas del valencianismo cultural que apostó por la modernización del teatro en el País Valenciano– se terminara por materializarse, pero sí sabemos que, al menos en 1929, hubo encendidos debates en torno a la viabilidad de un teatro de arte necesario para la renovación de la escena valenciana (Blasco 1986: 63-65; Simbor 1988: 218-221).

Ante este panorama, por más parcial que sea, es lícita la pregunta sobre si realmente existía la literatura proletaria. De hecho, el mismo Perucho se lo planteaba en 1928 en las páginas de *Taula de Lletres Va-*

lencianes. Perucho partía de la encuesta sobre la literatura proletaria de la revista parisina *Monde*, dirigida por el escritor comunista Henry Barbusse, en la que participaron desde Jean Cocteau a Miguel de Unamuno, pasando por Waldo Frank, para llegar a la conclusión de que, por el momento, no existía una literatura proletaria, a lo sumo se había dado a conocer una obra literaria *para* los proletarios, aunque sí que la literatura coetánea reflejaba cada vez más los problemas del momento que eran esencialmente económicos y de emancipación social (Iborra 1982: 134).

Es cierto de que, en términos generales, en la narrativa de la década de los veinte se encuentran muestras dispares de literatura comprometida que coinciden en reflejar, con mensaje ideológico añadido, explícita o implícitamente, las problemáticas sociopolíticas más acuciantes del momento histórico (Siguan 1981; Esteban y Santonja 1988; Vilches 1999). En el género teatral, en cambio, las dificultades de una dramaturgia comprometida, sin entrar en más matices, son mayores si se toman en consideración sus propias limitaciones estructurales por su vínculo con lo espectacular y las condiciones de recepción (no hay que obviar el hecho de que, durante la dictadura de Primo de Rivera, la escena catalana sufrió también la intervención de la censura gubernativa y que, tal y como denunció el citado Perucho [1930], la lengua y la cultura propias estuvieron sometidas a una pertinaz persecución en la esfera pública).

Generalizando, es evidente que el proyecto cultural socialista estaba mucho más condicionado por la premisa de la lucha de clases en la que estribaba, mientras que el movimiento libertario podía ser más abierto y ecléctico en la definición de su ideal. Los debates y polémicas en torno a las posibilidades de un arte social, de un «teatro social» que arrancaría de finales del siglo XIX se sitúan más allá de los resultados prácticos o las concreciones en los repertorios. Llámase teatro «proletario» o «revolucionario», o llámase de «agitprop» o de «urgencia», el baile de etiquetas es considerable, todo parece indicar que se trataba de una tendencia más bien episódica en el marco de la actividad escénica de las redes del anarquismo y del socialismo catalanes –y también de las españolas (Mata 1995)– en los, en realidad, no tan felices años veinte.

A vueltas con las vanguardias artísticas y las dramaturgias alternativas

En relación con las vanguardias artísticas, son conocidos los vehementes ataques que les profirió Federica Montseny en las páginas de *La Revista Blanca* como formas artísticas tildadas de amorales, minoritarias y antisociales (Mainer 1988: 44; Senabre 1988: 40, y 1990: 212). Si en la primera época de la revista se embestía contra «toda esa plaga literaria que, unas veces con el nombre de modernistas y otras con el de decadentistas, infesta el ambiente social» (Senabre 1988: 19), en la segunda etapa las invectivas se dirigen directamente a las vanguardias (cubismo, futurismo, dadaísmo, ultraísmo, surrealismo). En este sentido, Montseny (1923a) no se mordía la lengua cuando abordaba sin tapujos su valoración de éstas, tratándolas –con cierto aire de purismo anarquista– de ideologías propias de «capillitas» intelectuales, de manifestaciones de su «pedantería», «sarampión» de juventud o esnobismo «muy siglo veinte» y contrapuntándolas con las virtudes del anarquismo, «idealidad plena y completa». La *alma mater* de la revista (1923b) se lamentaba, en fin, de que el «grito de renovación» de las vanguardias –algo que de entrada podría seducir a los anarquistas– no estuviese «entrelazado al grito de renovación social» y, coherente con los planteamientos libertarios, apostaba por la literatura como «medio educativo y depurador». Para Montseny (1929), el problema principal de las vanguardias era que no hacían frente, con audacia e ideas, a los problemas y las inquietudes de la época: ante ellas, se erigía radiante la «vanguardia moral» del anarquismo.

No parece que las vanguardias artísticas gustasen tampoco en demasía a los cenáculos de orientación socialista, mucho más restrictivos en temas de estética y afinidades electivas. En el semanario *Justícia Social*, sólo hallamos, como hemos visto, una alusión fugaz a la influencia del futurismo en la escena soviética de la inmediata posrevolución de 1917. Y es que, en realidad, la vanguardia teatral despertó únicamente cierta curiosidad intelectual en alguna camarilla de universitarios inquietos como la de los impulsores de la revista *Hèlix* (1929-1930) (Foguet 2003) o en algunos círculos más bien selectos y elitistas de la intelectualidad y de la burguesía barcelonesas, como los que asistían a las eclécticas sesiones del teatro de arte de la Companyia Belluguet, bajo la batuta de Lluís Masriera, una de las cuales, la más polémica, fue dedicada –en 1929– a la vanguardia (Gallén 2005). Hasta el punto de que, por lo general, no resulta temerario afirmar que el teatro catalán –o al menos la literatura dramática– ignoró las vanguardias artísticas. O casi. *Taula de Lletres Valencianes*, una revista defensora de un tímido vanguardismo literario, se hizo eco del teatro futurista de Anton Giulio Bragaglia, al que calificaba de «morderníssim», puesto que, con su bagaje cinematográfico, daba prioridad a lo espectacular (Iborra 1982: 45-47). En sus páginas se discutía también sobre el «vanguardismo» de Henri-René Lenormand, oscilando entre la posición que lo consideraba como un adalid a seguir o la que lo tenía por un *«bluff»* deslumbrador (Iborra 1982: 67-71). A su vez, Carles Salvador, uno de los jóvenes poetas de la publicación, formulaba el sentido modernizador que tomaba la ruptura vanguardista en las letras valencianas: «Si el futurisme de Marinetti era un pas per al feixisme, l'avantguardisme valencià és un pas per al liberalisme. [...] Liberalisme = individualisme = democràcia = antifeixisme» (Iborra 1982: 208).

Por otra parte, la dramaturgia política catalana de los veinte contaba con unos antecedentes más bien exiguos, pero, sin duda, nada desdeñables (Fàbregas 1969 y 1979; Blasco 1986: 13-53; Sirera 1988). Del siglo XIX se puede citar un dramaturgo-actor de enorme popularidad como Josep Robrenyo; algunas piezas ejemplares como *Lo Rei Micomicó* (1838), de Abdó Terrades, en la que las convicciones republicanas se alían con los principios comunistas para elaborar una hilarante farsa antimonárquica, y los autores valencianos pro-republicanos Francesc Palanca y Constantí Llombart. En la primera década del siglo XX, en pleno modernismo catalán, surgen a la palestra dramaturgos identificados con el ideario anarquista, como Felip Cortiella, u obras de una influencia ibseniana declarada como *Els encarrilats* (1901), de Joan Torrendell; *Fructidor* (1905), de Ignasi Iglésias, o *Aigües encantades* (1908), de Joan Puig i Ferreter. En la década de los veinte, en cambio, y a diferencia de las tentativas de renovación antiburguesa de los treinta (Cobb 1980; Foguet 2008), lo cierto es que el panorama no resulta, en este punto, muy alentador, habida cuenta de que los dramaturgos modernistas más conspicuos (Cortiella, Iglésias, Puig i Ferreter) estaban ya, teatralmente hablando, fuera de combate.

Allende de las vanguardias, hay que recalar en la conferencia que, con el título de *Teatre modern*, pronunció un aguerrido Ramon Vinyes en el Ateneu Polytechnicum el 9 de agosto de 1929 para la Associació Obrera de Teatre. En ella, sin dejar de reverenciar a la tríada clásica (Guimerà, Iglésias y Rusiñol), el *outsider* y ultracrítico Vinyes (1929) pasaba revista a lo que juzgaba como las dramaturgias que podían inyectar modernidad a la escena catalana, ensañándose contra el teatro frívolo, banal, intrascendente, mercantilista, burgués y, en contrapartida, propugnando otro auténticamente del pueblo, de intervención social, de problema, inquietud y trascendencia. Como modelos, sugería –de modo ecléctico y un tanto abrumador– algunos de los nombres clave de la modernidad teatral rusa (M. Bulgákov, A.V. Lunacharski), alemana (E. Toller, B. Brecht, W. Hasenclever), norte–americana (E. O'Neill, E. Rice), irlandesa (B. Shaw, J. Sygne o W. B. Yeats) o checa (K. Capek).

Sin embargo, más allá de los referentes extranjeros, no es tarea fácil hallar una dramaturgia catalana conforme a la tendencia comprometida que reclamaba Vinyes. Destila ciertos ribetes sociales su obra *Peter's Bar* (Teatre Nou, 1929), una explosiva combinación de moralidad, violencia y erotismo, así como *Molock i l'inventor* (Teatre Català Romea, 1930), de Ambrosi Carrion, una profética parábola ibseniana sobre el poder destructivo de los humanos –no en balde ambas influenciadas por el expresionismo. Otros ejemplos resultan más chocantes. Aún a sabiendas de que lidiaban con la censura, Víctor Mora y Lluís Capdevila alcanzaron un notable éxito con *Cançó d'amor i de guerra* (Teatre Nou, 1926), una pieza lírica, musicada por Martínez Valls, de intencionalidad política que se ingeniaba una apología de los valores republicanos derivados de la Revolución francesa en clave de actualidad (Fàbregas 1969: 240). Pues bien, según parece, esta zarzuela a la catalana gozó de mucha popularidad entre los círculos anarquistas, puesto que recreaba cantos republicanos de los forjadores de hierro, con los que se identificaban «los obreros de la mayoría de industrias de fundición barcelonesas, todas ellas baluarte de la CNT»

(Marín 2010: 183). De Mora, destaquemos también dos piezas de ambientación histórica y trasfondo catalanista: *La legió d'honor* (1930), un alegato antimilitarista situado en la Primera Guerra Mundial, y *La revolta* (1930), una defensa de los derechos patrióticos frente a la tiranía.

Corolario: atendiendo a las fuentes conocidas, es harto difícil encontrar piezas afines a la ideología anarquista o a la socialista que sean la expresión de sus inquietudes políticas y sociales, pese a que, como hemos visto, desde sus plataformas de opinión se citaban –no siempre con suficiente congruencia y tal vez conocimiento– referentes válidos para alimentar *lógicamente* los repertorios y, por otra parte, existían redes más o menos articuladas en las que se podían haber fraguado, publicado o estrenado –con el plácet a veces de la censura– textos –de autoría propia o extranjera– mucho más comprometidos. Ahora bien, ¿podía ser de otra manera –ante el arraigo y la implantación de la estética burguesa– en redes precarias, atomizadas, de resistencia que, a pesar de su carácter abierto y ecléctico, estaban muy sujetas a las fuertes presiones de la clase hegemónica?

Bibliografía

Aisa, Ferran. *Una història de Barcelona. Ateneu Enciclopèdic Popular, 1902-1999*. Barcelona: Virus, Ateneu Enciclopèdic Popular, 2000.

Aisa, Ferran. *La cultura anarquista a Catalunya*. Barcelona: Edicions de 1984, 2006.

Blasco, Ricard. *El teatre al País Valencià durant la Guerra Civil (1936-1939)*, vol. 1. Barcelona: Curial, 1986.

Cobb, Christopher. *La cultura y el pueblo. España, 1930-1939*. Barcelona: Laia, 1981.

Coromines, Pere. «Els obrers al teatre de l'Ignasi Iglésies [1929]» en *Obres completes*. Edición de Joan Coromines. Barcelona: Selecta, 1972, pp. 1.540-1.542.

Cot de Reddis [pseudónimo de Jaume Aiguader i Miró]. «Comèdia de comparses. A la manera de Pirandello», en *Justícia Social*, n.º 67 (7 de febrero), 1925a, p. 3.

Cot de Reddis. «La llibertat de cantar. També a la manera de Pirandello», en *Justícia Social*, n.º 82 (23 de mayo), p. 2, y n.º 83 (30 de mayo), 1925b, p. 2.

Diez, Xavier. *El anarquismo individualista en España (1923-1938)*. Barcelona: Virus, 2007.

Domènec, Cristòfor de. «La revolució de la cultura i la cultura de la Revolució», en *Justícia Social*, n.º 14 (2 de febrero), 1924, p. 4.

Domènec, Cristòfor de. «Les lletres i les dèries. *La follia del desig*», en *Justícia Social*, n.º 113 (26 de diciembre), 1925, p. 4.

Domènec, Cristòfor de. «Homenatges», en *Justícia Social*, n.º 116 (16 de enero), 1926, p. 3.

Ealham, Chris. *La lucha por Barcelona. Clase, cultura y conflicto, 1898-1937*. Madrid: Alianza Editorial, 2005.

«El teatre soviètic rus», en *Justícia Social*, n.º 46 (13 de septiembre), 1924, p. 2.

«El teatre català a París?», en *Justícia Social*, n.º 93 (8 de agosto), 1925, p. 1.

Esteban, José y Santonja, Gonzalo. *Los novelistas sociales españoles (1928-1936). Antología*. Barcelona: Anthropos, 1988.

Fàbregas, Xavier. *Teatre català d'agitació política*. Barcelona: Edicions 62, 1969.

Fàbregas, Xavier. «El teatre anarquista a Catalunya», *L'Avenç*, n.º 22 (diciembre), 1979, pp. 29-35.

Foguet, Francesc. «*Hèlix*: una avantguarda sense teatre», en *Quaderns de Vallençana*, n.º 1 (junio), 2003, pp. 36-47.

Foguet, Francesc. «L'*agitprop* teatral del Bloc Obrer i Camperol (1931-1934)», en Germà Colón y Santiago Fortuño (ed.). *La República de les Lletres. Les lletres de la República*. Castelló de la Plana: Fundació Germà Colón Domènech i Publicacions de la Universitat Jaume I, 2008, pp. 75-118.

Gabriel, Pere. «La Barcelona obrera y proletaria», en Alejandro Sánchez (dir.). *Barcelona 1888-1929. Modernidad, ambición y conflictos de una ciudad soñada*. Madrid: Alianza Editorial, 1992, pp. 88-107.

Gabriel, Pere. «Sociabilitat de les classes treballadores a la Barcelona d'entreguerres, 1918-1936», en José Luis Oyón (ed.). *Vida obrera en la Barcelona de entreguerras, 1918-1936*. Barcelona: Centre de Cultura Contemporània, 1998, pp. 99-126.

Gallén, Enric. «La sessió d'avantguarda a l'Estudi Masriera (1929)», en *Miscel·lània Joan Veny*, vol. 7, Barcelona, Publicacions de l'Abadia de Montserrat, 2005, pp. 109-151.

Iborra, Josep (ed.). *Taula de Lletres Valencianes. Selecció de textos*. València: Institució Alfons El Magnànim, 1982.

Izquierdo Ballester, Santiago. *República i autonomia. El difícil arrelament del catalanisme d'esquerres, 1904-1931*. Catarroja-Barcelona: Afers, 2006.

Lida, Clara E. «Literatura anarquista y anarquismo literario», en *Nueva Revista de Filología Hispánica*, tomo XIX, n.º 2, 1970, pp. 360-381.

Litvak, Lily. *Musa libertaria. Arte, literatura y vida cultural del anarquismo español (1880-1913)*. Madrid: Antoni Bosch, 1981.

Litvak, Lily. *La mirada roja. Estética y arte del anarquismo español (1880-1913)*. Barcelona: Ediciones del Serbal, 1988.

Litvak, Lily.: «Teatro anarquista catalán (1880-1910)», en *España 1900. Modernismo, anarquismo y fin de siglo*. Barcelona: Anthropos, 1990, pp. 315-334.

Luis, Francisco de. *Cincuenta años de cultura obrera en España, 1890-1940*. Madrid: Fundación Pablo Iglesias, 1994.

Luis Martín, Francisco de y Arias González, Luis. *Casas del Pueblo y Centros Obreros socialistas en España. Estudio histórico, social y arquitectónico*. Madrid: Fundación Pablo Iglesias, 2009.

Mainer, José-Carlos. «Notas sobre la lectura obrera en España (1890-1930)», en *La doma de la quimera (Ensayos sobre nacionalismo y cultura en España)*. Bellaterra: Servei de Publicacions de la Universitat Autònoma de Barcelona, 1988, pp. 17-82.

Marín, Dolors. *De la llibertat per conèixer, al coneixement de la llibertat. L'adquisició de cultura en la tradició llibertària catalana durant la Dictadura de Primo de Rivera i la Segona República española*. Tesis doctoral dirigida per Ignasi Terradas i Saborit. Barcelona: Universitat de Barcelona, 1997.

Marín, Dolors. *Anarquistas. Un siglo de movimiento libertario en España*. Barcelona: Ariel, 2010.

Mata Induráin, Carlos «Notas sobre el teatro proletario español de la preguerra: *Guerra a la guerra* y *Miserias*», en *RILCE: Revista de Filología Hispánica*, vol. 11, n.º 1, 1995, pp. 68-87.

Martín, José. «Estudios. El teatro», en *La Revista Blanca*, n.º 55 (1 de septiembre), 1925, pp. 30-32.

Miravitlles, Jaume. *Contra la cultura burguesa*. Barcelona: Edicions «L'Hora», 1931.

Moncada, Augusto de. «La literatura española (novelistas y dramaturgos)», en *La Revista Blanca*, n.º 3 (1 de julio), 1923a, pp. 13-15.

Moncada, Augusto de. «La literatura española», en *La Revista Blanca*, n.º 7 (1 de septiembre), 1923b, pp. 12-14.

Moncada, Augusto de. «La literatura española», en *La Revista Blanca*, n.º 61 (1 de diciembre), 1925, pp. 18-20.

Montseny, Federica. «El futurismo», en *La Revista Blanca*, n.º 1 (1 de junio), 1923a, pp. 8-10.

Montseny, Federica. «La estética y la originalidad en la literatura», *La Revista Blanca*, n.º 8 (15 de septiembre), 1923b, pp. 11-13.

Montseny, Federica. «Vanguardismo literario y vanguardia moral», en *La Revista Blanca*, n.º 147 (1 de julio), 1929, pp. 73-76.

Montseny, Federica. «Panorama de la litertura catalana contemporánea», en *La Revista Blanca*, n.º 186 (15 de febrero), 1931, pp. 431-433.

Nadal, Antoni; Perelló, Aina. *Literatura obrerista a Mallorca (1900-1936)*. Palma de Mallorca: Ajuntament, 1993.

Nadal, Antoni. «Sobre el teatre obrerista a Mallorca (1900-1936)», en *Teatre modern a Mallorca*. Barcelona: Publicacions de l'Abadia de Montserrat, 1988, pp. 29-32.

Navarro Navarro, Francisco Javier. *El «Paraíso de la razón». La revista «Estudios» (1928-1937) y el mundo cultural anarquista*. Valencia: Alfons El Magnànim, 1997.

«Notes marginals», en *Justícia Social*, n.º 99 (19 de septiembre), 1925, p. 3.

Pérez Baró, Albert. *Els «feliços» anys vint. Memòries d'un militant obrer, 1918-1926*. Palma de Mallorca: Moll, 1974.

Perucho, Artur. *Catalunya sota la dictadura (dades per a la història)*. Barcelona: Proa, 1930.

Roig i Rosich, Josep M. *La dictadura de Primo de Rivera a Catalunya. Un assaig de repressió cultural*. Barcelona: Publicacions de l'Abadia de Montserrat, 1992.

Roure i Torrent, Josep. «Àngel Guimerà, home profundament lliberal», en *Justícia Social*, n.º 40 (2 de agosto), 1924, p. 2.

Roure i Torrent, Josep. «Les lletres i les dèries. Lluís Capdevila», en *Justícia Social*, n.º 108 (21 de noviembre), 1925, p. 4.

Senabre, Carme. «La estética anarquista a través de *La Revista Blanca*», en *Anthropos. Revista de Documentación Científica de la Cultura*, n.º 5 (suplementos), 1988, p. 16-72.

Senabre, Carme. «La estética anarquista y *La Revista Blanca*», en Jacques Maurice, Brigitte Magnien y Danièle Bussy (ed.). *Peuple, mouvement ouvrier, culture dans l'Espagne contemporaine*. París: Presses Universitaires de Vincennes, 1990, pp. 207-216.

Siguan Boehmer, Marisa. *La literatura popular libertaria. Trece años de «La Novela Ideal» (1925-1938)*. Barcelona: Península, 1981.

Simbor, Vicent. *Els fonaments de la literatura contemporània al País Valencià (1900-1936)*. Barcelona: Institut de Filologia Valenciana, Publicacions de l'Abadia de Montserrat, 1988.

Sirera, Josep Lluís. «Teatre polític al País Valencià (1868-1936). Algunes notes», en *La Rella*, n.º 6, 1988, pp. 57-72.

Solà, Pere. «Els ateneus populars», en *L'Avenç*, n.º 9 (octubre), 1978a, pp. 31-35.

Solà, Pere. *Els ateneus obrers i la cultura popular a Catalunya (1900-1939). L'Ateneu Enciclopèdic Popular*. Barcelona: Edicions de la Magrana, 1978b.

Solà, Pere. *Història de l'associacionisme català contemporani. Barcelona i comarques de la seva demarcació, 1874-1966*. Barcelona: Generalitat de Catalunya, 1993.

Termes, Josep. *Història del moviment anarquista a Espanya (1870-1980)*. Barcelona: L'Avenç, 2011.

Vidal, Màrius [Ignasi Armengou i Torra]. «Les lletres i les dèries. Guimerà», en *Justícia Social*, n.º 91 (25 de julio), 1925a, p. 2.

Vidal, Màrius. «Les lletres i les dèries. Variacions», en *Justícia Social*, n.º 94 (15 de agosto), 1925b, p. 3.

Vidal, Màrius. «Les lletres i les dèries. Rusiñol», en *Justícia Social*, n.º 97 (5 septiembre), 1925c, p. 4.

Vidal, Màrius. «Les lletres i les dèries. Santiago Rusiñol», en *Justícia Social*, n.º 111 (12 de diciembre), 1925d, p. 4.

Vilches de Frutos, María Francisca. «La otra vanguardia histórica. Cambios sociopolíticos en la narrativa y el teatro español de preguerra (1926-1936)», en *Anales de la Literatura Española*, vol. 24, n.º 1-2, 1999, pp. 243-268.

Vinyes, Ramon. *Teatre modern. Una conferència*. Barcelona: Associació Obrera de Teatre, 1929.

Vinyes, Ricard. *La presència ignorada: la cultura comunista a Catalunya: 1840-1931*. Barcelona: Edicions 62, 1989.

La Revolución Editorial de *El Nuevo Romanticismo*

Alejandro Civantos Urrutia

Para trazar con precisión la geografía del ocaso monárquico muy probablemente tendríamos que hacer pasar una de sus fronteras por los cafetines universitarios salmantinos en los que empezó a gestarse la revista *El Estudiante* en la primavera de 1925. *El Estudiante* será, de hecho, el primer paso para la configuración ideológica de un sector de la burguesía que iba a revelarse decisivo en aquel proceso, pero que era absolutamente desconocido hasta entonces en nuestro país: la izquierda radical, más proclive a identificarse con el movimiento obrero y sus luchas, que con su propia extracción de clase. No deja de llamar la atención la indolencia y el olvido que ha acabado por cernirse sobre aquel grupo de jóvenes universitarios que tanto y tan fuertemente agitaron la escena intelectual y política del momento. Olvido gentil, si queremos, pero malintencionado en cualquier caso, pues su presencia fue decisiva –o, al menos, más decisiva que otras presencias mucho mejor aireadas– para forzar el cambio de régimen.

Es cuanto menos curioso que, una vez reprimido el sindicalismo revolucionario, fuera una típica revista universitaria, con todos sus gaudeamus y caricaturas a cuestas, la que acabara por convertirse en foco principal de resistencia al régimen, pero lo cierto es que en aquellos tiempos en que las principales oligarquías del país, y aún los reformistas de la UGT, se echaron en brazos del flamante dictador, sólo aquellos jóvenes universitarios supieron ver que aquel pronunciamiento militar no era, en el fondo, sino un síntoma más que evidente de la crisis de la Monarquía[173]. El hecho de que la cultura establecida se acomodara también sin esfuerzo a la nueva dinámica castrense, fue asimismo entendido por los redactores de la revista

---

[173] La presión de la Universidad frente al régimen fue clave en el proceso de desmoronamiento de la Monarquía, como han estudiado, entre otros, Tuñón de Lara (2000, 204-206, 215-221); Tusell y Queipo (89-90, 127-140) o Martín (1994, 284-298). Universitarios, procedentes de la pequeña burguesía que, al pairo de sus continuados gestos de repulsa al régimen, asestaron al Directorio el golpe más severo con el largo paro académico de 1929, al más puro estilo de las Huelgas Salvajes ácratas.

como muestra palmaria de la quiebra del modelo intelectual imperante, de aquellos que Unamuno llamaba «intelectuales psíquicos», «los que navegan en la corriente central» (Mainer, 2010, 144), convencidos de la eternidad del Arte y del hiato que lo separa de la política. Así las cosas, «El Estudiante» no sólo se alzó, prácticamente en solitario, contra esa prolongación artificial de la agonía monárquica que era, para ellos, la dictadura de Primo de Rivera, sino que también se convirtió en el principal promotor de un nuevo concepto del intelectual, o mejor: de la relación entre el intelectual y el pueblo. Y ese es, de hecho, el punto de partida de *El Nuevo Romanticismo*.

La revista no escamoteó en modo alguno lo ambicioso de sus objetivos: no sólo se trataba de «acabar con el museo de prestigios pretéritos y marchitos» sino también de «desencadenar un movimiento que no se parara en la corteza sino que penetrara hasta las raíces políticas y sociales» para «afrontar con éxito esta gigantesca labor de renacimiento nacional». Para ello contó con un pujante grupo de jóvenes de izquierda burguesa que iniciaban con *El Estudiante* carreras literarias y políticas cuyos meandros van a cruzarse en más de una ocasión en la década siguiente. En la primera época salmantina, de mayo a julio de 1925, estuvo dirigida por Wenceslao Roces, uno de los intelectuales más radicalizados del momento, traductor del alemán y, andando el tiempo, primer gran divulgador del marxismo que hubo en nuestro país. La revista contó además como corresponsal en Madrid con Rafael Giménez Siles, y en Oviedo con José Díaz Fernández, figuras aún más principales en las futuras peripecias editoriales de la izquierda radical burguesa, y entonces apenas púberes estudiantes acabando la carrera.

En esta primera época, *El Estudiante* puso en la calle 13 números, ilustrados por Julio Núñez, según diseño que habría de crear escuela

La segunda época de *El Estudiante*, en Madrid, entre Diciembre de 1925 y Mayo de 1926, estaba llamada a ser clave de futuro de los jóvenes intelectuales de la izquierda radical. Subtitulada «Semanario de la juventud española» estaba ahora dirigida por Giménez Siles, fundador de la Unión Liberal de Estudiantes (ULE), anticlerical acérrimo y frecuentador de cárceles bien conocido en su labor de boicoteo a Primo de Rivera. Fueron colaboradores permanentes Graco Marsá, presidente en aquellos días de la ULE, y José Antonio Balbontín, presidente asimismo del «Grupo de Estudiantes Socialistas de Madrid», constituido a raíz de la huelga revolucionaria de 1917.

La parte más activa de la Universidad en la lucha por el cambio de régimen era, pues, la dirección de *El Estudiante*, que no dejaba lugar a dudas: «comprendemos que sin la ayuda entusiasta del proletariado, fundido con nuestros ideales, no se puede intentar la verdadera renovación de nuestro Estado ni de ningún Estado moderno». También avanzaba: «el porvenir sólo es posible modificando las viejas estructuras de propiedad». O: «si el intelectual estaba llamado a jugar un papel de primer orden en la regeneración del país no podía, bajo ningún concepto, sepultar en el silencio o la inacción las ansias de liberación del pueblo». La revista, como adelantábamos antes, tampoco ahorró críticas a los «intelectuales de nómina y enchufe que habían hecho de su condición un medio de vida, una profesión al servicio del Estado, de las empresas o de los magnates». Leyendo sus páginas parece evidente que, para transformar la sociedad española, había que empezar por modificar el status del intelectual español, entregado a las élites, a las inmensas minorías y a la deshumanización del arte. Para la redacción de *El Estudiante* el intelectual que pretendía estar realmente, y como quería Machado, a la altura de las circunstancias, debía fusionar sus intereses con los del proletariado, situándose pues en las antípodas de ese intelectual *«au dessus de la mêlée»* que simbolizaba, sin ir más lejos, la *Revista de Occidente*, fundada sospechosamente en 1923, justo el año en que se constituía el directorio militar.

En esta segunda época, se editaron, de manera intermitente, 14 números, siempre acosados por la censura, que dio finalmente el cierre al semanario el 1º de mayo de 1926. En sus páginas despuntó también una figura del caricaturismo en ciernes: Luís Bagaría[174].

Prolongación natural de *El Estudiante*, la revista *Post-Guerra* vio por primera vez la luz el 25 de junio de 1927. No obstante su carácter pionero y el ser la primera publicación nacional que optara claramente por aquello luego tan banalizado del «arte comprometido» y/o «rehumanizado», lo cierto es que a *Post-Guerra* se le sigue escamoteando el lugar histórico de manera pertinaz[175]. No se trata solamente de que

---

174 Para cualesquiera referencias a *El Estudiante* y su propuesta pionera en el panorama español, cfr. Martín (1994, 284-298).
175 Resulta especialmente llamativa la ausencia de esta publicación en las historias de la literatura: sólo una referencia, por ejemplo, en la recientemente publicada por Crítica (Mainer, 2010, 180). Con todo, su importancia como tal y en su posterior historia editorial, no ha resultado afortunadamente inadvertida. Cfr. Fuentes (1976, 4) y (1982, 545-550); Jiménez Millán (1980, 37-60); López de Abiada (1983, 42-65), además del valioso tomo de Santonja (1986).

su Consejo de Redacción proceda de los sectores universitarios más rebeldes contra el régimen primorriverista, sino de que, desde sus páginas, se harán altavoz de un malestar cada vez más generalizado que acabará por ser óbice del definitivo desplome monárquico. En puridad, la revista, que optaba ya desde su título por un posicionamiento histórico y aún una clara beligerancia verbal, no defendía nada distinto a su predecesora, pues eran «sus objetivos prioritarios: el interés por la situación internacional, analizándola y extrayendo enseñanzas, y la vinculación de los intelectuales con el movimiento obrero» (Santonja, 1986, 111). Lo que era nuevo, tal vez, era la ambición política, conscientes sus promotores de que la caída del régimen era ya más que factible, como en efecto lo fue, y que, por consiguiente, había que constituirse con rapidez en una alternativa solvente.

El grupo inicial de *Post-Guerra*, habitualmente agrupado en torno a la tertulia del madrileño «café Savoia», estaba compuesto por dos viejos amigos de los tiempos de *El Estudiante* que compartían labores de dirección: Rafael Giménez Siles y José Antonio Balbontín. Junto a ellos, Juan Andrade, José Lorenzo, Joaquín Arderíus, José Venegas y otro superviviente de *El Estudiante*: José Díaz Fernández. Ninguno de ellos, si exceptuamos a Andrade, afiliado al Partido Comunista en su sección trotskista, tenía filiación política en el momento de constitución de la revista. Todos habían participado de algún modo en la agitación universitaria, habían fundado sindicatos estudiantiles y se habían significado frente a la Dictadura, pero lo cierto es que en Junio de 1927 aún no tenían partido político que los representara. Este hecho nos parece sobremanera importante, pues desde el primer momento *Post-Guerra* quiso erigirse en el órgano de un programa de acción directa y revolucionaria «representativo de un sector del republicanismo de izquierdas que aspiraba a constituirse en representante político de los trabajadores anarcosindicalistas» (Avilés, 1985, 61), o más aún: de la parte más activa y comprometida del movimiento obrero.

Desde luego al movimiento obrero no le disgustó la propuesta que representaba *Post-Guerra*. Así la recibía, por ejemplo, el 1 de julio de 1927, *La Antorcha*, el órgano clandestino del comunismo:

> Los grandes acontecimientos de la postguerra que han conmovido el mundo han hecho vibrar, al compás del sentimiento del proleta-

riado, el pensamiento de una gran parte de aquellos que no han hecho de su intelecto una mercancía al alcance del mejor postor; de la parte que no está corrompida por los halagos de la burguesía. A este grupo, el menos numeroso, pero el de más valor ideológico, pertenecen los editores de esta revista que viene a llenar un vacío que ya se dejaba sentir en la literatura española (citado en Caudet, 1993a, 132)

Como ha señalado con acierto Gonzalo Santonja, los jóvenes de *Post-Guerra*, «procedentes de la burguesía liberal, pero desvinculados políticamente de ella, se situaban a la izquierda del PSOE, admiraban (y mitificaban) la experiencia revolucionaria soviética, promovían la unidad del movimiento obrero y la integración de los intelectuales en su seno» (Santonja, 1986, 117).

Para la revista esto parecía ser, de hecho, una obsesión:

Marx, en su *Manifiesto Comunista*», señaló ya que el intelectual, el sabio, el artista, no son más que vendedores de mercancías. Este carácter aproxima el intelectual al proletario, por su oposición al capital; está separado de la burguesía por su antagonismo irreconciliable, por ser vendedor de su fuerza de trabajo. El interés histórico de los intelectuales exige que lleven a cabo, al lado del proletariado, la lucha contra la producción y la dominación de la burguesía (*Post-Guerra*, n° 4, septiembre 1927, 1).

Desde esa perspectiva, es posible que «Post-Guerra» fuese el primer ensayo serio y sistemático por luchar contra la cultura como privilegio de clase, afirmando los valores populares y denunciando la falsía de los intelectuales de salón con sus mil asepsias y esteticismos. Así, arremetieron de forma sistemática contra el «señoritismo intelectual», el arte deshumanizado e intelectualista y contra la «falsa vanguardia» que, desde un punto de vista literario, significaba para *Post-Guerra* lo mismo que el PSOE a nivel político: «puro reaccionarismo» (*Post-Guerra*, n°12, 1928, 1). De algún modo, como supo ver Díaz Fernández, «las presuntuosas literaturas de vanguardia no han tenido otra misión en la historia de nuestro tiempo que anunciar el último vagido del s. XIX» (Díaz Fernández, 2006, 352). Y este concepto de la Vanguardia era algo ciertamente revolucionario en la España de 1927, pero acaso aún lo era más el posicionamiento de la revista al lado de un proletariado «fuertemente unido»; una labor a la verdad titánica pues pasaba por simultanear esfuerzos muy dispares, dada la complejidad del movimiento obrero, pero que se estimaba sin duda fundamental para asestar el golpe de gracia a la agonizante Monarquía.

Conscientes de que «los grandes movimientos históricos vienen precedidos de movimientos de socavación editorial» (Fuentes, 1981, 87), la misma revista respondía a la necesidad de estos militantes de izquierda burguesa del todo desconocidos por crear una cultura y un aparato editorial al margen de lo establecido para poder constituirse en representantes políticos del proletariado más combativo; un proletariado, por cierto, fundamentalmente aquejado de abstencionismo y antiparlamentarismo. La filosofía misma del proyecto *Post-Guerra* estaba destinada a combatir estos males.

La revista *Post-Guerra* en cuanto tal no tuvo mejor suerte que su precursora *El Estudiante* y, siempre en penosa tensión con la censura del régimen, dio a luz únicamente 13 números entre el 25 de junio de 1927 y el 1 de septiembre de 1928. Eran ejemplares de 16 páginas (que a menudo figuraban tachadas por la censura, que era previa para las publicaciones periódicas), y se distribuían a 25 céntimos en 12 puntos de venta madrileños, esencialmente viejos quioscos de zonas obreras. Las cubiertas originales de la revista eran obra de Gabriel García Maroto, que pronto habría de convertirse en el primer gran diseñador gráfico español. Con sede en la calle Marqués de Cubas, nº 8, y siempre bajo la amenaza de quiebra, la vida de *Post-Guerra*, en fin, «dependía del ilusionado y generoso interés de sus promotores» (Santonja, 1986, 104).

En lo que nos concierne, iniciativa fundamental de la revista, y muy representativa de su interés por crear un modelo cultural completamente diferente fue, desde su primer número, la «Biblioteca Post-Guerra»: un amplio repertorio de libros recomendados, que llegó a alcanzar los 86 títulos. Se trataba de ofertar a bajo precio obras de literatura de izquierda de todas las tendencias, con preferencia por los novelistas rusos de la revolución. Los libros procedían fundamentalmente de editoriales comunistas como «Antorcha», y también de la reciente «Editorial Biblos», una de las primeras editoriales comerciales en publicar libros «no literarios», fundada por Ángel Pumarega y por Gabriel García Maroto, el portadista de *Post-Guerra*. La revista servía a precios realmente populares (90 céntimos de media) títulos que en librerías alcanzaban con frecuencia 4,50 ptas, en un negocio ciertamente ventajoso para los lectores, pero totalmente ruinoso para la propia revista.

Como es de recibo, los títulos ofertados por la «Biblioteca Post-Guerra» gravitaban entre el anarcosindicalismo (Reclús, Malatesta, Fauré) y la izquierda pacifista francesa (Henri Barbusse), pero su grueso fueron los autores rusos y los libros-reportaje sobre la revolución soviética. Ofrecían además obras de Marx y Lenin, de los fondos editoriales comunistas, y títulos singulares como *Pan*, del futuro premio Nobel noruego Knut Hamsum, o *Los de Abajo*, extraordinaria novela de Mariano Azuela sobre la revolución mexicana, ambos procedentes de los catálogos de «Editorial Biblos».

Acosada por la censura, especialmente sañuda con las publicaciones de menos de 200 páginas, como sostiene Gonzalo Santonja (1989, 10), y como defendieron en su momento los mismos Balbontín (1952, 86) y José Venegas (1944, 138-139), la plana mayor de *Post-Guerra* dio el salto al mundo de la edición, en Diciembre de 1927, con «Ediciones Oriente», piedra de toque de la literatura de avanzada y la más revolucionaria propuesta editorial del pasado siglo[176].

No obstante, no parece descabellado pensar que la conversión a editores de aquellos periodistas radicales fuera algo más que mera estratagema para burlar la censura monárquica. Lo cierto es que, a la altura de 1927, el movimiento obrero, aún en condiciones muy precarias, ha conseguido desarrollar unos instrumentos de producción y difusión cultural propios, en virtud de las revistas, periódicos, folletos, fascículos y postales con los que han ido incendiando las calles a medida que escapaban de la tutela cultural burguesa. Instrumentos de producción, por cierto, de influencia nada desdeñable, a juzgar por la diligencia con la que fueron desmantelados por las huestes de Primo de Rivera. Por su parte, la oligarquía tradicional también gozaba de sus propios aparatos de difusión ideológica. Nunca había carecido en realidad de ellos, pero estos serán especialmente productivos en el periodo 1923-1928, que es justamente el periodo en el que, impulsada

---

[176] Habrá que esperar al milagroso año de 1930 para que los jóvenes radicales de la izquierda burguesa la emprendan con una nueva revista, el semanario *Nueva España*, animado también por José Díaz Fernández, que publicará en ella extractos de su emblemático ensayo *El Nuevo Romanticismo*. Cfr. Mainer (1999, 27-276), Jiménez Millán, A. (1980, 37-60) o Tuñón de Lara (1986, 403-416).

por la sólida Sociedad Editorial Calpe, editora de *Revista de Occidente*, nace la Generación del 27 y alcanza su hegemonía en el panorama literario del momento. En realidad, y si a eso vamos, es precisamente la extrema izquierda burguesa, una tendencia recién llegada, la que carece de aparatos de producción y difusión cultural propios, y la posesión de estos es sin duda fundamental para adquirir presencia en el abigarrado panorama político en los últimos tiempos de la Monarquía. Y ello es aún más necesario cuando son precisamente estos jóvenes de izquierda radical los que pretenden proponerse como alternativa a la desgastada burguesía tradicional, ya palmariamente tambaleante en las postrimerías de 1927. La concentración, pues, de publicaciones de izquierda, de la más variadas tendencias de izquierda incluso, en una editorial comercial, sacándolas del lugar específico que hasta entonces ocupaban en los folletos sindicalistas, los panfletos libertarios o las apresuradas traducciones de las revistas comunistas era, en realidad, una orquestada campaña para concentrar todos los frentes obreros y llenar con ellos de contenido político la propuesta de la izquierda burguesa en vísperas de una República que se sentía cada vez más inminente. Se trataba en cierto modo de capitalizar políticamente los esfuerzos del movimiento obrero español. Así, «Ediciones Oriente» será, pues, el altavoz necesario de la nueva generación, toda vez que *Post-Guerra* se juzgó insuficiente para promocionar y difundir adecuadamente aquel proyecto de condensación de todas las izquierdas.

«Rara avis» en el panorama literario español, tanto por diseño de los volúmenes como por distribución de los mismos, «Ediciones Oriente» era, en el fondo, la apuesta definitiva de los jóvenes de extrema izquierda burguesa por crear una cultura alternativa. Reclamando un lugar en las antípodas de *Revista de Occidente*, «Ediciones Oriente» nacía con vocación provocadora y la ambición nada oculta de constituirse en aparato de producción ideológica de la nueva izquierda revolucionaria, que hacía de la cultura un arma de combate y no una torre de marfil en la que aislarse. El cariz de los primeros libros que editaron tampoco dejaba lugar a dudas sobre dónde pretendían situarse. Frente a la literatura de vanguardia, el esteticismo y el formalismo deshumanizado de los «señoritos de la literatura», ellos proponían literatura profundamente humana; frente al populismo, literatura realmente popular, frente al elitismo, colectivismo, y frente a un plácido y sin problemas mundo occidental, la tumultuosa y problemática realidad del mundo en el meridiano de Oriente. La nueva editorial consiguió conformar un interesante catálogo donde tenían cabida todas las fuerzas de izquierda, desde el comunismo ortodoxo a Trostky, desde el anarquismo a las nuevas voces republicanas pasando por el socialismo convencional. Novelas, libros de memorias, crónicas, reportajes, ensayos divulgativos o testimonios, los volúmenes de la joven editorial fueron abordando temas tan sensibles como el feminismo, la homosexualidad, la ecología, el fascismo, la justicia internacional, el imperialismo, el sindicalismo y, por supuesto, Rusia, que fue la espina dorsal del catálogo. Aunando vanguardia artística y política, «Ediciones Oriente» trabajaba además por la difusión de la cultura de un modo mucho más audaz, puesto que pretendía llegar hasta el lector obrero, un lector desatendido cuando no menospreciado por las editoriales convencionales. Aún faltaban dos años para que Díaz Fernández formulara el concepto de «Nuevo Romanticismo» y ya «Ediciones Oriente» era su viva encarnación.

Las rotativas de «Ediciones Oriente», en torno a la imprenta Argis de Madrid (propiedad de Arderíus y Balbontín), empezaron a funcionar en diciembre de 1927. Detrás del proyecto diez socios, en su mayoría procedentes de *Post-Guerra* que aportaban de su bolsillo 2000 pesetas cada uno en cuotas mensuales de cien. Se encargaba de la dirección literaria Juan Andrade, habitual de los partidos extremistas y obreros, y de la gerencia el prometedor periodista José Venegas. Participan asimismo activamente Joaquín Arderíus, José Díaz Fernández, Justino Azcárate, José Antonio Balbontín, José Lorenzo y Rafael Giménez Siles, todos viejos conocidos de los tiempos de «El Estudiante». Apoyaban con capital, aunque permaneciendo en un segundo plano, los más moderados, Caneja y Bustelo.

El primer escollo con el que se encontraron fue la negativa a distribuir los volúmenes por parte de librerías y distribuidoras convencionales, convencidas del previsible fracaso del proyecto y asustadas por la regularidad con la que frecuentaban las cárceles algunos de sus promotores. El propio José Venegas, en sus memorias, recuerda que el gerente de Espasa-Calpe se negó a distribuir los libros de la joven editorial pues «consideraba –no sin fundamento– nuestra aventura una tontería de señoritos metidos a perturbadores» (Venegas, 1944, 149). De algún modo, esto obligó a los recién nacidos editores a hacer de la necesidad virtud y a utilizar otras alternativas para poner en la calle sus volúmenes. En ese sentido «Ediciones Oriente» rechazó una vez más lo establecido para acercarse a los métodos de trabajo de las imprentas y editoras obreras, a las que acabó pareciéndose mucho[177]. Enseguida crearon incluso su propia distribuidora. Como ha recordado Venegas: «La aparición de nuestros volúmenes produjo un verdadero alboroto en el mundo editorial. No sólo eran libros de un tono y un carácter que chocaban con lo que solía publicarse en Madrid, sino que introdujimos novedades en su lanzamiento» (Venegas, 1944, 151). Para empezar, «Ediciones Oriente» hacía publicidad de sus libros, no sólo, como era lo habitual, en boletines bibliográficos, sino también en revistas y periódicos. También publicitaban sus títulos mediante carteles, método desconocido en nuestro país. Utilizaban asimismo métodos de distribución tan novedosos para el mundo editorial convencional como servir libros a contra-reembolso, práctica del todo pionera que les permitió hacer llegar sus volúmenes a lectores de los pueblos más perdidos y sin posibilidad de acercarse a las librerías a adquirirlos. Distribuyeron también en quioscos y a precios siempre competitivos, al evitar el porcentaje de los libreros, así como editaron libros de pequeño formato, más económicos y accesibles, siguiendo la estela de las colecciones de cuentos semanales de quiosco. Todas estas prácticas, heredadas del movimiento editorial anarcosindicalista, les permitieron no sólo eludir sus iniciales problemas de distribución en los circuitos convencionales sino también conquistar para el mercado del libro a nuevos públicos lectores, ávidos de literatura y de política, pero renuentes a las librerías y a otros templos burgueses de la cultura.

Se puso mucho interés asimismo en el aspecto formal de los volúmenes: la maquetación y diseño de los libros de «Ediciones Oriente» con vistosas portadas a dos tintas, la mayor parte de ellas ideadas por el gran diseñador catalán Ramón Puyol, o por el polaco Mauricio Amster, causaron impacto, y proporcionaron una imagen muy característica a los volúmenes de la editorial, así como la novedosa

---

[177] Las vinculaciones y parecidos razonables y nada casuales con las rudimentarias propuestas editoriales de sindicatos y grupos ácratas son estudiadas con detenimiento en mi tesis doctoral en preparación.

técnica de presentar el mismo volumen con distintas portadas, como se hizo con *Julio Jurenito* de Ehremburg (Venegas, 1944, 151–152).

Por otra parte, «Ediciones Oriente» se enriqueció con un prestigioso aparato de traductores como Julio Gómez de la Serna para las traducciones del francés, o Ángel y Manuel Pumarega, en especial el segundo, autor de excelentes traducciones del inglés y del francés. La consideración del traductor, así como sus tarifas por títulos, fue otra de las notables aportaciones de la editorial al panorama del momento, así como las traducciones directas del ruso, prácticamente desconocidas en España.

Los nuevos jóvenes editores sorprendieron también con una técnica que con el tiempo iba a resultar muy habitual: fundaron una marca paralela, a modo de proyecto complementario, la editorial «Historia Nueva», que habría de centrarse en la publicación de autores españoles e hispanoamericanos, con la intención de expandirse en el goloso mercado de la América de habla hispana, mientras «Ediciones Oriente» se ocupaba prioritariamente de las traducciones y del mercado nacional. Se encargó la dirección de esta nueva marca al escritor y activista peruano César Falcón.

En sus escasos cuatro años de vida, «Ediciones Oriente» alumbró el «movimiento editorial de avanzada» que permitió a la izquierda radical presentarse en sociedad de manera solvente. Abrió nuevos mercados para el mundo del libro, hasta entonces hipotecado por las clases dominantes, y conquistó nuevas bolsas de público lector, procedentes de sectores hasta entonces muy renuentes a la cultura libresca, por entender que no era la suya. Centrándose en las traducciones, desarrolló también sus propios hitos como la primera aparición en nuestro país de títulos míticos como *Corydon* de André Gide, un libro que nadie quería editar en España por su temática homosexual, pero que, en manos de «Ediciones Oriente», alcanzó tres ediciones en 1931; o *Los conquistadores*, de André Malraux, que llegó a la 2ª edición en septiembre de 1931. Y así hasta un total de 36 títulos, fundamentalmente de literatura rusa, francesa y alemana contemporánea (Krilenko, Ehremburg, Maurois, Kiesel...). Con todo, más allá de sus aciertos con algunos títulos puntuales, lo cierto es que, con «Ediciones Oriente», había cambiado radicalmente la forma de editar y distribuir libros en nuestro país[178].

---

178 No hará falta insistir en la rabiosa actualidad de la mayor parte de estas técnicas editoriales que los jóvenes de «Ediciones Oriente» introdujeron en nuestro país. Para percibir la revolución técnica del mundo editorial que inició «Ediciones Oriente» cfr especialmente Sánchez (2001, 241-268) y Martínez (2001, 2001, 479-483).

También «Historia Nueva», que empezó a funcionar a mediados de 1928, obtuvo un éxito inmediato en las distintas colecciones que abordó, en especial con la colección «La novela social», en la que apareció acaso el mayor éxito del «movimiento editorial de avanzada»: *El blocao*, de José Díaz Fernández, libro en torno a la guerra de Marruecos que ajustaba las nuevas formas de expresión a las inquietudes políticas de la juventud de izquierdas. Publicado en 1928, agotó tres ediciones completas en unos meses. En esta colección además aparecieron títulos clave de la novela social-realista española como *El botín* de Zugazagoitia, o *Justo el evangélico* de Joaquín Arderíus, además de la exitosa novela de César Falcón *El pueblo sin dios*. Entre sus colecciones convendría destacar «Estudios y crítica», en la que aparecieron otros títulos clave de la editorial como *Amor, conveniencia y eugenesia* de Gregorio Marañón, que alcanzó tres ediciones en 1929, y *Libertad de amar, derecho a morir*, de Jiménez de Asúa, que alcanzaba la cuarta también en 1929. Estimable es, asimismo, la colección «La Política», en la que aparecieron los primeros títulos de Marcelino Domingo y Jiménez de Asúa. Por último, convendría destacar que «Historia Nueva» lanzó al mercado la colección «Ediciones Avance», la primera colección «avanzada» de títulos sobre temática feminista.

Así las cosas, aquella «tontería de señoritos metidos a perturbadores» que fue tan marginada por los medios editoriales convencionales se convirtió en un negocio sumamente rentable. Creó su propia central de distribución (CEP), amplió sus instalaciones e incluso se trasladó el negocio a un amplio piso en la calle de Alcalá, donde se localizaban tanto «Ediciones Oriente» e «Historia Nueva» como la nueva distribuidora y la propia vivienda del gerente, José Venegas.

Es posible, como defiende el propio Venegas, que «Ediciones Oriente» muriera de éxito y que la inusitada rentabilidad del negocio fuera la causa de su precipitado final, pues algunos de los fundadores de «Ediciones Oriente», en estela de su éxito, empezaron a crear sus propios negocios editoriales consagrados a libros políticos y revolucionarios. Así, Giménez Siles, junto con Graco Marsá, fundaron «Cénit» ya en 1929, para después separarse asimismo y fundar Graco Marsá la «Editorial Zeus» en 1930. José Lorenzo dejó también «Ediciones Oriente» en 1929 para ponerse el frente de «Ediciones Ulises», que también tuvo su propia filial, «Editorial Jasón». Editoriales izquierdistas como «España», o «Ediciones Hoy», paradójicamente propiedad del conglomerado editorial CIAP, vinculado a la banca Bauer, fueron haciendo también su entrada en el mundo del libro, y hasta editoriales más clásicas y establecidas como «Renacimiento» o «Pueyo» acabaron «radicalizando» su catálogo. De hecho, las nuevas editoriales, imitando los métodos de «Ediciones Oriente» pronto contarían con su propia nómina de autores y sus títulos fetiche. «Ediciones Oriente», en esas circunstancias, ya sólo pudo sobrevivir hasta 1932, y ya muy reducida la actividad en sus últimos tiempos. «Historia Nueva» había muerto un año antes, después de una brillante trayectoria de 38 títulos. Todo de manera que ««Ediciones Oriente», que fue la primera, pasó a no publicar nada interesante, porque cada uno de los socios atendía a publicar él, en su propio negocio, los libros valiosos que encontraba»[179].

Se equivoca, no obstante, y una vez más, Venegas, al atribuir a la diáspora de editoriales de izquierda un propósito meramente pecuniario, pues más bien parece que aquello que «Ediciones Oriente» quiso presentar como un núcleo de condensación de todas las izquierdas resultó, en realidad, no estar tan nucleado como se pretendía, y cada vez menos una vez que la caída del régimen se precipitó y cada cual empezó a luchar, casi a codazos, por su propio espacio político.

La editorial «España», por ejemplo, estaba animada por Juan Negrín y dirigida por Luis Araquistáin, figuras ambas sobresalientes en la futura historia del PSOE, pero que empezaban a significarse ahora. Continuadora, en cierto modo, del semanario del mismo nombre, dirigido también por Araquistáin en 1916, el perfil de la editorial no hubiera pasado de mediocre de no haber conseguido albergar en su catálogo el más importante «best seller» de aquel tiempo: la novela pacifista alemana *Sin novedad en el frente*, de Erich María Remarque, que alcanzó cuatro ediciones y más de 100.000 ejemplares vendidos en 1929. A pesar del éxito obtenido, que produjo una auténtica explosión de literatura anti–belicista en nuestro país, la editorial «España» no prolongó sus actividades más allá de 1931.

Por su parte, «Zeus», fundada por Graco Marsá, acabó de algún modo representando los intereses del Partido Republicano Radical

---

179 Cfr. Venegas (1944, 150-151), en las que cuenta sin acritud la espantada de sus viejos socios, como si fuera pura necesidad mercantil la rápida disolución de «Ediciones Oriente». En esa misma línea apunta Ródenas (2004, 13), al sostener que «irónicamente los combatientes contra el capitalismo disputaban entre si e impulsaban por su cuenta nuevas empresas de edición al ver la cara amable de la plusvalía».

Socialista, el partido que acaso encarnaba mejor los ideales de la izquierda radical burguesa, y en el que militaban Arderíus y Díaz Fernández que, además de firmar al alimón para la editorial una biografía de Fermín Galán, fueron las principales estrellas de un catálogo centrado en los autores nacionales. Reportajes sobre la Sublevación de Jaca, el Pacto de San Sebastián y las conspiraciones republicanas contra la dictadura proliferaban en el catálogo de «Zeus» a modo de episodios nacionales contemporáneos que mitificaban la vertiginosa actividad contra el régimen de la juventud burguesa. En la editorial publicó también Díaz Fernández en 1930 *El Nuevo Romanticismo*, mítico ensayo sobre la literatura y el arte de avanzada, que venía a encarnar el espíritu de aquella generación. «Zeus» editó su último título, *Una cárcel Modelo,* de Graco Marsá en 1933.

«Ediciones Hoy», dirigida por Juan Andrade, antiguo director literario de «Ediciones Oriente», fue la apuesta de la monopolista Compañía Iberoamericana de Publicaciones por incorporarse al mercado de avanzada, decantándose por una línea de comunismo heterodoxo, de orientación trostkista, y llenando su catálogo de reputados antiestalinistas internacionales. Allí veló sus armas por primera vez uno de los más significados impulsores del Partido Obrero de Unificación Marxista, en el que acabó militando el propio Andrade: Andreu Nin, que publicó en la editorial el importante ensayo *Las Dictaduras de nuestro tiempo*. Un magro balance de apenas veintiún títulos marca la breve historia de esta editorial: su primer título es de Septiembre de 1930 y el último de Marzo de 1933; una brevedad que parecía ser el sino de todos los precipitados proyectos de avanzada.

«Ediciones Ulises», por su parte, apostó por un comunismo mucho más ortodoxo, en su colección «Nueva Política» pero el grueso de su catálogo eran novelas y libros de poemas vanguardistas. Renard, Blaise Cendrars, Cocteau, Colette, Curzio Malaparte o Drieu La Rochelle forman parte de un catálogo que, paradójicamente, y pese a lo vanguardista, pretendía indudablemente ser más clásico, postergando los criterios ideológicos en beneficio de «lo literario», considerándolos, otra vez, mundos opuestos. Rechazando los métodos de avanzada, la editorial distribuía sólo en librerías, caros volúmenes, a menudo de lujo, y a precios elevados. En «Ediciones Ulises» publicó Lorca *Libro de Poemas*, Francisco Ayala los cuentos vanguardistas de *Cazador en el Alba* y César Muñoz Arconada la novela de vanguardia a la soviética *La Turbina*, otro de los hitos de la literatura de avanzada y acaso el mayor acierto de la editorial. «Ediciones Ulises» echó el cierre a sus instalaciones en 1932.

Fundada en Octubre de 1929, y dirigida con entusiasmo por Rafael Giménez Siles, la «Editorial Cénit» fue no sólo la más longeva editorial de avanzada sino también la que más se aproximó al estilo «Ediciones Oriente». Llegó a publicar más de 200 títulos a través de un total de 27 series, lo que supone sin duda un hito en la historia comercial del libro en España. Colecciones como la «Biblioteca Carlos Marx», dirigida por el teórico Wenceslao Roces, que ejerció también labores de traducción, con gruesos y caros volúmenes anotados, o los «Cuadernos de Cultura Proletaria», versión económica de la anterior, con adaptaciones y resúmenes de los grandes textos del marxismo, son prueba simultánea de la vocación divulgadora de la editorial y también de que no estaba dispuesta a renunciar a ningún tipo de público. A través de series como «Crítica Social», «Episodios de la lucha de clases», «Documentos vivos», «La novela de guerra» o «La novela proletaria», mantuvo vivo el espíritu crítico y la agitación política, así como el eclecticismo de izquierdas que heredaba de «Ediciones Oriente». En su catálogo aparecieron títulos esenciales como *El Fuego*, de Henri Barbusse, *Los que teníamos doce años* de Glaesser, *Imán*, la extraordinaria primera novela de Ramón J. Sender, o *El tungsteno*, la única y vibrante novela del poeta peruano César Vallejo, además de los ya muy conocidos Bujarin, Trostky, Ehremburg, frecuentes ya en los catálogos de las nuevas editoriales. Significativo es, asimismo, su interés por la literatura alemana contemporánea, dando a luz las primeras ediciones en español de *Demián* y *El lobo Estepario*, fundamentales obras de Herman Hesse, así como la primera edición en castellano de *El ángel azul*, de Heinrich Mann, o incluso *El Teatro Político* de Erwin Piscator en traducción directa del alemán por Salvador Vila. Fiel a los revolucionarios métodos de distribución de «Ediciones Oriente», a su valioso fondo de traductores y diseñadores y a la continuidad en la dirección de Giménez Siles, el activista cultural más valioso de la II República, «Ediciones Cénit» consolidó el más interesante catálogo editorial de su tiempo, y siguió publicando libros incansablemente hasta la misma Guerra Civil.

Resulta cuanto menos sospechoso que, a excepción de «Cénit», ninguna de las editoriales de avanzada prolongara sus actividades más allá de 1933, y sería asimismo sobremanera ingenuo atribuir esa circunstancia a la mera congestión del mercado del libro político que ellas mismas, por otra parte, habían contribuido a desatar. Más bien podría argüirse que, una vez establecida la República, muchos de los promotores culturales de avanzada cambiaron las tribunas editoriales por las parlamentarias. Díaz Fernández y Balbontín, por ejemplo, que habían sido compañeros de viaje desde «El Estudiante», formaron parte del núcleo fundador del Partido Republicano Radical Socialista, por el que ambos eran ya diputados en 1931, y volverían a serlo después: Díaz Fernández por Acción Republicana y Balbontín con el Partido Social Revolucionario y al fin con el PCE, siendo, de hecho, el primer diputado comunista en las cortes. Juan Negrín, impulsor de la editorial «España», lo era por el PSOE. Araquistáin, director de «España», editorial y semanario, era ya una figura política de gran relevancia en el primer bienio republicano, dentro de la rama más radicalizada del PSOE, bandera que siguió agitando desde revistas como «Leviatán», pero ya nunca más desde una editorial. Andrade, que había formado parte de «Ediciones Oriente» y luego dirigió «Ediciones Hoy», participó en la escisión trotskista del PCE de la que surgió en 1930 la Izquierda Comunista de España y fue su cabeza más visible hasta que en 1935 participó en la fundación del Partido Obrero de Unificación Marxista, a cuyo comité central pertenecía. Joaquín Arderíus, propietario de la imprenta en la que se editaba «Post-Guerra», y miembro de «Ediciones Oriente» y de «Zeus», militaba desde 1929 en el PRRS, para pasar después al PCE. César Falcón, el director de «Historia Nueva», había fundado en 1931 un pequeño y muy radicalizado partido: la Izquierda Revolucionaria Antiimperialista, que luego acabó integrándose en el PCE.

De algún modo, aquellos jóvenes airados que habían levantado la Universidad contra Primo de Rivera en 1925 acabaron ocupando altas responsabilidades políticas tan sólo seis años después, y aquellos proyectos editoriales, que habían servido para dar cuerpo teórico a la izquierda republicana, se postergaron o se impregnaron de desidia una vez empezaron a ponerse en práctica las lecciones políticas tan apresuradamente aprendidas. Es posible que aquella fiebre de la política de la que se vieron aquejados malograra alguna carrera literaria, como pensaba Venegas que le había ocurrido a Díaz Fernández, pero lo cierto es que aquellos jóvenes airados que quisieron ser puntuales a su cita con la Historia habían operado la más importante revolución editorial del pasado siglo en nuestro país, impulsando la definitiva popularización del libro al sacarlo de los cenáculos de la élite para llevarlo a las manos de nuevos y desprejuiciados lectores, desertores recientes del analfabetismo y al fin protagonistas de aquella revolución cultural y política sin precedentes.

Bibliografía

Avilés Farré, Juan. *La izquierda burguesa en la II República*. Madrid: Espasa-Calpe, 1985.

Balbontín, José Antonio. *La España de mi experiencia*. México: Aquelarre, 1952.

Caudet, Francisco. «Una generación literaria neorromántica» en García Delgado, J. L. (ed.). *Los orígenes culturales de la II República*.Madrid: Siglo XXI, 1993, pp. 127-148.

Caudet, Francisco. «El libro de avanzada en los años 30», en *Las cenizas del Fénix: la cultura española en los años 30*. Madrid: Ediciones de la Torre, 1993, pp. 107-144.

Cobb, Christopher H. *La cultura y el pueblo. España, 1930-1939*. Barcelona: Laia, 1981.

Díaz Fernández, José. «Acerca del arte nuevo», en *Post-Guerra*, n° 4, Septiembre 1927, p. 1.

Díaz Fernández, José. *El Nuevo Romanticismo*, en *Prosas*. Madrid: Fundación Santander Central Hispano, 2006, pp. 341-424.

Esteban, José. «editoriales y libros de la España de los años 30», en *Cuadernos para el diálogo,* extraordinario XXXII, diciembre 1972, pp. 58-62.

Fuentes, Víctor. «Post Guerra (1927-1928): Una revista de vanguardia política y literaria», en *Ínsula*, n° 360, noviembre 1976, p. 4.

Fuentes, Víctor. «Los libros y los lectores durante la II República», en *Arbor*, n° 426-427, 1981, pp. 85-94.

Fuentes, Víctor. «El grupo editorial «ediciones Oriente» y el auge de la literatura social-revolucionaria (1927-1931)», en *IV Congreso Internacional de hispanistas* (vol. I). Salamanca, 1982, pp. 545-550.

Jiménez Millán, A. «La literatura de avanzada a través de las revistas *Post Guerra* y *Nueva España*», en *Analecta Malacitana*, n° 1, 1980, pp. 37-60.

López de Abiada, J.M. «Acercamiento al grupo editorial de *Post Guerra*», en *Iberorromania*, n° 1, 1983, pp. 42-65.

Mainer, José-Carlos. *La edad de plata (1902-1939)*. Madrid: Cátedra (5ª edición), 1993.

Mainer, José-Carlos. *Historia de la literatura española, 6. Modernidad y nacionalismo 1900-1939*. Madrid: Crítica, 2010.

Martín, Francisco de Luis. «La juventud rebelde frente a la dictadura: *El Estudiante* entre Salamanca y Madrid, 1925-1926», en *Cincuenta años de cultura obrera en España 1890-1940*, Madrid, Fundación Pablo Iglesias, 1994, pp. 284-298.

Martínez Marín, Jesús A. «De la lectura popular a la lectura militante» en Martínez Marín, Jesús A. (dir.). *Historia de la Edición en España: 1836-1936*. Madrid: Marcial Pons, 2001, pp. 479-483. «Editorial», en *Post-Guerra* nº 12, 1928, p. 1.

Ródenas de Moya, Domingo. «Entre el hombre y la muchedumbre: la narrativa española de los años treinta», en *Cuadernos Hispanoamericanos*, dossier «Narrativa social española (1931-1939)», 647, Mayo 2004, pp. 7-28.

Sánchez García, Raquel. «Nuevas formas para nuevos públicos» en Martínez Marín, Jesús A. (dir.). *Historia de la Edición en España: 1836-1936*. Madrid: Marcial Pons, 2001, pp. 241-268.

Santonja, Gonzalo. *Del lápiz rojo al lápiz libre. La censura de prensa y el mundo del libro*. Barcelona: Anthropos, 1986.

Santonja, Gonzalo. *La República de los libros*. Barcelona: Anthropos, 1989.

Tuñón de Lara, Manuel. «La revista *Nueva España*: una propuesta de intelectuales de izquierda en vísperas de la República», en VV AA, *La crisis de la Restauración. España entre la primera Guerra Mundial y la II República*, Madrid, Siglo XXI, 1986, pp. 403-416.

Tuñón de Lara, Manuel. *La España del S. XX* (3 volúmenes). Madrid: Akal (3ª edición), 2000.

Tusell, Javier y Queipo de Llano, Genoveva. *Los intelectuales y la República*. Madrid: Editorial Nerea, 1990.

Venegas, José. *Andanzas y recuerdos de España*. Montevideo: Feria del libro, 1944.

Moda y Modelo de la Literatura de Avanzada: *La Venus Mecánica* de José Díaz Fernández

Juli Highfill

> Yo, Venus mecánica, maniquí humano, transformista de hotel, tengo también mi traje favorito, mi elegancia de muchacha que sabe vestir para la calle, para el teatro y para el «te dansant.» Conozco el color que arrastra a los hombres y el que impresiona a las mujeres. Finjo que voy a las carreras, que he de cenar fuera de casa o que salgo de compras por la mañana, después de las doce, bajo el arco de cristal de los barrenderos. Soy una actriz de actitudes, una pobre actriz de trapo, que no puede siquiera llevarse las manos al corazón para hacer más patético el verso que dicta el apuntador (...) Yo, Venus mecánica, maniquí humano, sé bien en qué consiste la gracia de vestirse. Tengo un alma emboscada en mi figura, un alma que late en cada uno de mis pasos, mientras cruzo lentamente el cuarto del hotel (Díaz Fernández, 1989: 78-79).

Este a menudo tan citado monólogo de una novela tan poco leída como *La Venus mecánica* (1929), da voz a la rabia interior de una modelo de pasarela en pleno trabajo, mucho antes de que tal profesión adquiriese su actual prestigio.[180] Diseñada como la «mujer moderna» de los años veinte, es «una sutil colaboración de la máquina y la industria, de la técnica y el arte» (Díaz Fernández, 198: 23). Su cuerpo mecanizado y mercantilizado sigue los movimientos programados que se utilizan al mostrar la moda prefabricada, mientras que su «alma emboscada» protesta en silencio. La moda, esa superficie sobre

---

180 Díaz Fernández publicó otra novela, *El blocao, novela de la guerra marroquí* (1928), y dos relatos de menor extensión: «La largueza» y «Cruce de caminos». Su libro de ensayos, *El nuevo romanticismo* (1930), se convirtió en un texto teórico clave con gran influencia sobre el cambio de vanguardia a compromiso durante los años treinta. Fue co-fundador y co-director de las revistas literarias y políticas *Posguerra* (1927-28) y *Nueva España* (1930-31) –ambas importantes órganos de la oposición republicana a las dictaduras de Primo de Rivera y de Berenguer. Comentarios y críticas sobre *La Venus mecánica* and *El nuevo Romanticismo*, son los de: Beatriz Barrantes Martín, Teresa Bordons, Laurent Boetsch, Juan Cano Ballesta, Robert Davidson, Nigel Dennis, Víctor Fuentes, David Herzberger, José Manuel López de Abiada, María Pilar Martínez Latre, César de Vicente Hernando, y María Francisca Vilches de Frutos. Discusiones de las obras de Díaz Fernández en el contexto del cambio hacia el compromiso, son: Víctor Fuentes, *La marcha al pueblo*; José Esteban y Gonzalo Santonja, *La novela social* y *Los novelistas sociales*.

la cual la cultura se topa con la naturaleza, da forma, contiene y extiende a la vez, al cuerpo de esta Venus mecanizada.[181]

La moda, según Walter Benjamin, «inventa una humanidad artificial» –«cada moda enchufa el cuerpo vivo en el mundo inorgánico» (1999: 90 y 79). *La Venus mecánica* cuenta el «devenir inorgánica» de Obdulia, una mujer moderna que cae por los diversos estadios de mercantilización para luego volver a elevarse, redimida y redefinida. Sin embargo, esta puesta en escena de su mecanización, su «modificación» artificial como parte de la cultura de consumo, no implica una denuncia ni de la Edad Mecánica ni de la industria de la moda. Al contrario, con esta novela de tesis como laboratorio, Díaz Fernández buscará apropiarse del poder de la moda para proponer los modelos avanzados de un «hombre nuevo» y una «mujer nueva» rediseñados para la lucha revolucionaria. Es así, también, como ofrece la forma misma de la novela como modelo para un nuevo modo de escritura, una «literatura de avanzada» que pueda imbuir de «materia humana» el estilo vanguardista (Díaz Fernández, 1985, 56 y 75).

Para Díaz Fernández el poder inmanente de la moda es la libertad que ofrezca para remodelar la humanidad. Así, la promesa de la moda es el sueño de la modernidad –siempre en marcha hacia el progreso, la racionalización y la autonomía de acción. Al sumarse al impulso progresista de la moda y proponer nuevos modelos de hombre y de mujer, no sorprende que Díaz Fernández recurra a la alegoría, con recurso a personajes emblemáticos y una estructura narrativa de carácter más bien didáctico. Aunque aquí, la venerable alegoría aparezca recubierta de un barniz de elegancia y buena educación que muestra un paisaje urbano lleno de automóviles y *jazzbands*, habitado por chicas de pelo corto, aviadores e impostores que adoptan poses vanguardistas de todas clases.[182] A través de una serie de viñetas de la vida urbana pasan los hilos de las vidas de dos personajes: Víctor, un periodista cínico y mundano, con tendencias políticas hacia la izquierda; y su amante, Obdulia, la «Venus mecánica». En este melodrama moderno cuyo tema no es otro que la caída, Obdulia pasa por

---

[181] A principios del siglo XX, la modo llegó a ser objeto de investigación para pensadores tan diversos como Georg Simmel, Thorstein Veblen, J.C. Flugel, y José Ortega y Gasset. A finales del siglo, han surgido muchos estudios teóricos de la moda. Los más pertinentes para este ensayo son de Roland Barthes, Shari Benstock, Stuart Ewen, Arthur y Marilouise Kroker, Kaja Silverman, y Elizabeth Wilson.

[182] Beatriz Barrantes Martín ofrece un lúcido comentario sobre el amplio paisaje urbano que aparece en la novela. César de Vicente Hernando, en la introducción a su edición de *La Venus mecánica* incluye una discusión detallada del contexto social y político de la novela.

varios estadios de mercantilización de lo femenino: como tanguista, prostituta, modelo y amante. El camino de su degradación la lleva, en última instancia, a la conciencia política, y al final, a asumir el papel de «virgen roja», un «alma antena» de la causa revolucionaria (Díaz Fernández, 1989, 169 y 167). De manera casi paralela, Víctor se va cansando de la vida de «hombre de mundo» y se convierte en uno de los principales portavoces del movimiento obrero. Arrestado y encarcelado por instigar una huelga general, llegado el final de la novela, Víctor, con Obdulia a su lado, consagra su vida a la lucha revolucionaria.[183]

Es así como Díaz Fernández actualiza el emblema alegórico, tomando de la industria capitalista la práctica de producir «modelos estandarizados», no sólo para las mercancías fabricadas en masa, sino también para los obreros «Taylorizados» que las producen y para los consumidores anónimos con deseos modificados según la moda. Me refiero a Frederick Winslow Taylor, el pionero de la «ingeniería humana» cuyos estudios sobre el tiempo y el movimiento sirvieron para sincronizar los cuerpos de los trabajadores con el ritmo de las máquinas, con el fin de maximizar la productividad industrial.[184] Al igual que Antonio Gramsci, Díaz Fernández tomará del capitalismo las tecnologías humanas tayloristas y fordistas y las pondrá al servicio de más del progresismo que de la explotación.[185]

Pero al tomarse la libertad de re-diseñar seres humanos, Díaz Fernández deja escapar otras potencialidades que, como fantasmas, emanarán de su proyecto de manera preocupante. Si el hombre y la mujer son seres modelables, entonces las características de género se vuelven peligrosamente fluidas. ¿Cómo es que podemos preservar la masculinidad y la femineidad, e incluso la heterosexualidad, en medio de tal inestabilidad? Además, dado que la producción de nuevos mo-

---

183 Beatriz Barrantes Martín ofrece un lúcido comentario sobre el amplio paisaje urbano que aparece en la novela. César de Vicente Hernando, en la introducción a su edición de *La Venus mecánica* incluye un discusión detallada del contexto social y político de la novela.

184 Martha Banta examina de manera exhaustiva los discursos y efectos culturales del taylorismo y la ingeniería humana en *Taylored Lives*. Donna Haraway también aporta una discusión acerca de la ingeniería humana en un capítulo de *Simians, Cyborgs, and Women*. Anson Rabinach comenta el encuentro entre la «ciencia del trabajo» europea y el taylorismo norteamenricano en *The Human Motor*.

185 En *Nueva España*, la revista política y cultural co-dirigida por Díaz Fernández, aparecieron artículos de Henri Dubreuil y J. Abendaño en los que se hablaba de manera positiva acerca del fordismo y el taylorismo. Díaz Fernández desarrolla sus ideas acerca del potencial de la era de la máquina en *El Nuevo Romanticismo*. Gramsci comenta los aspectos progresistas de la disciplina industrial en «Americanismo y fordismo».

delos estándar para la humanidad debe partir de un proceso de demarcación, de exclusión de todo lo que se considere impropio o impuro, ¿qué ocurre con los «otros» excluidos producidos por este proyecto, por lo demás, progresista? *La Venus mecánica* revela un esfuerzo admirable de encontrar, por medio del estilo y de la moda, nuevas posibilidades para la agencia histórica. Pero la novela deja entrever también ansiedades profundas acerca de los «otros» a los que Díaz Fernández excluye de sus modelos diseñados con tanto cuidado. Por el momento, sin embargo, pongamos de lado estas cuestiones tan preocupantes, y dando algo de crédito a los fines de su proyecto, examinemos su uso de la moda como herramienta conceptual para promover sus ideas revolucionarias.

Las bases teóricas de *La Venus mecánica* se revelan en el libro de ensayos de Díaz Fernández, *El nuevo Romanticismo* (1930), donde defiende el significado político de la moda:[186]

> Puede que alguien crea exagerado prurito de análisis esta insistencia mía en hacer de la moda un eco de las inclinaciones íntimas del hombre de hoy y en atribuirle un valor de caracterización que pudiera ser achacado a causas menos sutiles. Pero sobre la importancia de la moda como reflejo del espíritu de las sociedades, no tengo necesidad de repetir ahora opiniones de investigadores tan solventes como Simmel y Ortega y Gasset (1985, 36).

Lejos de ser un tema frívolo, «la moda es una realidad política, un valor con el que hay que contar para que el hombre contemporáneo se sienta sumergido en el contorno social» (1985, 67). Díaz Fernández entiende la moda no sólo como producto, sino como un proceso participativo por el cual los humanos se convierten en seres sociales y actores políticos.[187]

Al ver la moda como un hecho político, Díaz Fernández se aproxima al sociólogo alemán Georg Simmel, cuya «Filosofía de la moda» había aparecido en los primeros números de la *Revista de Oc-*

---

[186] David Herzberger aporta un análisis afilado de la teoría estética de *El nuevo Romanticismo*. Laurent Boetsch, en *José Díaz Fernández*, incluye un capítulo en el que sintetiza con exactitud los puntos principales, y Maria Francisca Vilches de Frutos comenta su influencia sobre los escritores de la post-vanguardia y la pre-guerra.

[187] Entre los comentaristas de las obras de Díaz Fernández, solamente su contemporáneo, Antonio Espina, ha notado la importancia de la moda en su estética. En una reseña de *El nuevo Romanticismo*, Espina observa: «La moda, sorprendida en uno de sus últimos guiños, le sirve al investigador para ir elevándose de inducción en inducción, relieve a relieve, hasta generalizaciones amplias, perfectamente concatenadas y metódicas en el total organismo del discurso» (1930, 376).

cidente en 1923.[188] Lo que le interesa a Díaz Fernández de las ideas de Simmel es cómo la moda ocupa la línea divisoria entre las fuerzas sociales y la agencia individual; conlleva una acción en masa por parte de los consumidores, y a la vez permite al individuo negociar un cierto nivel de libertad para distinguirse del montón. Según Simmel, «La moda es imitación de un modelo dado, y satisface así la necesidad de apoyarse en la sociedad; conduce al individuo por la vía que todos llevan, y crea un módulo general que reduce la conducta de cada uno a mero ejemplo de una regla. Pero no menos satisface la necesidad de distinguirse, la tendencia a la diferenciación, a cambiar y destacarse» (1923, 46). Para Díaz Fernández, ese espacio de negociación entre la adaptación social y la distinción individual da cuenta de nuestra inmersión en la corriente social más amplia a la vez que nos permite, hasta cierto punto, convertirnos en agentes de la historia.

Al seguir a Simmel, Díaz Fernández aprovecha también la relación privilegiada de la moda para con la temporalidad, tomándola como una herramienta conceptual productiva en el marco de una teleología socialista. La cuestión de la moda, alega Simmel,

> no es «ser o no ser», sino que es ella a un tiempo ser y no ser, está siempre en la divisoria de las aguas que van al pasado y al futuro, y, merced a ello, nos proporciona durante su vigencia una sensación de actualidad más fuerte que casi todas las demás cosas. Aun cuando la culminación momentánea de la conciencia social en el punto que la moda designa arrastra consigo el germen moral de ésta, su destino de desaparecer, no la descalifica en conjunto tal caducidad, antes bien, agrega a sus encantos uno más (1923, 58-59).

La moda es la forma cultural que mejor se aproxima a un presente no-presente: es punto en el que convergen fragmentos del pasado y del futuro. Vista alegóricamente, la moda hace que la historia se manifieste, al apuntar simultáneamente hacia atrás y hacia adelante. Como observa Díaz Fernández, su fuerza motriz ha sido siempre la reacción contra el pasado inmediato, la búsqueda de nuevas formas artísticas. Así, en cada encarnación, la moda resulta ser una «preforma», «una anunciación de posibles reformas» (1985, 81). Escribiendo en 1930 y tomando la moda como punto de partida, Díaz Fernández mira al pasado inmediato, con sus cambios «revolucionarios»

---

188 Beatriz Barruntes Martín comenta la pertinencia de las ideas de Simmel acerca de la vida urbana moderna en *La Venus mecánica*.

en la moda –el pelo corto en las mujeres, la silueta recta y la falda corta de los años veinte– y señala: «La "revolución" de la falda y de los cabellos largos, es la primera y evidente expresión de un cambio profundo de normas vitales, el síntoma irrecusable de que el mundo ha enfilado una dirección distinta a la que venía siguiendo durante los últimos cincuenta años» (1985, 35). Al mismo tiempo, Díaz Fernández mira hacia adelante y encuentra en el nuevo estilo «rasgos típicos de una tendencia de vida colectiva que se anuncia irremisiblemente para lo futuro» (1985, 36).[189] Se refiere aquí, significativamente, a la moda femenina, ya que sólo era en ésta que los recientes cambios «revolucionarios» se habían dado –cambios evidentemente ligados a los avances legales y sociales de las mujeres en esos años.[190]

Una escena al principio de *La Venus mecánica* se centra en los enormes cambios que se dieron en la moda femenina tras la Gran Guerra. Víctor, cenando en su hotel, se divierte con «el ejercicio eterno de mirar a las mujeres» (Díaz Fernández, 1989, 23).[191] Mientras observa y clasifica a las mujeres que ve en el comedor, su atención se fija en una extranjera:

> El rostro aniñado, un poco andrógino, el sombrero de muchacho y la blusa cerrada, sugerían una de esas bellezas preparada por la química cosmopolita. Más que mujeres, esquemas de mujeres, como las pinturas de Picasso. Pura geometría, donde ha quedado la línea sucinta e imprescindible. Víctor pensó en lo lejos que se encontraba aquella mujer de la mujer académica, mórbida y maternal, capaz de promover el entusiasmo erótico del bosquimano. Esta sería el tope de la especie, la etapa última del sexo. En realidad, aquella figura no era ya un producto natural, sino artificial. Pero un producto encantador. Aquel ser no podría cuajar por sí solo en el misterioso laboratorio del útero. Era una sutil colaboración de la máquina y la industria, de la técnica y el arte. Alimentos concentrados,

---

189 Resulta interesante notar que Díaz Fernández expresa aquí su desdén por las modas de los años veinte –el pelo corto y la silueta recta– y que celebra el retorno en 1930 del cabello más largo y las caderas contorneadas, que él tomaba como heraldos de un «nuevo romanticismo».

190 Kaja Silverman, tomando como punto de partida el clásico estudio de J.C. Flugel, *The Psychology of Clothes* (1928), comenta «La gran renuncia masculina» de finales del siglo XVIII, cuando los hombres se fueron retirando de la escena de la moda: «Las ropas voluminosas y las pelucas intrincadas de los nobles se fueron reduciendo a lo que finalmente se convertiría en el traje respetable y la *coiffure à la naturelle* del caballero, mientras que el vestido femenino y sus tocados alcanzaron proporciones épicas» (1994, 183-84). Mientras que previamente la moda había marcado primordialmente la clase social más que las diferencias de género, para el siglo XIX, la moda ponía a la mujer sobre el campo de lo visible, haciendo de ella un espectáculo.

191 Robert Davidson comenta el significado del hotel como un espacio de la era del jazz en *La Venus mecánica*.

brisas artifícales del automóvil y el ventilador eléctrico, iodos de tocador, sombras de «cinema» y claridades de gas.
 Esa mujer, más que la hija de su madre —seguía meditando Víctor— es hija de los ingenieros, de los modistos, de los perfumistas, de los operadores, de los mecánicos. Cuando la civilización penetre totalmente en la vida, sin que ninguna de sus capas quede virgen, entonces aparecerá la mujer «standard,» la mujer «Ford» o la mujer «Citroën» (Díaz Fernández, 1989, 23-24).

Aquí, el narrador asemeja la interpelación de la mujer moderna a la producción en masa de modelos estandarizados, Fords o Citroëns. Estos cuerpos formados de manera artificial podrían no lograr la excitación sexual presuntamente primitiva de un bosquimano. Pero para Víctor, un hombre moderno, esa mujer resulta un «producto encantador». Él tampoco es que sea «natural», ha sido formado artificialmente, es un hombre estándar. Como la mujer que contempla, él es también el producto de «una sutil colaboración de la máquina y la industria, de la técnica y el arte», con sus deseos y gustos ya prefabricados para atraerlo a los últimos modelos de la belleza femenina.

El objeto de tanta atención por parte de Víctor no es otro que la condesa Edith, austríaca, la prototípica «mujer moderna» a la que Obdulia, una vez transformada en la «nueva mujer», desplazará.[192] El estilo de Edith, como el de Obdulia, no pasa de lo superficial. Aunque «al día» en cuanto a vestido y gestualidad, Edith representa al antiguo régimen, a la aristocracia vencida: sirve como emblema de los orígenes álgidos de la moda entre la nobleza, y su actual reducción ante las fuerzas democratizadoras de la masificación. Más adelante en la novela, Obdulia se enfrentará a Edith y marcará a Víctor como propio, alegando que él está destinado a cosas más importantes que «ir al teatro y correr en automóvil por ahí» (Díaz Fernández, 1989, 155-56). Noblemente, Edith se hará a un lado y abandonará el espacio ficticio de la novela.

No se trata de un simple caso del triunfo de la «mujer natural» sobre la «mujer artificial»; Obdulia representa el rediseño de la mujer de ambos lados de la frontera móvil que divide cultura y naturaleza. Su trayectoria novelística como «Venus mecánica» es una puesta en escena de la producción capitalista de una humanidad artificial, además del rediseño revolucionario de la mujer. Su «descenso» por

---

192 Ver el lúcido comentario de Teresa Bordons acerca del enfrentamiento entre la «mujer moderna» y la «nueva mujer» en *La Venus mecánica*.

niveles sucesivos de mercantilización la lleva a convertirse en la amante del dueño de un mina. Pero aquí, su camino a la degradación toma un giro inesperado, porque ella se vende de manera consciente y desafiante: «Y bien: voy a venderme. ¿Qué más da? Todos los ricos del mundo no bastarían para comprar mi desprecio. Eso sí que es mío» (Díaz Fernández, 1989, 89). Puede parecer que Obdulia se engaña a sí misma al vestir su «entrega» de independencia. Pero el narrador presenta este momento sin ironía: «Obdulia invirtió ese tiempo en vestirse, en vestirse para ella, transformada de maniquí en mujer por la más sencilla de las metamorfosis. Un acto tan simple le restituía independencia y altivez» (Díaz Fernández, 1989, 89). Al venderse como artículo de lujo, Obdulia comienza a rediseñarse. Y ese momento, en el que supuestamente toca fondo en su trayectoria descendiente, marca el principio de su ascenso, su transformación de fetiche mercantil en emblema alegórico A partir de aquí, Obdulia es la representante oficial del proletariado prostituido por el capital, pero subvirtiendo la hegemonía del capital desde dentro: «Atada a aquel hombre con la ligadura del odio, que sujeta más que el amor mismo, Obdulia sería cadena de su cárcel, hierro de su tormento, venganza permanente de los obreros sin pan» (Díaz Fernández, 1989, 126).

Aquí tenemos una alegoría precisa (incluso si se pasa un poco) del materialismo dialéctico marxista, de cómo el capitalismo planta en sí mismo las semillas de su propia destrucción. El capital obliga a los obreros a vender su fuerza de trabajo, sometiéndolos; pero a su vez, la organización de la producción en masa obliga a la colectivización de los obreros, creando así las condiciones necesarias para la solidaridad y la acción popular revolucionaria. En un pasaje dedicado al minero rico, encarnación del capitalismo, el narrador centra su atención en la función alegórica de Obdulia:

> ¡Ah, tú no sabes a quien albergas, minero opulento, traficante, fletador temerario de barcos y mujeres!... [E]s, sin embargo, tu amante la que restablece el equilibrio humano. Para los hombres de antes, la Igualdad era una matrona con el pecho cruzado por una banda roja. Actualmente, la Igualdad es esa mujer llena de pereza en el cuarto de un millonario, rodeada de esencias y de joyas. Porque ella simboliza el lujo, ácido corruptor de la riqueza, venganza de todos los desheredados de la tierra (Díaz Fernández, 1989, 91-92).

Obdulia como «lujo,» como «ácido corruptor,» tiene la función de minar al «minero opulento» desde dentro. Resulta significativo que el fetichismo sexual y el fetichismo mercantil estén tan relacionados; como artículo de lujo que uno puede comprar, Obdulia es el fetiche por medio del cual el minero afirma su poder y su riqueza, al tiempo que niega el horror del Otro, la contradicción principal de la producción capitalista: «Aquella mirada dura y diamantina de Obdulia marcaría ya siempre el rostro burgués, curtido para el odio, impasible para el deseo, y, sin embargo como de cera para el desprecio de la amante» (Díaz Fernández, 1989, 124). La mirada de Obdulia, esa temible mirada de la Medusa, expresa ese «inexpresable» conocimiento del Otro —esa «venganza permanente de los obreros sin pan» (Díaz Fernández, 1989, 126).

Cabe notar aquí que Díaz Fernández no sólo busca rediseñar la categoría de mujer, sino también las relaciones de género. Su idea de un «nuevo Romanticismo» tiene que ver, además de con el nuevo estilo que propone, con un nuevo idilio entre el hombre y la mujer «en que el amor erótico quede muy en segundo término, tal como ya está regulado por la naturaleza y por la especie. Otro amor más dilatado y complejo, fruto del progreso humano y de la depuración de las relaciones sociales moverá a los hombres del futuro, será el eje de la gran comunidad universal» (Díaz Fernández, 1985, 58). La clave para tal transformación de las relaciones heterosexuales es un cambio radical en las «circunstancias vitales» de la mujer:

> La sociedad actual es manca, porque le falta el brazo activo de la mujer. Cuando la mujer no necesite el matrimonio para resolver su vida y cuando el hogar deje de ser la sepultura del espíritu, entonces la pasión amorosa podrá ser sometida a disciplina y equilibrio. Por lo menos no encontraremos mezclados en vergonzoso contubernio el amor y el cálculo, la pasión y el dinero (Díaz Fernández, 1985, 58).

La relación de Obdulia con el minero es un claro ejemplo de esta «vergonzosa connivencia» entre el amor y el cálculo, la pasión y el dinero. Una vez libre del minero, de nuevo con Víctor y transformada en «mujer revolucionaria», juntos crearán el modelo para una nueva relación amorosa entre el hombre y la mujer, unidos fuera del matrimonio y comprometidos con una comunidad más amplia. Claramente entonces, Obdulia funciona no sólo como emblema de un proletariado revolucionario, sino además como el medio para la creación del «hombre nuevo».[193]

Víctor, en las primeras secciones de la novela, juega el papel habitual del intelectual vacilante y nihilista. Es el típico joven moderno de los años veinte: sin rumbo fijo, cosmopolita y sofisticado, amante de la vida nocturna de Madrid. Como queda claro en la escena del hotel, Víctor es producto de su época: un hombre moderno con deseos creados de manera tan artificial que la artificial mujer estándar («hija de los ingenieros, de los modistos, de los perfumistas, de los operadores, de los mecánicos») le resulta «un producto encantador» (Díaz Fernández, 1989, 23-24). Pero al mismo tiempo, Víctor permanece un constructo imperfecto, no totalmente moderno, porque mientras que se distingue del «bosquimano» —ya visto como incapaz de desear a una mujer-maniquí— llega a admitir que en sus propios deseos, «soy todavía un poco salvaje» (Díaz Fernández, 1989, 24). Elvira, una mujer a la que seguido por la calle, lo acusa de salvajismo: «Tiene usted una vehemencia salvaje... Usted, Víctor, es de esos hombres que no nos convienen a las mujeres. De esos que quieren devorarnos en el primer minuto» (Díaz Fernández, 1989, 32). De manera significativa, el salvajismo de Víctor es un reflejo del salvajismo de España. Su amigo, el Dr. Sureda lo describe como «Muy español, demasiado español» (...) «Dos hombres viven en usted en constante disputa: el español secular y el europeo civilizado» (Díaz Fernández, 1989, 20 y 25).

La transformación de Víctor toma la forma de un proceso civilizador, un diseño del nuevo hombre revolucionario, y conforme se va rediseñando, llega a ocupar el espacio alegórico de la regeneración de España. Tras leer una biografía de Lenin, piensa: «Aquél sí era un hombre. Aquél sí cumplía el alto mandato humano» (Díaz Fernández, 1989, 102). Con Lenin como modelo de masculinidad, Víctor siente ocasionalmente «la necesidad de consagrarse a una gran obra, de perecer heroicamente en ella. Veía sufrir a su alrededor a los débiles, Moloch de la opulencia devorar mujeres y niños en medio de la impasible estupidez cósmica» (Díaz Fernández, 1989, 102). Así, Víctor, hasta ahora «devorador de mujeres», y por tanto cómplice de la explotación capitalista, comienza a apartarse del «Moloch devo-

---

193 Bordons también comenta la función de Obdulia una suerte de *medio* puro para la autorealización de Víctor.

rador»: «También él sentía a su país palpitar de angustia y de esperanza bajo la enorme armazón de su historia. El soñaba un pueblo alegre, culto, sin supersticiones, construyéndose todos los días la historia sin dormir a la sombra de un pasado en ruinas» (Díaz Fernández, 1989, 103). Se lamenta de la derrota de los «hombres mesiánicos de su país» que han caído solos «en el desierto, con los brazos en cruz. Acción, acción. Armar a los obreros, sublevar a los soldados, inyectar rebeldía a los proscritos» (Díaz Fernández, 1989, 103). De esa manera comienza su paulatino movimiento hacia el compromiso político activo, arriesgando la cárcel como activista contra el régimen militar.

Para poder postular estos modelos revolucionarios de conducta, la novela se ocupa de diferenciar al hombre y la mujer «avanzados» de una variedad de modelos retrógrados. Por medio de una sucesión de retratos satíricos de «tipos» actuales, algunos basados en personajes históricos, el narrador muestra y desacredita varios modelos de conducta de la Edad Moderna.[194] Los más numerosos son modelos femeninos negativos que sirven de *esparring* para la caracterización de Obdulia. Gloria Martínez, una «poetisa y nadadora» musculosa (una apenas velada caricatura de la poeta Concha Méndez) se jacta de que «A veces, en la piscina, se me ocurre un poema. Salgo del agua y me pongo a escribir desnuda» (Díaz Fernández, 1989, 107). Su compañera, Maruja Montes (basada en la pintora Maruja Mallo), se refiere con altanería a Picasso y Cézanne como «neoclásicos –últimos residuos de una cultura, de una sociedad que se extingue» (Díaz Fernández, 1989, 108). Mary Sol, una chica frívola típica de su época, aparece brevemente y lleva quemadas de cigarrillo en el cuello dejadas por un aviador chiflado.

La más estrafalaria de estas figuras satíricas femeninas es la de la rica norteamericana, Miss Mary –«el tipo perfecto de la mujer snob,» «la neurótica transcendental»– que funda una nueva religión para las elites vanguardistas: «A la nueva secta sólo podrían pertenecer los seres cultivados y exquisitos, los artistas, los hombres de ciencia, los aristócratas del pensamiento, las gentes que tuvieran una vida elevada y pura en el orden intelectual» (Díaz Fernández, 1989, 103 y 110). En el «sermón de la Gran Vía» de Miss Mary las tendencias elitistas

---

194   Para César de Vicente Hernando, lo más significativo es que estos personajes, sean basados en figuras históricas o no, estén sometidos a un proceso de *estilización* o de *síntesis* como parte de todo un panorama social de alienación (2009, xxxi).

de la vanguardia se revelan como algo cercano al fascismo: «Que caigan los que, no siendo musculosos, no son astutos; los que no son capaces de hacer triste al prójimo para sentirse alegres, los que viven mal porque no comprenden la dulzura de la bella existencia (...) Preconizo la religión del poder, la salud y la fuerza, la religión de la altivez y del desprecio» (Díaz Fernández, 1989, 114). Miss Mary recluta a casi todas sus discípulas en el «Club Femenino», cuyas socias no son más que pura pose: «esposas, madres o hijas de intelectuales» que llevan «las opiniones de sus maridos, de sus padres o de sus hijos, expuestas aún con más encono y con mayor agresividad» (Díaz Fernández, 1989, 105). Todos estos modelos de mujer, frívolos o reaccionarios son rechazados y sirven para permitir que Obdulia surja, de manera bastante transparente, como el modelo preferido para la «nueva mujer».

Menos numerosos que las caricaturas de tipos femeninos, son los modelos masculinos negativos, los *esparrings* para la caracterización de Víctor como el «hombre nuevo». El más cómico de ellos es el del «poeta puro», que cree que el universo «está pendiente de sus metáforas» (Díaz Fernández, 1989, 106). Es tan puro este creador de «poesía deportiva [y] reciente», que una imagen le cuesta meses de trabajo y sólo llega a producir un poema por año (106-07). Otro *esparring* es Augusto Sureda, «psiquiatra de moda, al que llamaban en el Ateneo el "médico de las locas"» (y de manera bastante evidente una caricatura del sexólogo Gregorio de Marañón) (Díaz Fernández, 1989, 14). Por la consulta de Sureda «desfilaban efectivamente aristócratas y burguesas de nervios descompuestos, muchachas de sexualidad pervertida, matronas menopáusicas; en una palabra: las "histéricas de primera clase"» (19).[195] Izquierdista sincero, Sureda se involucra inocentemente en la trama de unos oficiales progresistas que planean un pronunciamiento. Aunque es un hombre de principios, sus ideas políticas resultan poco efectivas y se ve obligado al exilio.

Cada una de estas caricaturas se nos muestra a través de los ojos de Víctor, según las va encontrando en sus paseos nocturnos por Madrid. Con ojo analítico, evalúa cada una de estas figuras y se distingue de ella, aunque continúe en su compañía. Como grupo, sirven no sólo para contribuir al ambiente de la novela, sino también para

---

195 El artículo de Teresa Bordons incluye un comentario acerca del prototipo para Augusto Sureda, el endocrinólogo y sexólogo, Gregorio Marañón.

cartografiar la desvinculación gradual de Víctor de esa vida hedonista que tanto le atrae al tiempo de le asquea, poniendo así en relieve su posterior transformación en líder revolucionario.

Al tiempo que *La Venus mecánica* proyecta sus nuevos modelos de agencia revolucionaria, se presenta a sí misma como un modelo nuevo para el auténtico estilo vanguardista, imbuido de «materia humana» y comprometido con las planteamientos políticos de su época (Díaz Fernández, 1985, 75). Díaz Fernández, al contrario que los realistas sociales que vendrán después, adopta las técnicas innovadoras de las vanguardia a la vez que denuncia a los vanguardistas por su desprecio de «lo humano» (1985, 45). Además, se opone a la idea de la «deshumanización del arte» de Ortega y Gasset, insistiendo en que:[196]

> Esta vuelta a lo humano es la distinción fundamental de la literatura de avanzada, que agrega a su pensamiento y a su estilo las cualidades específicas del tiempo presente (...) La verdadera vanguardia será aquella que ajuste sus formas nuevas de expresión a las nuevas inquietudes del pensamiento. Saludemos al nuevo romanticismo del hombre y la máquina que harán un arte para la vida, no una vida para el arte (Díaz Fernández, 1985, 56 y 58).

Como la máquina, «la literatura avanzada» posee el potencial de dar nueva forma y servir como suplemento a la vida humana, convirtiéndose así en prótesis para un nuevo y mejorado agente humano.

Al conceptualizar esta unión del compromiso político y el estilo vanguardista, Díaz Fernández rechaza el «frío cerebralismo» del cubismo y sus «filiales literarias», aunque al mismo tiempo aplauda su uso de la estilización y la síntesis, que juntas constituyen «el estilo de nuestra época» (Díaz Fernández, 1985, 51 y 91). Y mientras que denuncia el futurismo falso y fascistoide de Marinetti, celebra el futurismo progresista de Maiakovski como «la tendencia más seria y más fecunda de cuantas figuran en el índice de la nueva literatura» (51). Díaz Fernández toma del futurismo las técnicas tan evidentes en *La Venus mecánica*: «las metáforas maquinistas, las imágenes simultáneas, el dinamismo lírico, y ese entusiasta desplazamiento del poeta hacia temas multitudinarios» (51).

Tal y como lo ve Díaz Fernández, lo que está haciendo va mucho más allá de vestir la novela proletaria con las ropas de moda; más bien,

---

[196] En otra parte de *El nuevo romanticismo*, Díaz Fernández elogia a Ortega. Laurent Boetsch, in «José Ortega y Gasset en *El nuevo romanticismo*», comenta la deuda de Díaz Fernández para con el pensamiento orteguiano. Carlos Chocarro da una detallada explicación de cómo Díaz Fernández se fue distanciando del círculo de Ortega.

está dando forma a un nuevo modo de práctica literaria políticamente comprometida. Y una vez más, la moda sirve no sólo como un motivo clave en *La Venus mecánica*, sino que también se trata de una herramienta conceptual para dar forma a su práctica artística «de acuerdo con las formas vitales que constituyen la órbita social donde movemos» (Díaz Fernández, 1985, 73-74). Walter Benjamin señala que «La moda es inherente a la oscuridad del momento vivido» —ese presente transitorio donde los fragmentos de pasado y de futuro convergen (1999, 858).[197] Es en ese espacio tan ilocalizable, observa Díaz Fernández, que la moda funciona como «una tendencia de vida colectiva que se anuncia irremisiblemente para lo futuro», señalando así el camino a una verdadera forma de agencia histórica (1985, 36).

Queda otra función de la moda que aún no hemos examinado, pero a la apuntaba el desfile de modelos retrógrados y desacreditados. Me refiero al peculiar «efecto doble» —dirigido tanto al interior como al exterior, hacia la inclusión como a la exclusión— que Simmel señala: «Significa, por tanto, la moda nuestro ayuntamiento a los pares, la unidad de un círculo que ella define y, consecuentemente, la oclusión hermética de este círculo para los inferiores, que quedan caracterizados por su exclusión de él. Unir y diferenciar son las dos funciones radicales que aquí vienen a reunirse indisolublemente» (1923, 47). La moda, como también ha demostrado Pierre Bourdieu, tiene que ver principalmente con la demarcación social; activa una continua negociación cultural de las límites entre la conformidad y la diferenciación, entre lo aceptable y lo inaceptable, entre «ellos» y «nosotros».[198] Dentro del círculo delimitado, tiene lugar una constante clasificación de contenidos, algunos de los cuales son retenidos y otros expulsados. Así, Díaz Fernández, mientras experimenta en su laboratorio novelístico, creando nuevos modelos para el hombre, la mujer y una «li-

---

[197] Benjamin deriva de Ernst Bloch esta idea de «la oscuridad del momento vivido». En otra parte de *The Arcades Project*, Benjamin escribe: «La moda, como la arquitectura, es inherente a la oscuridad del momento vivido, pertenece al sueño colectivo. Este despierta, por ejemplo, en la publicidad» (1999, 393).

[198] En *Distinction*, Bourdieu escribe, «La distinción y la pretensión, la alta cultura y la cultura de medio pelo —como, en otros ámbitos, la alta costura y la moda, la alta peluquería y la peluquería, y así sucesivamente— sólo existen una por medio de la otra, y es la relación, o más bien, la colaboración objetiva de sus respectivos aparatos de producción y sus clientelas que produce el valor cultural y la necesidad de poseerlo» (1984, 250). También observa acerca de los creadores de gustos literarios «cuyas transgresiones no constituyen errores sino la anunciación de una nueva moda, una nueva forma de expresión o acción que se convertirá en modelo, y luego en modal, normal, la norma, y será motivo de nuevas transgresiones por parte de aquellos que se nieguen a pertenecer a la norma, a ser incluidos, absorbidos, en la clase definida» (1984, 255).

teratura de avanzada», no para nunca de marcar límites y expulsar elementos inaceptables. Por fortuna, no pone un límite demasiado cercano al presentar a la mujer como un ser «menos otro», una compañera igual para el hombre, e intenta aprovechar el potencial de la cultura industrial. Pero los costes de dicho proyecto son preocupantes, porque aún quedan otros, excluidos de sus modelos recién presentados, sobre los que muestra gran ambivalencia y ansiedad. Una vez afirmado el poder de la moda para rediseñar la humanidad y delimitar lo que entra dentro de lo «humano», debe también ocuparse de la fluidez de esas líneas de demarcación.

Ya hemos visto los figuras satirizadas de vanguardistas inauténticos contra las que Díaz Fernández postula sus modelos de hombre y mujer avanzados: el poeta puro, la nadadora-poetisa y Miss Mary, que funda una religión fascista basa en una «doctrina de selección»—todas sirven para restar validez a la vanguardia inauténtica (Díaz Fernández, 1989, 110). Pero como Miss Mary, Díaz Fernández sigue, quizá sin darse cuenta, su propia doctrina de selección al excluir a los inaceptable otros —aquellos a los que considera como incivilizados, o no completamente masculinos o femeninos. Su proyecto teme al fantasma de las sexualidades ingobernables, salvajes, ya que dentro del «intrincado bosque de las vanguardias» acechan «animalitos depilados, que exhalaban gritos primitivos en el lienzo, en el pentagrama o en las cuartillas» (Díaz Fernández, 1989, 103). Los vanguardistas inauténticos son caracterizados como homosexuales afeminados: «niños depilados,» «exquisitos,» [con] «uñas de color» (104).[199]

Así que aunque Díaz Fernández buscase replantear las categorías de lo masculino y lo femenino, aunque quisiera hacer de la mujer un igual del hombre en la lucha revolucionaria, el peligro de una indiferenciación sexual sigue minando su proyecto. Tanto en *La Venus mecánica* como en *El nuevo Romanticismo*, se plantea la preocupante posibilidad de que las mujeres resulten demasiado masculinas. Recordemos en la novela el retrato satírico de la poetisa-nadadora, «musculosa y sanguínea,» que insiste en que Víctor confirme «la dureza de aquel antebrazo»: «Vea usted qué bíceps. Toque, toque usted» (Díaz Fernández, 1989, 107). Recordemos que en *El nuevo Ro-*

---

199   Asociar la homosexualidad a las corrientes esteticistas de la vanguardia era un lugar común, especialmente entre los defensores de la literatura socialmente comprometida que consideraban que su escritura era más «viril».

manticismo, Díaz Fernández alega que «la sociedad actual es manca, porque le falta el brazo activo de la mujer» (1985, 58). Llega incluso a aplaudir la completa participación de las mujeres «en todas las zonas de la sociedad humana»–excepto en aquellas que requieran un esfuerzo muscular: «La mujer tiene, incluso biológicamente, una función complementaria a la función masculina. Con lo cual, no quiero decir que esté incapacitada para ninguna profesión de carácter intelectual ni para ninguna labor manual que no represente sólo un esfuerzo típicamente muscular» (Díaz Fernández, 1985, 38-39). Como era de esperar, por tanto, Díaz Fernández apoyaba las exigencias feministas de acceso al empleo y la educación, mientras que denunciaba a aquellas feministas que quisieran ser como los hombres.: «He ahí el fracaso del ruidoso feminismo político, que pudo un día llegar, como ha sucedido en los últimos años, a copiar la indumentaria del hombre, a imponer los cabellos cortos, la nuca rapada, la falda corta y los arreos masculinos» (1985, 38). En *La Venus mecánica* estas «feministas masculinizadas» aparecen como lesbianas depredadoras que excluyen a los hombres de las actividades del Club Femenino. Su actitud, observa Víctor, «no provenía tanto del odio al hombre como del cariño por las jovencitas, a las que atraían vorazmente a los rincones más íntimos y silenciosos» (Díaz Fernández, 1989, 105).

Estas imágenes fóbicas de sexualidades indiferenciadas y agrestes vienen acompañadas de otro grupo de personajes desacreditados, los otros raciales que al principio parecen no cumplir función alguna en el proyecto novelístico de Díaz Fernández. En la descripción de una banda de jazz, por ejemplo: «Los negros multiplicaban sus alaridos, sus gritos, sus contorsiones del Far-West, como si estableciesen un diálogo primitivo con el bestiario de las dehesas y los espacios libres. El que danzaba en el centro, de piernas largas y ágiles, ponía una X de tinta en el rojo cartón del escenario» (Díaz Fernández, 1989, 41). Está claro que la presencia de la banda de jazz contribuye a la amplia sátira de la vida urbana moderna, con la referencia al fenómeno Josephine Baker y la fascinación vanguardista con lo «primitivo». Pero dados los detalles descriptivos –los «alaridos», el «diálogo primitivo con el bestiario de las dehesas»– la escena se basa claramente en la estereotipación racial.

Más preocupante aún resulta el capítulo titulado «Amante de negros», en el que Patrocinio, una afable prostituta, cuenta sus experiencias en África:

> [L]os negros llegaban arrastrándose, con su oro en los bolsillos, para estar conmigo, porque yo era la única blanca que los soportaba. Tienen los dientes fríos y afilados, y su boca es lo mismo que la hendidura del coco. Al principio dan miedo. Después, no. Después se advierte que son dulces y sumisos; todo lo contrario que los hombres de Europa, demasiado brutales en la alcoba, de carne resbaladiza como la del pescado. Prefiero los negros, que apenas hablan la miran a una con respeto. Algunos, al final, me besaban los pies, y era entonces como pisar un trozo de la noche (Díaz Fernández, 1989, 129).

Aquí encontramos ese tópico cultural tan habitual y cargado: la erotización del cuerpo africano, el ir y venir entre el miedo y la fascinación, la repugnancia y la atracción que subyacen a toda construcción de una otredad racial. La inclusión de una escena tan cargada de tonos racistas in una novela, por lo demás, progresista, puede al principio parecer gratuita y desconcertante. Pero pensándolo mejor, podemos llegar a sospechar que la empresa novelística de Díaz Fernández exige, de alguna manera, el cuerpo del africano, que su presencia resulta fundamental para la lógica de la obra.

Se puede encontrar pruebas adicionales de esta lógica en el retrato de Aurora Nitti, «escultora haitiana de vanguardia,» cuya extravagante indumentaria anticipa el vestido estereotipado de Carmen Miranda:

> La haitiana era una mulata auténtica, un virago color chocolate, con los pómulos salientes y los labios anchos, orados y rudos. Vestía un traje a franjas blancas y amarillas, una capa escarlata y un sombrero con cenefa de frutas. Llevaba muchas pulseras y muchos aros. Víctor sentía deseos de quitarle un aro de aquellos y colocárselo en la nariz, para completarle la «toilette» de sus antepasados (Díaz Fernández, 1989, 159).

Aquí, la escultora haitiana es satirizada de manera mucho más cruel que cualquier otro «vanguardista inauténtico», con la posible excepción de Miss Mary. Aurora busca crear con sus esculturas el modelo de un hombre nuevo y perfecto, «el hombre integral (...) un mecanismo perfecto, al servicio del Estado» (159-60). Su proyecto artístico sirve, por tanto, como reflejo paródico del proyecto literario de Díaz Fernández, ya que él también está intentando modelar un «hombre integral». Y dado que la transformación de Víctor sirve como alegoría para la regeneración nacional, la presencia de un personaje clasificado como «salvaje» (con imaginario pendiente en la nariz y todo) aporta oportunidades para hacer comentarios irónicos acerca del salvajismo de la sociedad española. Por ejemplo, Aurora Nitti dice: «Los carpetovetónicos. Los españoles de Madrid. Están muy atrasados (...) Algunos quieren morder a las mujeres que pasan. Otros se cuelgan al cuello medallas y escapularios y van por ahí, a paso de tortuga, con una vela en la mano. Son unos bárbaros» (161). Esculpir un hombre nuevo requiere apartarse de los impulsos naturales, salvajes, que presuntamente uno lleva dentro. Así, contra el estilo naturalista y servil de la escultora haitiana, a la que Víctor acusa de «plagiar a la naturaleza», Díaz Fernández busca una mayor libertad para rediseñar al hombre y la mujer, aunque el precio a pagar por ello sean estos estereotipos humillantes.

Es hora, finalmente, de hacer un balance del proyecto de Díaz Fernández, tan innovador en lo estilístico y progresista en lo político en algunos aspectos, y en otros tan cargado de fobias masculinistas y racistas. Está claro que se puede decir que hoy estamos más atentos a los estereotipos sexuales y raciales, y que puede resultar injusto proyectar las sensibilidades actuales sobre los textos literarios del pasado. Pero aún así, la ubicuidad y severidad de estas imágenes fóbicas dificulta el pasarlas por alto. Surgen inesperadamente, aquí y allí, por toda la novela como fantasmas que proyectan su inquietud sobre el paisaje de la novela, dejando tras de sí un residuo preocupante.

Pero tomemos en consideración ambos lados de nuestro balance. Como programa político, Díaz Fernández tomaría de la sociedad capitalista su sistema organizativo, su tecnología maquínica, su ingeniería social, y las reconduciría hacia fines humanos y socialistas. Utilizando la moda como su herramienta principal –en lo temático, lo metafórico y lo teórico– se apropia de su poder para «convertir los cuerpos en estilos» y postula nuevos modelos básicos para la agencia histórica (Wilson, 1985, 2). Así, como ya hemos visto, reemplaza la Venus mecánica –la mujer estándar de la cultura mercantilizada– con un nuevo estándar para el hombre revolucionario. Al mismo tiempo, ofrece su novela como nuevo estándar de estilo vanguardista políticamente comprometido.

El término *estándar* cumple, aquí, una doble función. Se refiere simultáneamente a un *ideal*, en el sentido de marcar un nuevo parámetro, y a una *norma* que surge dentro de un campo de diferenciación (de ahí el concepto estadístico de la «desviación estándar»). En el proyecto neo-platónico de Díaz Fernández, sus nuevos estándares, sus nuevos agentes históricos, deben por lógica diferenciarse de un grupo de cuerpos mal-formados o amorfos.[200] En los bordes de este grupo, se encuentran varios estereotipos que Homi Bhabha llama «formas limitadas de otredad»: el cuerpo erotizado del africano, el hombre feminizado, la mujer masculinizada (Bhaba, 1994, 111). Y más allá de esos bordes, queda el impensable dominio de lo amorfo, la diferencia indiferenciada. El proyecto «rehumanizador» de Díaz Fernández, que devolvería lo auténticamente humano al arte y a la política, también le exige que excluya a aquellos que no puedan ser clasificados como verdaderos humanos. Situado en y contra un marco de desviación, sus nuevos estándares, sus nuevas normas, requieren lógicamente lo sub-normal. En otras palabras, los residuos de su proceso de modelado son simultáneamente una matriz —condición necesaria para el surgimiento de un nuevo modelo estándar.

Pero claro, este «nuevo» modelo estándar no es más que una versión modificada del venerable sujeto humano tal y como ha sido concebido durante siglos de pensamiento Occidental. Se trata de un ejemplo más de lo que Judith Butler llama «la corporeización de una racionalidad masculinizada», una «materialización de la razón que opera a través de la desmaterialización de otros cuerpos» (1993, 49). Este nuevo modelo estándar sólo puede ser una «figura en crisis» que a su vez escenifica una crisis que no puede llegar a controlar por completo —una crisis puesta en escena de manera asombrosa en la «incontrolabilidad» del proyecto novelístico de Díaz Fernández: y es que sus sujetos recién modelados, parados ante el posible portazo del re-

---

200 En *Taylored Lives*, Martha Banta escribe acerca de la dependencia, por parte de la industria de la moda, de formas platónicas apoyadas por fórmulas matemáticas estandarizadas: «Si seguimos hasta el final de lo que las «formas esenciales» pueden significar en una sociedad casi enloquecida con las medidas, la estandarización, la clasificación y la intercambiabilidad de las partes, pronto llegaremos a un territorio demarcado por los partidarios de la ingeniería humana» (1993, 282). Reyner Banham, en su *Theory and Design in the Machine Age*, comenta las premisas platónicas que subyacen a los *ready-mades* de Duchamp y el movimiento arquitectónico purista, cuyo mejor ejemplo es Le Corbusier.

conocimiento y la desautorización, no pueden olvidar el dominio repudiado de la abyección (Butler, 1993, 49). De hecho, deben *recordar* esos cuerpos abyectos, que deben ser llamados a escena y expulsados incesantemente en lo que no es otra cosa que un ritual fetichista sin fin. El modelo que Díaz Fernández propone para el europeo civilizado y progresista requiere así el cuerpo racializado del africano como condición para su propia existencia.[201] El «nuevo hombre» necesita del «no-hombre» —«los animalitos depilados (...) con uñas de color»— como su propia precondición (Díaz Fernández, 1989, 104). Y Obdulia, como emblema alegórico de la clase obrera, debe a su vez ser definida en oposición a esa masa encarnada que representa; su belleza debe ser separada de la «fealdad» y el físico de aquellos a los que representa, esos obreros a los que debe redimir, esos a los que vio trabajando en la mina: «donde se abría el bostezo interminable de la bocamina... trabajaban mujeres despeluchadas y asténicas, niños casi desnudos, cargadores de pecho negro, que lanzaban a los recién llegados miradas oblicuas» (Díaz Fernández, 1989, 93). Por último, los modelos de Díaz Fernández, nuevas definiciones del hombre y de la mujer necesitan del fantasma de la sexualidad indiferenciada. Pero lo indiferente, a su vez, se convierte en el espectro que trastoca y perturba la lógica fundadora del modelo estándar, ya que en su capacidad de *ideal* el nuevo estándar se define contra un grupo de desviación; en su capacidad *normativa*, se disfraza de eliminación de la diferencia, mostrando la belleza ideal de una foto compuesta y retocada.[202]

Si, como sugiere Walter Benjamin, un texto puede producir una «demanda a largo plazo» de futuras lecturas, *La venus mecánica* nos aporta una demostración de la poderosa y problemática lógica que da fuerza a su proyecto utópico racionalizador.[203] Se podría decir que el proyecto de Díaz Fernández, tan admirable en su búsqueda de justicia social e igualdad de género, resulta tan profundamente defec-

---

201 Homi Bhabha, siguiendo a Franz Fanon, comenta la extraña combinación de «deseo e irrisión» dirigidos al otro excluido (1994, 66): «Existe una búsqueda del Negro, el Negro es una demanda, uno no puede seguir adelante sin él, se le necesita, pero sólo si se le hace apetecible de alguna manera. Desafortunadamente, el negro derriba el sistema y rompe los tratados» (Fanon cit. en Bhabha, 1994, 112).
202 En «Las deviaciones de la naturaleza» Georges Bataille demuestra cómo la imagen compuesta da «una especie de realidad a la obligatoriamente bella idea platónica» (1985, 55). «Al mismo tiempo», continúa, «la belleza estaría a merced de una definición tan clásica como la de la medida común. Pero cada forma individual escapa a esta medida común y es, hasta cierto punto, un monstruo» (55).
203 Estoy haciendo una extrapolación de un comentario de Benjamin acerca de *Las flores del mal*: «Baudelaire trabajaba no para la demanda manifiesta a corto plazo, sino para la latente y a largo plazo (1985, 38).

tuoso, tan ciego en algunos aspectos, tan plagado de prejuicios. Pero para ser más exactos, podríamos tomar esta novela como un caso práctico en el que un pensador que hace un verdadero esfuerzo para escribir desde la «oscuridad del momento vivido» —ese terreno en el que vive la moda— y llegar a algún tipo de comprensión. Aquí se ve esta lucha con toda su fealdad, se ven todas esas expulsiones de los otros que pueden llegar a perturbar su proyecto, esos otros que el mismo proyecto no deja de demandar simultáneamente.

¿Podría la visibilidad misma de esta fealdad apuntar a una contrapráctica (por muy fuera del alcance que estuviera de Díaz Fernández) —una contrapráctica todavía comprometida con la transformación social, pero ya sin el impulso racionalizador, neo-platónico? ¿Podría el terreno de la abyección y del residuo ser utilizado como «recurso crítico» —una estrategia ya sugerida por la teoría *queer* (Butler, 1993, 3)? Entre los contemporáneos de Díaz Fernández, Georges Bataille ya estaba empezando a tomarse en serio esa posibilidad. Contra el antiguo impulso de modelar formas ideales, Bataille afirma lo *informe*, un concepto que diluiría las categorías formales y haría del sentido algo sin forma, como una araña que uno acaba de pisar (1985, 31).[204] Contra el anhelo icárico del sol, de la elevación a lo sublime, Bataille postula de manera blasfema el ano solar, no sólo para invertir lo alto y lo bajo, sino para iniciar un constante levantamiento, una perpetua contaminación de lo ideal con la materia más baja (1985, 5–9). Contra la constante y ritual invocación y expulsión de los otros, la heterología de Bataille clama por la adopción de lo otro, la afirmación radical de nuestra propia otredad. Tal vez textos problemáticos como *La Venus mecánica* retengan un cierto valor de uso, ya que al poner en escena de manera tan clara la crisis del impulso racionalizador y estandarizador tan caros al pensamiento Occidental, estos textos nos podrían ayudar a concebir una contra-práctica.

---

204 Ver en Bataille las definiciones de diccionario de lo *informe* en *Visions of Excess*, además del provocador comentario de Rosalind Krauss en *L'Amour Fou: Photography and Surrealism*.

Bibliografía citada

Abendaño, J. de. «Fordismo, detroitismo, estupidez», en *Nueva España* 8, 1930, p. 3.

_____. «El trabajo en Norteamérica según un obrero europeo», en *Nueva España* 1, 1930, p. 8.

Banham, Reyner. *Theory and Design in the Machine Age*. 2a ed. New York: Frederick A. Praeger, 1967.

Banta, Martha. *Taylored Lives: Narrative Productions in the Age of Taylor, Veblen, and Ford*. Chicago: University of Chicago Press, 1993.

Barrantes Martín, Beatriz. «La experiencia urbana en *La Venus mecánica* de José Díaz Fernández», en *Castilla: Estudios de literatura* 25, 2000, pp. 31-41.

Barthes, Roland. *The Fashion System* (translation by Matthew Ward and Richard Howard). London: Jonathan Cape, 1983.

Bataille, Georges. *Visions of Excess: Selected Writings, 1927-1939* (edition and translation by Allan Stoekl). Minneapolis: University of Minnesota Press, 1985.

Benjamin, Walter. *The Arcades Project*, ed. Rolf Tiedemann (translation by Kevin McLaughlin and Howard Eiland). Cambridge: Harvard, 1999.

_____. «Central Park», en *The New German Critique* 34, 1985, pp. 32-58.

Benstock, Shari, and Suzanne Ferriss (eds.). *On Fashion*. New Brunswick: Rutgers University Press, 1994.

Bhabha, Homi K. *The Location of Culture*. London: Routledge, 1994.

Boetsch, Laurent. *José Díaz Fernández y la otra generación del 27*. Madrid: Pliegos, 1985.

_____. «José Ortega y Gasset en *El nuevo romanticismo* de José Díaz Fernández», en *Ramón Sender y sus coetáneos: homenaje a Charles L. King*, Marshall J. Schneider and Mary S. Vásquez (coords.). Huesca: Instituto de Estudios Altoaragoneses, 1998, pp. 21-35.

Bordons, Teresa. «De la mujer moderna a la mujer nueva: *La venus mecánica* de José Díaz Fernández», en *España contemporánea* 6.2, 1993, pp. 19-40.

Bourdieu, Pierre. *Distinction: A Social Critique of the Judgement of Taste* (translation by Richard Nice) Cambridge: Harvard University Press, 1984.

Butler, Judith. *Bodies That Matter: On the Discursive Limits of «Sex»*. London: Routledge, 1993.

Cano Ballesta, Juan. *Literatura y tecnología (las letras españolas ante la revolución industrial (1900-1933)*. Madrid: Orígenes, 1981.

Chocarro, Carlos. «José Díaz Fernández y Ortega: literatura, arte, política (1925-1936)», en *DC: Revista de crítica arquitectónica* 13-14, 2005, pp. 162-173.

Davidson, Robert. «The Politicization of Jazz Age Space in José Díaz Fernández»s *La venus mecánica*», en *Revista de Estudios Hispánicos* 40.1, 2006, pp. 197-216.

Dennis, Nigel. «José Díaz Fernández: Eroticism and Politics in the Spanish Avant-Garde», en *Journal of Iberian and Latin American Studies* 16.1, 2010, pp. 23-34.

Díaz Fernández, José. *La venus mecánica*. Madrid: Moreno-Ávila, 1989.

_____. *El nuevo romanticismo: polémica de arte, política y literatura*. Edición de José Manuel López de Abiada. Madrid: José Esteban, 1985.

Dubreuil, Henri. «Mi vida de obrero en los Estados Unidos», en *Nueva España* 27, 1930, pp. 5-6.

Espina, Antonio. «Reseña de *El nuevo romanticismo* de José Díaz Fernández», en *Revista de Occidente* 30.90, 1930, pp. 374-78.

Esteban, José, y Santonja, Gonzalo. *La novela social, 1928-39: figuras y tendencias*. Madrid: La Idea, 1987.

_____. *Los novelistas sociales españoles (1928-1936). Antología*. Barcelona: Anthropos, 1987.

Ewen, Stuart. *All Consuming Images: The Politics of Style in Contemporary Culture*. New York: Basic Books, 1986.

Ewing, Elizabeth. *History of Twentieth-Century Fashion*. Totowa NJ: Barnes and Noble, 1986.

Flugel, J.C. *The Psychology of Clothes*. London: Hogarth, 1930.

Fuentes, Víctor. «De la literatura de vanguardia a la de avanzada: en torno a José Díaz Fernández», en *Papeles de Son Armadans* 54.162, 1969, pp. 243-60.

_____. *La marcha al pueblo en las letras españolas, 1917-1936*. Madrid: Ediciones de la Torre, 1980.

Gramsci, Antonio. «Americanism and Fordism», en *Selections from the Prison Notebooks* (edition and translation by Quintin Hoare and Geoffrey Nowell Smith). New York: International Publishers, 1971, pp. 277-318.

Haraway, Donna J. «A Cyborg Manifesto: Science, Technology and Socialist-Feminism in the Late Twentieth Century», en *Simians, Cyborgs, and Women: The Reinvention of Nature*. London: Free Association Books, 1991, pp. 148-81.

Herzberger, David K. «Representation and Transcendence: The Double Sense of Díaz Fernández's *El nuevo romanticismo*», en *Letras peninsulares* 6.1, 1993, pp. 82-93.

Krauss, Rosalind. *L»Amour Fou: Photography and Surrealism*. New York: Abbeville, 1985.

Kroker, Arthur, and Marilouise, (eds.). *Body Invaders: Sexuality and the Postmodern Condition*. London: MacMillan, 1988.

López de Abiada, José Manuel. «De la literatura de vanguardia a la de avanzada. Los escritores del 27 entre la «deshumanización» y el compromiso», en *Journal of Interdisciplinary Literary Studies* 1, 1989, pp. 18-62.

Martínez Latre, María Pilar. «Aspectos vanguardistas de una novela comprometida: *La Venus mecánica*», en *Actas del Congreso en Homenaje a Rosa Chacel*. María Pilar Martínez Latre (coord.). Logroño: Universidad de Rioja, 1994, pp. 183-196.

Ortega y Gassett, José. «Para una ciencia del traje popular», en *El Espectador, 1916-1934*. Madrid: Biblioteca Nueva, 1950, pp. 966-973.

Rabinach, Anson. *The Human Motor: Energy, Fatigue, and the Origins of Modernity*. New York: Basic Books, 1990.

Silverman, Kaja. «Fragments of a Fashionable Discourse», en Benstock and Ferriss (eds.), 1994, pp. 183-196.

_____. «Filosofía de la moda» (traducción de Fernando Vela), en *Revista de Occidente* 1 y 2, 1923, pp. 43-65, pp. 211-230.

Vicente Hernando, César de. «Representaciones sociales de la vanguardia: *La Venus mecánica* y *Metropolis*», *Letras peninsulares* 6.1, 1993, pp. 109-25.

⎯⎯⎯⎯⎯. «Introducción» a *La Venus mecánica*. Doral: Stockcero, 2009, pp. vii-vlvii.

Veblen, Thorstein. *The Theory of the Leisure Class*. New York: Penguin, 1994.

Vilches de Frutos, María Francisca. «El compromiso en la literatura: la narrativa de los escritores de la generación del nuevo Romanticismo», en *Anales de la literatura española contemporánea* 7.1, 1982, pp. 31-58.

Wilson, Elizabeth. *Adorned in Dreams: Fashion and Modernity*. Berkeley: University of California Press, 1985.

Rosa Arciniega y la Novela Social: Las Trampas del Progreso
Raquel Arias Careaga

El marqués de Estella y presidente del Consejo, Miguel Primo de Rivera, hacía las siguientes declaraciones en diciembre de 1929:

> Mi leal opinión es que la Dictadura comienza a estar gastada, no por el balance de sus aciertos y sus errores, que le es muy favorable, menos aún por claudicación en autoridad ni moralidad, sino por la propia acción del tiempo y de la labor de piqueta que contra ella se hace, piqueta que, por ser de mango corto y filo embotado por la censura y otras restricciones, ha hecho posible vivir con eficiencia diez veces más de lo que hubiera podido vivir en el absurdo régimen de crítica y propaganda libre, desenfadado, opreso e irresponsable, incompatible con las dictaduras y yo creo que con todo modo de gobernar que algunos llaman libertad (*El Imparcial*, 31 de diciembre de 1929, 1).

Y así, el 28 de enero de 1930, el dictador presentaba su dimisión, dejando al país en lo que él mismo había denominado «un régimen intermedio entre ella [la Dictadura] y el futuro». Como quedó claro a lo largo de ese año, la libertad no entraba en los planes de ese «régimen intermedio» que había de servir de puente hacia el futuro; desde el levantamiento de la censura previa (septiembre de 1930), sustituida por oficinas que podían decretar el secuestro de la edición que tratara cuestiones y temas considerados delictivos (Santonja, 1986, 70), hasta que, en diciembre, se cerrara 1930 con el fusilamiento de Fermín Galán y Ángel García Hernández. La sublevación de Jaca había anunciado, quizá, ese futuro que llegaría solo cuatro meses después.

1930 es también el año en que Miguel de Unamuno regresa del destierro. Y ese mismo año, en la primera celebración del Primero de Mayo en Madrid desde 1923, es invitado a participar con una conferencia en el Ateneo el 2 de mayo. El día 7 dará otra en el cine Europa y ambas serán la causa de numerosos disturbios. Las opiniones del rector de la universidad salmantina quedarían recogidas en la publicación de *Dos artículos y dos discursos* ese mismo año, en los que defendía, por ejemplo el compromiso de los intelectuales: «La ciencia de la vida no es nunca neutral» (Unamuno, 1985, 65), afirmaba al comenzar su discurso en el Ateneo.

El mismo año 1930 es el de la publicación de *La rebelión de las masas*, de José Ortega y Gasset, quien planteaba la incapacidad de esas «masas» para entender el arte nuevo que llegaba de mano de la «deshumanización». Los planteamientos del pensador español se enmarcaban dentro de una irresoluble discusión sobre la decadencia de la novela como género por él mismo planteada en *La deshumanización del arte*, publicado en 1924 en *El Sol*. En diciembre del mismo año y enero de 1925 se publicarían sus artículos luego llamados *Ideas sobre la novela*. En realidad se estaba planteando la oposición entre una cultura popular y una cultura elitista, inasequible para el lector «pueril». Para el pensador español, el problema de la novela es que «escasea la materia», resulta «prácticamente imposible hallar nuevos temas», y la causa de todo ello parece estar en la naturaleza prosaica de la propia realidad: «hoy se encuentra el novelista con la imposibilidad de encontrar grandes tramas insólitas para su obra» (*apud* Fernández Cifuentes, 1982, 319). La reacción a este planteamiento puede resumirse en estas palabras de Alberto Insúa:

> Digo estrictamente que el novelista es un testigo de su época y que sus testimonios son las novelas (...). Y si se admite que la novela es testimonio, que las mejores y mayores novelas son las que nos dan la imagen de una época, de un momento humano (...) ¿cómo admitir que la novela decae porque se agotó su cantera, si esa cantera es la vida misma? (Insúa, 1927, 1).

También Luis Araquistain defendía la vigencia del género en términos similares: «La confusión proviene quizás de no incluir lo que hoy pasa como novela en un género bien determinado: el género épico. La novela es una variación de la epopeya» (Araquistáin, 1924, 1). Pero sin duda, el libro que mejor responde a este falso debate es el de José Díaz Fernández, *El nuevo romanticismo*, publicado también en 1930. Libro esencial para el desarrollo de la cultura del momento, en él Díaz Fernández, como también hará César Vallejo en términos muy similares[205], hace un repaso de las modernas tendencias de vanguardia y su pintoresquismo.

Las alusiones a Ortega y Gasset son claras y directas: «Era pintoresco leer la literatura de esos señoritos satisfechos [en nota añade: *insuperable definición de Ortega y Gasset*] (...). Creían que los versos con muchos aviones y muchos «cocktails» eran cifra y compendio de la moderna sensibilidad» (Díaz Fernández, 1985, 53). Si estas citas se refieren especialmente a lo que podríamos calificar de estilo, pronto queda claro que la modernidad literaria no se gana solo con una aparente cáscara fundada en un léxico actual. «El escritor de vanguardia, en la firme acepción del concepto, será el escritor que va delante lo mismo en pensamiento que en estética» (Díaz Fernández, 1985, 53). En realidad no estamos sino ante la rehumanización del arte: «Esta vuelta a lo humano es la distinción fundamental de la literatura de avanzada[206], que agrega a su pensamiento y a su estilo las cualidades específicas del tiempo presente» (Díaz Fernández, 1985, 56). Comentando su propia experiencia de escritor al publicar su novela *La Venus mecánica* afirmará:

> Yo he querido escribir una novela moderna, una novela de nuestro tiempo [...] Mi concepto del arte me impedía buscar esa modernidad por el único camino de su forma. Porque la mayoría de los escritores jóvenes piensan que la expresión lo es todo por sí misma. El que esto escribe, en cambio, sostiene que la novedad alcanza a todo: primero a la idea, después al estilo, y, por fin, a la estructura (Díaz Fernández, 1930, 44).

Se hace evidente que existen en la España de la Dictadura dos formas de enfrentarse con el quehacer artístico. Una de ellas, directamente relacionada con la industria editorial más comercial, se entronca con los movimientos estéticos europeos vigentes en ese momento y marca del progreso cultural y de la ruptura con la literatura decimonónica. Pero las peculiaridades de la situación española consistirán especialmente en desnudar dicha literatura de cualquier re-

---

205 César Vallejo publica un conocido texto sobre el sesgo de la llamada literatura moderna a la que se opone en *Arte y revolución*, criticando también una literatura que basa su modernidad en la inclusión de máquinas y nuevos objetos sin asimilar las consecuencias de las transformaciones sociales que eso implica.

206 Una explicación de la diferencia que hace Díaz Fernández entre vanguardia y literatura de avanzada nos la ofrece este comentario de Henri Barbusse en la Introducción que escribe para *The Spanish Omnibus*, selección de relatos de autores españoles del momento: «In this latest generation a process of selection is necessary. It may be divided into "avant-gardistes" and "avancés". The first belong to our family of super-realists, aesthetes and snobs [...] The others go to the people or at least put themselves in the way of doing so» (*apud* Fuentes, 56). El texto de Barbusse fue publicado en 1932.

lación con la realidad del momento desde un punto de vista ideológico. De ahí lo fácil que resulta plagar de términos relacionados con el mundo del maquinismo un texto sin que se hable en él de las consecuencias sociales de ese desarrollo técnico. De ahí la tan traída y llevada deshumanización del arte.

La otra corriente es precisamente la que se niega a aceptar dictados estéticos vacíos de contenido. El propio Díaz Fernández aprecia el gran avance que pudo suponer una corriente como el futurismo, base de todo movimiento vanguardista del momento:

> Hubo un momento en que el futurismo estuvo a punto de convertirse en doctrina estética de grandes posibilidades: fue cuando los obreros italianos empezaron a interesarse por aquel estilo artístico que se desvinculaba del arte tradicional y escogía elementos derivados de la técnica industrial moderna. (...) Le caracterizaba [al futurismo] un ímpetu destructor, imprescindible en toda obra de avanzada artística. Daba entrada por primera vez en la lírica a elementos que habían estado hasta entonces desahuciados de la literatura y que respondían a exigencias de una nueva sensibilidad. Fue el futurismo el que creó las metáforas maquinistas, las imágenes simultáneas, el dinamismo lírico, y ese entusiasta desplazamiento del poeta hacia temas multitudinarios (Díaz Fernández, 1985, 50 y 51).

La historia de las derivaciones del futurismo hacia una ideología fascista es bien conocida; y, como veremos, no todos los escritores cayeron en el entusiasmo por la máquina.

En 1930, la editorial Cenit, nacida en 1928 de los editores de la revista *Post-Guerra*, rompía sus acuerdos con la todopoderosa empresa editorial CIAP. El principal responsable de Cenit, Giménez Siles, saldaba sus cuentas con la antigua distribuidora de sus libros apenas dieciocho días antes de que aquella presentara suspensión de pagos (Santonja, 1983-84, 133). Esto permitiría a Cenit continuar con la divulgación de obras de marcado carácter político de izquierdas, textos marxistas, novelas soviéticas e incluso una colección llamada «Biblioteca de vulgarización médica» (Santonja, 1983-84, 133). La editorial llegó a tener veinticinco colecciones diferentes. En el año 1930 publica treinta y ocho títulos, la mayoría concentrados en las colecciones «Novelistas nuevos» (10), «La novela proletaria (8), «Crítica social» (5) y «La novela de la guerra» (4).

Será en este momento en el que llegue a España una joven peruana que se insertará rápidamente en la vida cultural del país, especialmente en el periodismo. Sus colaboraciones de todo tipo en publicaciones como *Nuevo Mundo* o *La Gaceta Literaria* acabarán fructificando en una carrera como novelista que comienza con fuerza en 1931 y que se desarrollará hasta el comienzo de la Guerra Civil, en que decide regresar a su país. Esta joven peruana, Rosa Arciniega, había nacido en Lima en 1909. No son muchos los datos que podemos conocer de su biografía, pero sí aparece como alumna del colegio San José de Cluny, institución educativa religiosa fundada hacia 1884 en su ciudad natal. En 1924 se casa con José Granda Pezet (1895-1965) en Lima. Al parecer fue la primera mujer diplomática del Perú acreditada ante un gobierno extranjero como agregada cultural de la embajada de Perú en Argentina (Coll, 1992, 332)[207].

Es hacia 1930 cuando empiezan a aparecer colaboraciones suyas en la prensa española, firmadas como Rosa Arciniega de Granda. Se trata de artículos y entrevistas variopintos, que abarcan la vida de las floristas madrileñas, una visita a la antigua Inclusa, la colombicultura y el nuevo teatro español[208]. La impresión que dejan las secciones de las que se va ocupando la colaboradora de *Nuevo Mundo* es la de una inmersión ligera y superficial en aspectos más o menos cotidianos de la realidad española, en cierta manera laterales, sin apenas implicación o trascendencia política y sin dejar traslucir aparentemente una interpretación de sus posibles contactos con otro tipo de temas. Esto es quizá lo que pueda explicar su ausencia entre los colaboradores de una revista como *Bolívar*, aparecida en 1930 y dirigida por el peruano Pablo Abril de Vivero. En sus páginas colaboraron José Carlos Mariátegui, César Vallejo, Pablo Neruda, Rafael Alberti o el propio

---

207   Esta misma autora ofrece una multitud de títulos entre los que mencionamos nada más que fue Vicepresidenta de la Asociación Peruana por la Libertad de la Cultura o miembro honorario del *Pen Club* de Madrid; véase Coll, 1992, 332-333, quien además da una mínima lista de bibliografía sobre Rosa Arciniega.

208   Por orden cronológico, estos son algunos ejemplos de sus entrevistas: «Cómo se crían los hijos de nadie. El Instituto Provincial de puericultura y colegio de la Paz (antes inclusa)», *Nuevo Mundo*, 10/enero/1930, pp. 16-18; «Los que viven de las sobras de los demás. Las traperas de la carretera de Toledo», *Nuevo Mundo*, 7 de febrero de 1930, pp. 44-45; «Cómo se hace una película en España. Trucos, argumentos e inconvenientes. Conversación con Florián Rey», *Nuevo Mundo*, 21 de febrero de 1930, pp. 40-41; «Un reportaje en el aire. Mi primer vuelo en una avioneta pilotada por Ramón Franco», *Nuevo Mundo*, 29/agosto/1930, pp. 14-15; «Vuelos de aves anilladas. La paloma mensajera, modelo de fidelidad y apego al hogar», *Nuevo Mundo*, 16/enero/1931, pp. 44-45; «El vanguardismo en escena», *Nuevo Mundo*, 20/marzo/1931, pp. 34-35; «Mayo florido», *Nuevo Mundo*, 1/mayo/1931, pp. 8-9. García Maldonado (2010, 12) aporta otros ejemplos y publicaciones de la autora del mismo estilo.

Miguel de Unamuno entre otros (Aznar Soler, 2010, 201). La revista tiene una indudable vocación revolucionaria y quizá esto aleja a su compatriota Rosa Arciniega que prefiere colaborar en publicaciones menos comprometidas.

Por ello resulta muy sorprendente la lectura de su primera novela publicada en 1931. Se trata de un texto titulado *Engranajes*, aparecido en la editorial Renacimiento, perteneciente a la CIAP, y que se abre con un prólogo que sirve como declaración de principios de la autora sobre el arte comprometido, situándose claramente junto a los autores de la novela social:

> Pasar frente a la vida sin dejarse captar por los problemas de la vida, no es humano. Encerrar esos problemas en el espacio ocupado por una víscera «cónico-rítmica», me parece pueril. Confinarlas en el cerebro es sembrar la tierra de sal. Dejarse prender por los grandes conflictos colectivos, esencialmente humano (Arciniega, 1931a, 7).

Y efectivamente, *Engranajes* es fiel a esta postura, ya que la novela acompaña a dos personajes a lo largo de su periplo laboral por toda la escala que el mundo del trabajo ofrece al proletariado del momento, desde los hornos de fundición, a la mina; desde el trabajo alejado de los núcleos urbanos, a la gran ciudad. Llama la atención, en primer lugar, la falta de precisión espacio temporal del relato. No hay referencias concretas que permitan establecer cuándo y dónde sucede la acción de la novela. Por los nombres de los personajes y algunas características geográficas podría determinarse que se trata de España, pero no hay ninguna especificación del momento histórico en el que se encuentran los protagonistas del texto. El anuncio que aparece en *El Imparcial* el 20 de mayo de 1931 tampoco ayuda mucho a los futuros lectores:

> La célebre editorial *Renacimiento*, filial de la CIAP, ha enviado ya a las librerías la obra fuerte y original de Rosa Arciniega.
> Ha llegado, pues, el momento en que la inquieta periodista, triunfante en todas las revistas, se manifieste al público como una vigorosa novelista.
> La obra está vestida con una bella portada (p. 8).

Dejando aparte los elementos decorativos, poco más sabemos del texto, aunque hay un adjetivo que destaca y será profusamente utilizado en los primeros comentarios que se hagan de esta primera obra de Arciniega, «fuerte»; «fuerte y bella novela», dirá de ella Rafael Marquina, también en *El Imparcial*. Esta primera reseña sí sitúa el texto en la época contemporánea:

> Es una novela de nuestro tiempo. Y es esta una virtud que conviene subrayar. Por lo general, una de las causas de que la novela española descaezca y se marchite es su falta de sincronismo con los anhelos y los pensamientos que agitan esta hora del mundo; su ausencia de la época; su apartamiento de la verdadera inquietud contemporánea. [...] Rosa Arciniega, atenta sin duda a una ley que fija en lo actual la eternidad del arte, y reconociendo en este su alta misión «intervencionista» en cuanto contribución individual a la gran ansia colectiva, se encara con la preocupación máxima de nuestra época (Marquina, 1931, 8).

Y termina calificándola como «una gran novela social». Como vemos, la obra de Arciniega irrumpe en medio del debate de literatura deshumanizada *versus* literatura social tomando claramente partido por una producción artística enraizada en la realidad. Pero esto no es suficiente para convertirla en novela social, y mucho menos en «una gran novela proletaria» como se ha dicho también de esta primera incursión de la autora en el género novelístico (Carrera, 1956, 91). Siguiendo con datos objetivos, hay que recordar que *Engranajes* consiguió ser premiada como «el mejor libro del mes» de mayo, según información publicada en *El Imparcial*, 28 de junio de 1931, p. 8. Para ver que no se trata de un dato baladí, la novela premiada el mes de abril, es decir, el mes inmediatamente anterior al de Arciniega fue *Aviraneta*, de Pío Baroja. El día 27 de junio, la autora fue homenajeada con un banquete en el Hotel Nacional, acompañada, entre otros, por Benjamín Jarnés, Eduardo Marquina, Enrique Díez Canedo o Ernesto Giménez Caballero.

Pero *Engranajes* presenta algunos problemas que hacen de ella un texto sin duda interesante. La modernidad del título, la relación establecida entre el trabajo y la alienación del trabajador, que lo convierte en una parte más del inmenso engranaje social, no consigue, o sería mejor decir, no desea poner al descubierto los verdaderos motores de dicho engranaje. El primer aspecto que hay que tener en cuenta es que los dos protagonistas mencionados no pertenecen al proletariado, sino a una pequeña burguesía que, al borde siempre del precipicio, ha descendido hasta el humillante mundo del trabajador manual. Esto da a los planteamientos de la novela una perspectiva siempre un tanto externa a la vida real de los trabajadores al mismo tiempo que aumenta la sensación de tragedia vivida por esos dos señoritos destinados a vivir una vida cómoda y fácil y cuya falta de iniciativa ha condenado a sumergirse junto a la masa de obreros a los que califican como «estas gentes» (Arciniega, 1931a, 17), y con los que nunca se acaban de identificar: «Estos hombres, fatalmente, son distintos a nosotros. Han nacido aquí, han echado raíces aquí, no piensan salir de aquí jamás» (Arciniega, 1931a, 33). Es obvio que el narrador y su compañero saben que existe otra forma de vivir de la que han sido desterrados por su flojera a la hora de estudiar, su ausencia de ambición, etc. En este sentido, la novela parece un aviso a cierta juventud burguesa, inconsciente del peligro que corre si sale de la zona de seguridad que le ofrece su clase social y desciende hacia la cruda realidad social del trabajo.

Son constantes en la novela las denuncias de situaciones inhumanas provocadas por un trabajo duro y sin horizontes, «¡esta negación de todo lo existente!... esta anulación de toda personalidad... esta reducción al hombre número, al hombre cero... Este trabajar de máquinas... esta matemática... este cálculo... esta vida uniformada... igual...» (Arciniega, 1931a, 37). El texto no ahorra situaciones terribles como los accidentes laborales que acaban con la vida de varios mineros o provocan mutilaciones, anheladas por los trabajadores pensando en la indemnización que cobrarán por ello (Arciniega, 1931a, 56). El distanciamiento de los protagonistas les otorga una sensibilidad diferente a la de sus compañeros de infortunio, les permite pasear por el campo admirando la belleza de la naturaleza, les hace rechazar el trato con las prostitutas (al menos en un primer momento) o asombrarse de lo poco efusivos que son estos hombres con sus familias, a las que no prodigan ningún gesto de cariño en la idea de que llevar el jornal es la máxima prueba de amor que pueden dar.

El paso de los altos hornos a la mina no hace sino ahondar en el terrible mundo de la alienación, pero una alienación que no tiene ningún responsable concreto. Dos ejemplos nada más. «Todo cuanto ellos puedan decir, nosotros lo sabemos ya. ¿Culpas? No intentamos buscarlas. Nadie las tiene. Ni el capital ni el trabajo. Ni la vida ni los hombres» (Arciniega, 1931a, 36). Ante la muerte de algunos de los mineros se afirma en el texto:

> «Quién le ha matado»
> ¿Quién?
> Dios, la vida, la necesidad, los hombres, la ambición. Que escojan al que quieran.
> Y si no, que se queden con todos (Arciniega, 1931a, 95).

Esta ausencia de responsables a los que señalar es uno de los elementos ideológicos centrales del texto y que volveremos a encontrar en las demás obras de la autora. De hecho, los peores momentos que se viven en la mina y que deciden a los personajes a marcharse a la ciudad, están provocados por una huelga de los trabajadores, unos trabajadores nada organizados, víctimas arrolladas por un mecanismo que no les permite la mínima reacción, y que al mismo tiempo no parecen capaces de reacción ninguna. Esta actitud exaspera a unos personajes que, sin embargo, parecen tener las claves de lo que debería hacerse ante una situación así:

> En vez de esperar el momento oportuno para oponerse, se declaran en huelga. Pasan dos semanas, y quieren contagiar toda la cuenca minera. ¿No hubiera sido más práctico seguir trabajando y contribuir con una cuota para prolongarla todo el tiempo necesario? No; se presenta aquí una comisión, y al día siguiente se decreta el paro. Nadie se opone, nadie protesta. (...) aceptamos cualquier absurdo con tal de que no nos llamen «esquiroles» (Arciniega, 1931a, 97).

No deja de ser sorprendente la propuesta de la cuota en una situación que, según ha expuesto el mismo narrador, no les deja opción ni a ponerse un día enfermos si quieren comer o alimentar a sus familias en la más extrema pobreza.

La ciudad tampoco será ninguna solución: «Esto es la ciudad. La lucha tramposa, el engaño, el sucio negocio. Allí sólo se necesitaban puños. Aquí, dos falsas ramificaciones de la inteligencia: pillería y maldad» (Arciniega, 1931a, 114); la peor amenaza que se cierne sobre el trabajador es la imposibilidad de encontrar empleo, ya no de ser explotado en condiciones infrahumanas, sino de morir de hambre por no encontrar nada en lo que poder ganar un mísero jornal que permita comer y pagar una pensión: «Esperaremos al mecánico que quiera acoplarnos a esta máquina monstruosa. Como tornillos, como tuercas, como émbolos (...). Ve cómo voluntariamente tenemos que enrolarnos en ese loco torbellino, junto con otros centenares de tornillos y émbolos como nosotros» (Arciniega, 1931a, 124).

Con ciertos tintes de folletín, uno de los personajes, Jiménez, muere por causa de las terribles condiciones del único trabajo que encuentra debido a la emanación de gases tóxicos de la pintura, después de haberse enterado de la muerte de su madre, a la que no llega a tiempo de ver con vida. Su compañero sobreviviente y narrador de la historia, Manuel, muere abatido por la policía «cuando se disponía a arrojar una bomba en plena calle» (Arciniega, 1931a, 228), como explica la nota que cierra el texto. El cambio de actitud del personaje que, según la misma nota, «venía agitando a las masas y promoviendo huelgas y desórdenes» no es en realidad un giro hacia la acción organizada que permita destruir un sistema injusto de explotación. Porque en el texto no existe esa conciencia de injusticia de la que se pueda responsabilizar a nadie. Ya se vio un ejemplo al principio, pero son constantes comentarios como «Iremos juntos, no al combate, no a la lucha –porque aquí no hay enemigo– sino a rastrear, a buscar, a olfatear. No hay enemigo» (Arciniega, 1931a, 124), le dice Manuel a su amigo para animarle a seguir buscando trabajo. No existe una verdadera solidaridad obrera, de hecho se relatan las novatadas a que someten a los compañeros que llegan nuevos a la mina como una «hostilidad» que obedece «a un ciego instinto ancestral» (Arciniega, 1931a, 75), y sí la caridad que los exburgueses practican con sus ahora compañeros, repartiendo limosnas entre las familias más necesitadas. Antes de abandonar las minas, el narrador afirma:

> No, hombres hambrientos, no somos cobardes. No somos desertores. Algo quisiéramos hacer por vosotros, por todos los que, como vosotros, hay en el mundo. Pero algo grande, algo positivo. Algo que no esté ni en la espalda [sic, probablemente, espada], ni en la pistola, ni en la estridencia, ni en el caos (Arciniega, 1931a, 104).

Obsérvese ese «vosotros» que no es nunca un «nosotros» a pesar de que los dos personajes están sufriendo las mismas penalidades que los demás mineros. Las palabras que Roland Barthes (2004, 41) dedica a la película de Charles Chaplin, *Tiempos modernos* (1936) ejemplifican muy bien la postura de Rosa Arciniega en su novela. «Históricamente, Carlitos representa, más o menos, al obrero de la restauración, al peón que se rebela contra la máquina, desamparado por la huelga, fascinado por el problema del pan (...), pero aún incapaz de acceder al conocimiento de las causas políticas y a la exigencia de una estrategia colectiva». Pero Rosa Arciniega no consigue lo que sí logró Chaplin: «Chaplin, conforme a la idea de Brecht, muestra su ceguera al público de modo tal que el público ve, en el mismo momento, al ciego y su espectáculo; ver que alguien no ve, es la mejor manera de ver intensamente lo que él no ve» (Barthes, 2004, 42).

Pero un mundo tan terrible como el que describe Arciniega en *Engranajes* tiene que tener alguna causa, ya que no un causante directo. Y así es, el problema se plantea como irresoluble porque es el propio progreso humano el que ha desencadenado esta situación. Un progreso ineludible, puesto que «lo hemos trastocado todo, lo hemos cambiado todo, desde el más sencillo apetito hasta el más elevado pensamiento. El hombre moderno es una mentira, una negación» (Arciniega, 1931a, 59). ¿Dónde está, entonces, la única esperanza? Como veremos después, no se propone otra salida (la reacción terrorista final del personaje no es más que un suicidio encubierto) que la salida de esa sociedad, no su transformación, que resulta imposible, sino la vuelta a un mundo natural. Los únicos personajes felices son los temporeros, campesinos que acuden a la mina para poder sacar algún dinero que les permita comprar una vaca o invertir en sus tierras. Aparecen como personajes no alienados, dueños de sí mismos y ajenos por completo a la vorágine del trabajo. Al referirnos a *Mosko-strom* ampliaremos este aspecto.

¿Qué tiene, entonces, esta novela para que fuera considerada una novela social o proletaria? No cabe duda de que Rosa Arciniega tiene un gran talento para describir el mundo del trabajo. Su conocimiento de los conflictos laborales, de las duras condiciones a las que se somete al obrero y la clara conciencia de alienación que permea a sus personajes consigue esa ficción de construir un texto de denuncia cuando no es más que una exposición que no propone ninguna solución, puesto que no hay a quien culpar de la situación descrita. Si se puede decir, como hace Rafael Marquina (1931, 8) en la reseña mencionada, que estamos ante «una novela social, honda, fuerte y bella», parece claro que el concepto de novela social no está bien pergeñado o quizá es precisamente ese tipo de novela social, la que expone, en palabras de Marquina, «un absurdo sistema, un orden absurdo, unas leyes fatales [que] se oponen a toda liberación. Nada importan el hombre y su espíritu y su conciencia», la que interesa fomentar, ya que no propone en ningún momento una modificación de las estructuras que han dado lugar a dicho sistema. Dicho de otro modo, en ningún momento se establece una relación dialéctica entre las leyes que conforman el engranaje social para exponerlas a la luz facilitando «el dominio del destino humano» (Gil Casado, 1975, 43). A pesar de la crudeza con que se muestra la situación de los trabajadores, es imposible extraer de la novela «una actitud racional y crítica frente al modo de vida burgués», como quería Brecht (Gil Casado, 1975, 44).

La segunda novela que publica Arciniega y que aparece el mismo año que *Engranajes* es *Jaque-mate*. La novela se abre con dos estampas que sirven de muestra, de forma muy original, de distintas injusticias «legales» basadas en la acción de firmar unos documentos concretos. Se trata de dos breves narraciones, la primera de ellas sobre un juez en el momento de firmar una sentencia de muerte por el asesinato de un joyero mientras era atracado. Las circunstancias que obligan al asesino a cometer su crimen hacen dudar al juez, quien, sin embargo, acaba firmando la sentencia, en un claro ejemplo del funcionamiento de la justicia de clase. La segunda firma es la que estampa un diplomático italiano para comenzar una guerra que le hará pasar a la Historia.

El cambio de asunto es notable, estamos ante una biografía novelada de Benito Mussolini, oculto bajo el nombre de Enrique Vivaldi. Con todo lujo de detalles, el narrador da cuenta de sus comienzos como obrero en diversos empleos y su acercamiento a los trabajadores a los que luego utilizará. Se trata de un narrador en tercera persona que, al comenzar la novela, parece no ser omnisciente; hace creer al lector en un primer momento que no sabe lo que piensa o siente su protagonista. Pero al cabo de unas páginas, asume la completa dirección de la historia y se mete de lleno en el personaje para mostrarlo por dentro y por fuera sin ningún recoveco, incluidas reproducciones parciales de los discursos de Mussolini. La descripción que del personaje se hace aúna un cierto tono de admiración con la reprobación que irá llenando después el texto:

> Enrique Vivaldi es todo él —cuerpo y espíritu— una formidable potencia, un huracán, un ciclón, una fuerza ciega de la naturaleza, un abismo o una cima de los que sólo de largo en largo estallan, braman, arrastran, emergen o se abren sobre o a los pies de la Humanidad. Enrique Vivaldi es el verbo, es la idea, es el conductor, es el hombre-monstruo —Jesús, Alejandro, Atila, Napoleón, Lenin— que descenderá sobre las multitudes inanes, arrebatándolas, arrastrándolas hacia el abismo o hacia la gloria, hacia el caos o hacia el triunfo, hacia la locura o hacia la muerte en masa. Enrique Vivaldi es —sin serlo— insensible a todas las violencias, a todos los vendavales de la exaltación, a todas las corrientes avasalladoras del entusiasmo, de la indignación, de la ira, porque él mismo es la violencia, la corriente, el entusiasmo, la indignación, la ira personificadas (Arciniega, 1931b, 46).

Sin entrar a analizar el desarrollo de la biografía del *Duce*, probablemente bien conocida en su época, interesa analizar la perspectiva y la posición ideológica de esta novela frente a una realidad tan actual como la que relata. El final del texto se aleja de la verdad histórica para proponer un final acorde con la evolución del personaje que retrata. Es interesante, sin embargo, que no se aleja demasiado de lo que pasó en realidad en 1939, ya que Enrique Vivaldi, al negarse a aceptar las presiones de Francia e Inglaterra para que desarme su ejército y se limite a permanecer dentro de sus fronteras, organiza la Segunda Guerra Mundial (aunque en la novela se menciona de pasada a Hitler, este no aparece en dicho final ni parece que Alemania se vea involucrada; de hecho sí hay comentarios a propósito de la grave situación que pasa el pueblo alemán por culpa de las indemnizaciones que tienen que pagar al resto de Europa tras la Gran Guerra). Quien tendrá el papel decisivo en la resolución del conflicto será un ambiguo socio de Vivaldi, es decir, la Unión Soviética: «El cetro del Poder Universal, un poder superior al de las armas: el de las conciencias, se ha desplazado del centro de Europa hacia la periferia, de la mitad a un costado del tablero; de Roma a Moscú; de un palacio blanco a una tumba roja» (Arciniega, 1931b, 222-223). Cuando se refiere a los caminos de la diplomacia que los rusos usan, afirma el texto que se trata de «la voz y la raza de los proletarios que pueblan la tierra» (Arciniega, 1931b, 223). Curiosamente, estos proletarios internacionalizados tienen una clara conciencia de clase de la que carecían los obreros de la novela anterior:

> Rostros blancos, rostros negros, rostros cobrizos, rostros amarillos, todos contraídos por el mismo color, en todos reflejada idéntica ambición, idéntica esperanza, igual inquietud; por una vez en la historia mirados entre sí estos hombres antagónicos –antagonismos de piel interesadamente explotados por esa misma historia– como hermanos, como iguales, como convencidos creyentes de una humana religión que pone su idealidad por encima de esos antagonismos de raza, de color, de patria, de religión; por primera vez, despiertos, alerta, prontos a no dejarse manipular más, estos pobres peoncitos del ajedrez mundial (Arciniega, 1931b, 223-224).

Y serán precisamente ellos los que consigan evitar el desastre mundial de una segunda guerra al negarse a obedecer las órdenes de los gobiernos democráticos occidentales: «de pronto, el fusil y el cañón y la ametralladora permanecen silenciosos; de pronto, de las nubes metálicas, en vez de bombas revoloteantes, descienden bandadas de rojas proclamas» (Arciniega, 1931b, 280-281).

La novela termina con un encendido discurso del narrador contra Enrique Vivaldi, condenado a abandonar su patria y refugiarse en algún lugar del mundo, donde «Tú, como todos los tuyos, aún tendrás tiempo, en algún plácido rincón del planeta, de emplearlas [se refiere a las manos] en cortar rosales, en escribir memorias, en tejer vacuos poemas sentimentales» (Arciniega, 1931b, 283).

Las referencias a un profundo cambio político mundial son claras en el final, donde ya no es solo Vivaldi el denostado por el narrador:

> Como todos vosotros, ambiciosos disfrazados, democráticos imperialistas que junto con él huís también en las oscuras sombras de la noche para escapar a la justa cólera de los pueblos a quienes tantas veces hicisteis temblar con vuestras bravatas. (...) Pero oíd bien: ya que por última vez trasponéis las fronteras de las que hasta hoy fueron vuestras patrias, escuchad en ese postrer minuto que aún os liga a los que fueron de los vuestros. Y por sobre esos aullidos desesperados, por sobre esas voces de angustia, por sobre ese gemir y

ulular y maldecir, oiréis cómo firme y unánime se expande hasta los cielos la armonía lejana de un himno majestuoso y fraternal (Arciniega, 1931b, 283-284).

Y añade: «por última vez podréis mirar a las que hasta hoy fueron vuestras patrias y veréis cómo por sobre esas llamas, cómo por sobre esas densas humaredas, firme y unánime también, ondea en el aire el color de una única bandera universal» (Arciniega, 1931b, 284). ¿Ese himno es la Internacional? ¿Esa bandera es de color rojo? Resulta sorprendente esta confianza en una revuelta obrera mundial contra un mundo injustamente organizado cuando en la novela anterior la única salida que aparecía era la huida hacia una forma de vida ajena al progreso industrial. En todo caso, hay que observar con cuidado los planteamientos de este final. Los que abandonan sus patrias son políticos que, al igual que Enrique Vivaldi, es decir, Mussolini, se han aprovechado de una coyuntura concreta para sus propios fines. Nada se dice del capital ni de la explotación provocada por la posesión de los medios de producción en unas manos concretas, ausentes a lo largo y ancho de la novela. Los políticos aparecen como los verdaderos artífices de los destinos de sus pueblos, no importa si se trata de regímenes democráticos o autoritarios. Pero a pesar de ello, en la novela sí se ofrece como solución, o al menos como camino, la sociedad proletaria nacida en la URSS. De esta forma, *Jaque-mate* se sitúa en el centro de uno de los grandes temas de interés del momento, como es la nueva sociedad rusa post-zarista. La propia Arciniega entrevistó a diferentes escritores para mostrar las distintas posturas que sobre el tema había en la época. Por ejemplo, el 26 de diciembre de 1930 publica en *Nuevo Mundo* una entrevista con Sofía Casanova con el título «Del enigma ruso» (páginas 12 y 13) en el que la entrevistadora comenta: «Desde el año 17 no ha caído ciudadano alguno en Rusia que no se haya creído obligado a llenar un grueso volumen a su regreso». Las opiniones de la escritora gallega afincada en Polonia, Sofía Casanova, sobre lo que es la nueva sociedad rusa son absolutamente negativas y una advertencia contra el bolchevismo que amenaza con extenderse por todo el mundo por culpa, dice, «del egoísmo del pudiente, la inconsciencia de muchas gentes, altas y bajas, y la ignorancia de lo que es el bolchevismo» (p. 13). Lo curioso de una afirmación como esta es que no puede dejar de admitir las injustas condiciones de vida impuestas por «los pudientes».

El 9 de enero de 1931 Rosa Arciniega entrevista en *Nuevo Mundo* a Rodolfo Llopis sobre el mismo tema del «Enigma ruso» (páginas 12 y 13). La entrevistadora se interesa por el tema de la libertad de prensa: «¿juzga usted esta restricción como efecto de una dictadura, aunque sea proletaria?» (13). Pero para el caso de la novela que ese mismo año iba a ver la luz nos interesa especialmente la conclusión que puede resumir las ideas del entrevistado: «Rusia es el gran yunque donde se forja una nueva Humanidad, y será un día la gran democracia social adonde volverán sus ojos los demás pueblos» (13). Es obvio que, sin conocer de primera mano la realidad rusa, estas palabras calaron con mucha más fuerza en Rosa Arciniega que las de Sofía Casanova. Así parece confirmarlo en una entrevista concedida el 28 de junio de 1931 tras el éxito de *Engranajes*. A la pregunta de cuál es la preocupación máxima de nuestro tiempo, responde:

> Basta abrir los ojos para verla en su inmensa y apremiante necesidad: el problema social. A su lado se empequeñecen, cuando no quedan totalmente borrados, todos los demás. Y esto no es en determinada nación o continente, sino en toda la dilatada redondez del globo. Jamás tampoco, a todo lo largo de la Historia, se ha producido un hecho tan formidable; surgido un ideal –ni aun los de orden religioso– que haya prendido tan rápido y tan fulminante en la conciencia de la Humanidad como el ideal proletario. No creo que pueda existir hoy hombre alguno que viva al margen de este magno problema (Arciniega, 1931c, 8).

Pero todavía quedan más novelas. Es muy posible que unas opiniones tan claramente comprometidas como las que cierran *Jaquemate* acercaran a la autora hacia círculos progresistas y algo más. Así, González Ruano comenta que Rosa Arciniega era en ese momento partidaria de la República y que ella le arrastró por los cenáculos del izquierdismo[209], y Cecilia Bustamante (2005, 7) se refiere a sus contactos con los socialistas españoles, «como reflejan algunas de sus

---

[209] Esta información aparece en el artículo de Fernando Iwasaki, «El terror americano de González-Ruano», *ABC*, 5/julio/2003, p. 18, donde dice literalmente: «En sus *Memorias. Mi medio siglo se confiesa a medias* (1951), González-Ruano dedicó unas páginas a sus amistades americanas, donde hallamos a Rosa Arciniega, novelista peruana y partidaria de la República, que arrastró a González-Ruano por los cenáculos del izquierdismo peruano en Europa, obligándole a compartir veleidades progresistas con los hermanos Abril de Vivero, Félix del Valle y el sindicalista César Falcón». Por más que he tratado de encontrar la fuente directa de esta información no lo he conseguido. Tampoco he podido confirmar ninguna relación de la autora con sus compatriotas más comprometidos, como el citado Falcón o César Vallejo, también presente en España en los mismos años.

obras». Lo cierto es que su siguiente novela aparece publicada por Cenit, y eso confirma ese acercamiento. Sin embargo, *Mosko-Strom*[210], que bien podemos considerar la exposición más clara de las ideas de la autora, desmiente por completo una ideología revolucionaria desde un punto de vista social. La acción de la novela transcurre en una gran ciudad llamada Cosmópolis:

> Cosmópolis era, sí, una moderna ciudad supercivilizada, en que las distancias parecían haberse suprimido; pero también un bosque, una gigantesca selva de hierro y cemento, donde toda huella, todo rastro humano era implacablemente borrado por el turbión de las grandes aglomeraciones y por el vértigo de la trepidación industrial. No había espacio que conceder a la amistad, a la charla discreta. Muchos menos a la meditación (Arciniega, 1934, 122).

Trasunto de la ciudad de Nueva York (todos lo nombres de los que habitan en Cosmópolis), pero también de la ciudad creada por Fritz Lang en *Metropolis* (1927), acoge a los diversos personajes que van a ser utilizados para completar un terrible retrato del mundo moderno. El protagonista es el ingeniero Max Walker, quien abre la novela con una analepsis que nos permite conocer su pobre infancia, su adopción por parte de una familia rica, su paso por la universidad y su situación actual al frente de una fábrica de automóviles. Sin duda, las escenas más logradas del texto son las dedicadas a describir el trabajo de los obreros en la fábrica, sus distintas secciones, la organización del tiempo, etc. La contemplación de esta actividad nos remite a la primera novela de la autora:

> Se imaginaba a la Humanidad (...) al modo de una formidable máquina perfectamente regulada y dirigida desde su despacho de trabajo; todos los hombres matemáticamente acoplados en sus sitio exacto; dando matemáticamente un rendimiento previsto, descansando matemáticamente lo establecido por un ingeniero director (Arciniega, 1934, 23).

Como en *Engranajes*, todo el sistema del trabajo está organizado a partir de las piezas que conforman la gran máquina social, el

---

210   El título tiene que ver con el remolino de *Maelstrom* o *Moskoeström*, nombre noruego que se da al torbellino existente en las costas meridionales del archipiélago noruego de las Lofoden, que incluye la isla Moskoe. La autora lo utiliza como alegoría de la vida de las grandes ciudades modernas, en concreto Nueva York, y el peligro que representan para la vida. La presencia del torbellino, cuyo nombre podría traducirse por «corriente trituradora», en otras obras literarias es bien conocido gracias a un relato de Edgar Allan Poe, «A Descent Into the Maelstrom», publicado en 1841, y al final de la obra de Julio Verne, *Veinte mil leguas de viaje submarino*, en que el capitán Nemo hunde el *Nautilus* en el torbellino para suicidarse.

hombre, que, sin embargo, es «la única máquina inexacta, el único motor que nunca funciona bien» (Arciniega, 1934, 22). La dedicación del protagonista a su trabajo le hace olvidarse de dormir, comer e incluso de su incierta vida familiar. Su matrimonio con una mujer que se divorció para casarse con él es una parodia de lo que se supone que debe consistir un hogar; es interesante que el fallo principal esté en que no hay cocina en su casa, ya que nunca la utilizan, siempre comen fuera. Es decir, no hay una mujer dedicada a las funciones que tradicionalmente le reserva el patriarcado. El final de la novela confirma este aspecto como uno de los errores de la sociedad moderna.

Pero Max Walker es un triunfador en el sentido más clásico que la sociedad norteamericana otorga al término. Frente a él se sitúa la imagen del fracasado encarnada por uno de sus condiscípulos de la Universidad, que trabaja de médico, escéptico y nada entusiasmado con la sociedad en la que vive, llamado Jack Okfurt. Okfurt es médico de uno de sus antiguos profesores, le visita con frecuencia y charlan sobre el mundo en que viven. Gracias a estas conversaciones, la novela introduce un lado espiritual en medio del materialismo que representa la vida del ingeniero y sus amigos banqueros, dueños de fábricas, etc.

La confianza del profesor en la regeneración del género humano: «El Gran Amor —que sería la gran Fraternidad— llegaría algún día a establecerse sobre la Tierra abrazando en un cordial lazo a todos los humanos» (Arciniega, 1934, 42), es una confianza a largo plazo y esa es la razón de que su propio fracaso familiar no le haga desesperar del todo, aunque finalmente será la causa de su muerte, presa de la angustia que el comportamiento de su mujer desencadena, llevándole a la ruina y a la amenaza de ir a la cárcel por desfalco[211].

El planteamiento ideológico del texto no ofrece muchas salidas a la sociedad que los tiene atrapados entre los brillos de sus modernas máquinas, su iluminación y su velocidad. Una velocidad falsa, como comprueba el inventor de coches Max Walker cuando intenta ir en

---

[211] Un aspecto de la novela que merecería ser estudiado con detenimiento es el de los papeles femeninos que se incluyen. Tanto la esposa como la hija del profesor son profundamente frívolas, preocupadas solo por su estatus económico y dispuestas a acabar con el profesor obligándole a trabajar más y más. Por su parte, la esposa del ingeniero no mejora la imagen femenina en el texto; sus únicas actividades consisten en asistir a fiestas o balnearios y acaba dejando a su marido debido a una vaciedad interna que le produce un hastío general de todo, siempre buscando algo que no llega a precisar y que le produce una insatisfacción constante. Como se ve al final de la novela, sólo es valorado como positivo el papel femenino de la sociedad preindustrial. En la misma línea van los comentarios que insisten en los hogares destruidos, desestructurados por culpa de la ambición de bienestar material, de lujo y comodidades.

automóvil a una reunión, y tiene que dejarlo en medio de un atasco para tomar el metro, poniendo al descubierto las contradicciones del sistema y de la propia ciudad. Pero como denuncia el texto, no se trata solo de la ciudad: «Su radio de acción, antes limitado por aquellas vallas que circundaban la explanada de las fábricas, se extendía ahora a los últimos confines del mundo, a los lejanos países donde se extraían las materias primas para la fabricación» (Arciniega, 1934, 138-139).

Mosko-Strom es sin duda una lograda descripción del capitalismo desde el interior de su principal núcleo de expansión. Las escenas dedicadas a exponer las condiciones de trabajo de los obreros que fabrican los coches tienen una fuerza expresiva que está apoyada en un conocimiento detallado de lo que se cuenta. Es importante destacar que gran parte de lo que aparece en este texto tiene un referente más apoyado en la literatura que en la realidad. En concreto, una de las indudables fuentes de la novela de Arciniega es *Citroën 10 HP. Crónica de nuestro tiempo*, obra de Ilya Ehrenburg publicada en España en 1930 por la editorial Ediciones Hoy. El proceso de fabricación de los coches, la deshumanización a que son sometidos los obreros, la necesidad de materias primas o la figura del profesor idealista están tomados por la escritora peruana para construir su propio texto de la novela del escritor soviético. Incluso la figura de Mussolini que protagonizará *Jaque-mate*, como se vio, está ya en *Citroën 10 HP*. A pesar de todos estos nexos de unión, es necesario establecer la distancia entre ambas propuestas. Mientras Arciniega se siente obligada a explicar causas y proponer soluciones, Ehrenburg no introduce en su texto ninguna explicación o análisis moral de lo que muestra. La alienación es presentada ante el lector dejando que sea este quien saque sus propias consecuencias.

En *Mosko-Strom* la alienación de esos personajes mudos que son los obreros, siempre en segundo plano, se extiende por toda la ciudad, y una de las tesis de la novela es que alcanza también a los que se consideran al mando de la situación. La metáfora del coche que sale de la fábrica como si se tratara de un nacimiento presupone la humanización de la máquina frente al hombre convertido en pieza de la gran maquinaria social y deshumanizado por la forma en que vive y trabaja. No serán solo los obreros, también los botones de las oficinas, por ejemplo: «Examinaba también el rostro inexpresivo, perfectamente idiotizado, de aquel sirviente del ascensor, fundido, hecho ya una pieza más de él, sin más misión en su existencia que subir y bajar durante un determinado número de horas, apretando botones y cerrando y abriendo puertas» (Arciniega, 1934, 167).

Hasta aquí, la novela sin duda puede ser considerada una novela social y hay en ella una denuncia tanto de las condiciones laborales como de los valores sociales que las provocan. La manera en que enfoca la visión del trabajo puede muy bien relacionarse con una novela tan actual como *La mano invisible*, de Isaac Rosa, publicada en 2011. El problema de *Mosko-Strom* aparece cuando nos enfrentamos con las posibilidades que la autora presenta como salidas a una situación que, tal y como está descrita, es inadmisible e insostenible. Ser tragado por el remolino que da título al texto, ser engullido por un ritmo frenético e inhumano necesita alguna alternativa, y el texto la da sin ambigüedades.

Teniendo en cuenta el final de *Jaque-mate* podía esperarse una solución radical que acabara con tal estado de explotación. Pero es precisamente ahí donde está el problema. La explotación que aparece en el texto, al igual que ocurría en *Engranajes*, es una explotación sin explotador. Tan explotado como sus obreros está el ingeniero, pero no por el dueño de la fábrica, sino por un funcionamiento ciego que abarca la sociedad en su totalidad; esa corriente que arrastra todo a su paso no tiene ningún beneficiario ni causante directo. El problema es la evolución de la especie humana, el mal está en el Progreso, un progreso técnico al que no se puede renunciar, que imprime una velocidad y una ansiedad vital imposible de satisfacer. Una vez más, Rosa Arciniega ve los efectos, pero no es capaz de llegar hasta las verdaderas causas.

Ante este planteamiento una revolución es inútil, ya que no hay contra quien hacerla; se trataría de una lucha contra el propio devenir histórico. Así que la novela, lejos de la esperanza que el proletariado representaba en *Jaque-mate*, da como única salida precisamente eso, salir, escapar del torbellino. Dejar de formar parte de la modernidad. ¿Hacia dónde? ¿Hacia una sociedad nueva, organizada de otra manera? Estas palabras demuestran que no: «¿Podía alguien hacerse la ilusión de que el día en que aquellas fundiciones fuesen de propiedad del proletariado estos hombres-demonios bajarían a los rojos infiernos donde bulle el hierro derretido bendiciendo de su suerte y del Progreso universal? ¿Qué cesarían en sus sordas protestas, en sus maldiciones y blasfemias?» (Arciniega, 1934, 218).

No, es evidente que la propiedad de los medios de producción no es el problema:

> ¿No serían en el fondo estas rebeliones proletarias más que una lucha contra el capital –un capital que al menos en las fábricas «R.E.T.», les daba cuanto podía– una inconsciente rebelión contra las argollas opresoras con que la Industria y el Progreso mismo iban engrilletando a los hombres todos; una rebelión natural contra aquellas máquinas, contra aquellos inventos que, a medida que iban libertando al hombre de la rudeza de los trabajos manuales, los esclavizaba por otro lado con una esclavitud mil veces peor que la impuesta por la naturaleza al hombre primitivo? (Arciniega, 1934, 218).

Si esto es así, la solución tiene una dirección clara hacia una sociedad preindustrial. La propuesta es salir de la ciudad, cuna de todos los males. Y así, el ingeniero Max Walker, abandonado por su esposa, solo y sin amigos, pasará ocho días refugiado en el campo para recuperarse de sus problemas personales, que incluyen la asistencia al moribundo profesor, ocho días tras los cuales volverá a su puesto en la fábrica, a un hotel de la ciudad, ya que su casa ya no es un hogar. Pero ese regreso solo servirá para confirmar su transformación, la falta de interés por todo lo que hace. Y contemplando a sus obreros siente una empatía con ellos en el deseo de otra forma de vida:

> Iba pasando por en medio de ellos, creyendo percibir en los ojos, en el movimiento de cada uno de aquellos condenados a las torturas de un infierno en que jamás pudo soñar el Dante, el clamor unánime de una sorda protesta, de una rebelión imprecisa contra alguien que no era él, que no era tampoco la alta Dirección de las fábricas, sino contra lo que él mismo la dirigía en estos momentos: contra un Progreso mal entendido, contra una Técnica arrolladora de todo brote espiritual, de todo noble deseo de cultivo psíquico (Arciniega, 1934, 234-235).

Mientras su antiguo amigo de la Universidad encuentra el camino en el servicio a los demás como médico, el ingeniero halla la felicidad en cultivar su propio terreno (sus viñedos, dice el texto), acompañado de una esposa y unos hijos en un campo carente de miserias, de luchas, donde todos son o parecen ser propietarios de sus tierras y trabajar para sí mismos. Rosa Arciniega se sitúa así en la línea de los narradores de principio de siglo que, horrorizados ante las novedades de la nueva sociedad y de la mecanización, rechazan esa evolución refugiándose en un pasado idealizado y bucólico.

En España habrá toda una corriente de escritores reacios a maravillarse con el porvenir anunciado por el nuevo mundo de la tecnología. En general, se tratará de posturas con visos más bien conservadores que sienten amenazada una forma de vivir y una sociedad que irremediablemente se ve condenada a desaparecer. Sólo dos ejemplos. Tan pronto como en 1901, José Martínez Ruiz escribía en *Diario de un enfermo*:

> Hay una barbarie más hórrida que la barbarie antigua: el industrialismo moderno, el afán de lucro, la explotación colectiva en empresas ferroviarias y bancarias, el sujetamiento insensible, en la calle, en el café, en el teatro, al mercado prepotente.
>
> Trenes que chocan y descarrilan, tranvías eléctricos, prematuros tranvías que atropellan y ensordecen con sus campanilleos y rugidos, hilos eléctricos que caen y súbitamente matan, coches que cruzan en todas direcciones, zanjas y montones que turban el paso, olas de gente que van y vienen, encontronazos, empellones, gritos, silbidos (…)
>
> Me marcho a Toledo (*Azorín*, 2011, 14-15).

El autor hace a su protagonista optar por alejarse de semejante caos provocado por el progreso. Pero no es *Azorín* el único que propone la huida de la nueva sociedad que se avecina. También Pío Baroja en *Camino de perfección*, del año 1902, plantea la siguiente tesis resumida así por José Cano Ballesta (1981, 42-43):

> [En] *Camino de perfección* saltan a la vista lo que en lenguaje de Barthes podríamos llamar dos «conjuntos-límite». El primero es un mundo inestable y malsano (I-VIII) que se condensa en la imagen de la ciudad como eje de la vida burguesa; el segundo representa una situación armónica y segura, casi diríamos definitiva, y cierra la narración novelesca centrándose en el mito de la vida campestre como ideal de existencia sana y feliz.

Como vemos, es una actitud absolutamente contraria a la que años después expresará el futurismo, quien en el undécimo punto de su manifiesto señalaba:

> Cantaremos a las grandes muchedumbres agitadas por el trabajo, el placer o la rebeldía, las resacas multicolores y polífonas de las revoluciones en las capitales modernas: la vibración nocturna de los arsenales y de los almacenes bajo sus violentas lunas eléctricas, las estaciones ahítas, pobladas de serpientes atezadas y humosas, las fábricas suspendidas de las nubes por el bramante de sus chimeneas; los puentes parecidos al salto de un gigante sobre la cuchillería diabólica y mortal de los ríos, los barcos aventureros olfateando siempre el horizonte, las locomotivas en su gran chiquero, que piafan sobre los raíles, bridadas por largos tubos fatalizados, y el vuelo alto de los aeroplanos, en los que la hélice tiene chasquidos de banderolas y de salvas de aplausos, salvas calurosas de cien muchedumbres (Marinetti, 1909, 69-70. He actualizado la ortografía).

La obra literaria de Rosa Arciniega representa así una perspectiva muy interesante sobre la sociedad de su época. Lejos de refugiarse en una torre de marfil o en la fascinación por la modernidad, se enfrenta de lleno con los conflictos principales que genera el trabajo en la sociedad industrializada. Analiza y muestra en sus novelas la brutalidad y la deshumanización que el trabajo supone, denuncia la alienación a que se ve sometido el obrero que trabaja horas y horas en condiciones infrahumanas que atentan contra su salud y su vida, pone de manifiesto la falta de perspectivas de una vida cuyo único horizonte es no perder ese medio miserable de vida para no morir de inanición. Pero no es capaz de llegar a la raíz del problema. Ve la explotación y al explotado, pero el explotador no existe en sus obras, y esto le impide proponer una solución.

Así, si bien existe una evolución en las propuestas que ofrecen sus novelas, pasamos de la acción terrorista suicida e inútil a la huída a un campo inexistente e idealizado. Sólo cuando se enfrenta al tema de la expansión del fascismo ve al proletariado con la fuerza suficiente para buscar un camino diferente que no llega a articular en la novela, quedándose en una alabanza de la URSS que no plantea cómo sería la organización de los países una vez expulsado el dictador fascista de turno.

Quizá todo esto explique que después de estas tres novelas y agotada la solución de la vía de escape, Rosa Arciniega no siguiera escribiendo novelas sociales y políticas; de acuerdo con la disyuntiva que plantea Gil Casado, ante el giro de la novela social tras 1931 en España hacia un significado revolucionario obrero, «el escritor radical de extracción burguesa o se inhibe y abandona su curso, o se adhiere a la causa proletaria y avanza en su compromiso literario» (Gil Casado, 1975, 97).

Publicó una novela sobre la vida en Hollywood (*Vidas de celuloide*, Cenit, 1934) y un libro de cuentos *Playa de vidas*, publicado en 1940 en Colombia. También encontraremos entre su bibliografía biografías históricas, como la que publicó también en Cenit sobre el conquistador Francisco Pizarro en 1936. Ese mismo año abandona una España condenada al desastre. De vuelta a su país, aunque seguirá escribiendo alguna biografía y colaborando con diversas publicaciones periódicas (véase Coll), no volverá a escribir literatura. El ambiente de efervescencia conocido en la España de los años treinta, las esperanzas en un mundo diferente, se habían disipado, pero además pocas propuestas quedaban por hacer desde su perspectiva sobre un mundo que ya había sido rechazado como inhabitable.

Bibliografía

Araquistain, Luis. «¿Desaparecerá la novela?», en *El Sol*, 27 de abril, 1927, p. 1.

Arciniega, Rosa. *Engranajes*. Madrid: Renacimiento, 1931a.

——————. *Jaque-mate*. Madrid: Renacimiento, 1931b.

——————. «Conversaciones rápidas. El problema social en la novela», en *El Imparcial*, 28 de junio, 1931c, p. 8.

——————. *Mosko–Strom. El torbellino de las grandes metrópolis*. Madrid: Editorial Cenit, 1934.

Aznar Soler, Manuel. *República literaria y revolución (1920-1939)*. 2 tomos, Sevilla: Editorial Renacimiento, 2010.

Azorín. Diario de un enfermo, en *Obras completas*. vol. I, Madrid: Fundación José Antonio Castro, 2011.

Barthes, Roland. *Mitologías*. Buenos Aires: Siglo XXI, 2004.

Bustamante, Cecilia. *Intelectuales peruanas de la generación de José Carlos Mariátegui*, Editora Letralia, 2005 [http://www.letralia.com/ed_let/peruanas/o7.htm. Consultado el 23/11/2011]

Cano Ballesta, Juan. *Literatura y tecnología. Las letras españolas ante la Revolución Industrial (1900-1933)*. Madrid: Orígenes, 1981.

Carrera, Julieta. *La mujer en América escribe*. La Habana: Ediciones Alonso, 1956.

Coll, Edna. *Índice informativo de la novela hispanoamericana, volumen 5. El altiplano*. Río Piedras: Editorial de la Universidad de Puerto Rico, 1992.

Díaz Fernández, José. «La vida literaria», en *Nuevo Mundo*, 31 de enero, 1930, p. 44.

——————. *El nuevo romanticismo*. Madrid: José Esteban Editor, 1985.

Fernández Cifuentes, Luis. *Teoría y mercado de la novela en España: del 98 a la República*. Madrid: Gredos, 1982.

Fuentes, Víctor. *La marcha al pueblo en las letras españolas. 1917-1936*. Madrid: Ediciones de la Torre, 2006.

García Maldonado, Begoña. «La participación de las mujeres en la difusión de la cultura (1920-1936). Aproximación a través de las fuentes hemerográficas», en *Derecom*, n° 4, diciembre-febrero, 2010. En http://www.derecom.com/numeros/articulo1004.html. Consultado el 25 de noviembre de 2011.

Gil Casado, Pablo. *La novela social española (1920-1970)*. Barcelona: Seix Barral, 1975.

Insúa, Alberto. *La Voz*, 22 de junio, p. 1.

Marinetti, F.T. «Fundación y manifiesto del Futurismo», en *Prometeo*, VII, abril, 1909, pp. 65-73.

Marquina, Rafael. «Una novela social. *Engranajes*», en *El Imparcial*, 24 de mayo, 1931, p. 8.

Santonja, Gonzalo. «Breve perfil de la editorial Cenit (Madrid, 1928-1939)», en *1616*, volumen V, 1983-84, pp. 129-139.

_____. *Del lápiz rojo al lápiz libre. La censura de prensa y el mundo del libro*. Barcelona: Anthropos, 1986.

Unamuno, Miguel de. *Dos artículos y dos discursos*. Madrid: Fundamentos, 1985.

Una Novela Leninista: *Campesinos* de Joaquín Arderíus

Constantino Bértolo

1– Hablar de una novela

¿En qué consiste hablar de una novela? ¿Qué hay que hacer cuando se escribe de una novela que se ha leído? ¿Qué es lo que no se puede hacer en una situación semejante? ¿Qué es lo más conveniente y qué es lo menos conveniente? ¿Lo más y lo menos conveniente para qué o para quién? ¿Por qué o para qué hablar de una novela? Supongo que el acto de escribir sobre una novela que se ha leído en una revista cultural concreta incorpora una respuesta, implícita al menos, a todas y cada una de estas preguntas. El propio contexto comunicativo: lugar de su aparición, circunstancias de edición, paratextos que lo acompañen, etc. permite responder adecuadamente a algunas de ellas y las otras deberían poder ser concluidas cuando el lector o lectora a partir de su lectura deduzcan si el autor al escribir su comentario se ha sentido legitimado para hacerlo por su condición de estudioso o entendedor de la historia de la literatura española, por sus especiales saberes sobre la narrativa revolucionaria en castellano del siglo XX, por su interés hacia la historia de los movimientos revolucionarios en la España rural vista a través de las representaciones literarias que recogen episodios significativos al respecto, o por cualesquiera otra causa. De la propia lectura se desprenderán los apoyos retóricos e intelectuales sobre los que el comentarista sustenta sus credenciales o los rangos que le han podido dar vela en este entierro y así mismo, por aquello de las teorías de la recepción y el lector implícito, podrá constatarse a quién o quiénes dirige sus palabras y si de ellos reclama reconocimiento profesional, aplauso, asentimiento, beneficios simbólicos o disposición para llevar a cabo algún gesto o tipo de acción social, civil, político o cultural. Todo movimiento nos delata, escribió Montaigne y escribir es un gesto, un movimiento.

La lectura de una novela como *Campesinos* exige desde mi punto de vista, en un grado muy superior a lo usual, que estas preguntas se planteen y se respondan de la manera más transparente posible. Diría incluso, que su «especificidad» como novela reside en que sin atender a esas «instrucciones de lectura» que forman parte de su constitución narrativa, su lectura hoy no sería una lectura real y completa, es decir, viva, es decir, válida, es decir, con sentido, y sí un mero desciframiento arqueológico limitado inevitablemente a dar cuenta de las técnicas, estilemas y materiales semánticos o narrativos que en ella pueden detectarse.

Campesinos es una novela que obliga, al menos a quien esto suscribe, a replantearse el qué hacer de la crítica.

2.– Familias narrativas

Parece conveniente empezar estas reflexiones sobre esta novela de Joaquín Arderíus Fortún (Lorca, Murcia, 1881-México, 1969) tratando de situarla dentro de la familia narrativa correspondiente y señalar al respecto que, dentro de la llamada «novela social» o del «nuevo realismo» que surge en la España que se encamina hacia la proclamación de la II República y aunque se ajusta en buena parte a esos «apellidos narrativos», ocupa un lugar con especial relieve pues, si bien la mayoría de las obras que se cobijan bajo este rótulo transcurren en un escenario urbano e industrial y tienen en obreros y empleados urbanos sus protagonistas y personajes principales, en *Campesinos* (1931), como el propio título avisa, la acción narrativa se centra en aquellos conflictos sociales que tienen lugar en el espacio agrario prosiguiendo una línea de parentesco argumental que se remonta en la narrativa en lengua castellana al menos hasta *La bodega* de Blasco Ibáñez y en la que se integran también desde novelas como *Los ricos contra los pobres* (1933) de Cesar M. Arconada o *Viaje a la aldea del crimen* (1934), de Sender, subtitulada *Documental de Casas Viejas,* hasta títulos más contemporáneos como *La mina* de Armando López Salinas, *Dos días de Septiembre* de Caballero Bonald o *El sueño de la libertad* (1981) de Felipe Alcaraz. Así pues, y atendiendo a un punto de vista más temático y al escenario rural en el que transcurre, la novela de Arderíus se integra plenamente en esa constelación narrativa que José Calvo González ha estudiado en su espléndido trabajo sobre *Medio rural y Justicia (Literatura social-reformista en España, 1914-1925)*[212] y a cuya excelencia me remito.

Siguiendo otra posible rama de su genealogía literaria cabría también tratar de ubicar *Campesinos* dentro de algunas de las grandes tendencias estéticas que aparecen en la literatura producida en España durante los años inmediatamente previos al estallido de la guerra civil, y para ello nada mejor que detectar y cuantificar rasgos formales correspondientes al realismo, al naturalismo, al modernismo, al surrealismo, al neopopulismo gongorino o a cualquier otro ismo que corresponda. Sería entonces el momento de llamar la atención sobre la estructura dialogada de la novela con descripciones que recuerdan los apuntes teatrales de Valle-Inclán, o sobre el gusto del autor por la imaginería de corte vanguardista con que salpica las descripciones del escenario: «*la luna alumbraba el campo, y el paisaje parecía tapizado de papel de chocolate*», «*La luna, en el cenit, redonda, como una hélice de níquel girando vertiginosa en el centro del mar, rociaba de luz la tierra*», «*los montes sombríos, con sus cumbres metidas en conteras de nieve, semejantes a ubres que se les saliera por los pezones la leche*», «*Ella iba viendo en su alucinación de borracha un ovillo de lana amarilla que rodaba por el suelo tirado de una hebra que iba atada a una mano. Esta mano caminaba palma a palmo, como midiendo a la tierra*». Y, a partir de tal repertorio, etiquetar la estructura de posibles influencias –Huidobro, Lorca, Alberti, Mariátegui, Arconada, Valle–Inclán– que delimitarían estéticamente los recursos retóricos que el autor tiene a su alcance[213]. Cabría, decíamos, hacerlo, pero, de hacerlo ¿no estaríamos cayendo en esa arqueologización de la literatura de la que se habló antes? ¿No estaríamos de este modo contestando a las preguntas con que hemos abierto este comentario desde una posición de interés prioritariamente académico, parauniversitario o meramente letrado? ¿No

---

212 Calvo González, José. *Medio rural y Justicia (Literatura social-reformista en España, 1914-1925)*. Direito Natural, Justiça e Política (II° Coloquio del Instituto Jurídico Interdisciplinar. Faculdade de Direito da Universidade do Porto). Coimbra: Coimbra Editora, vol. I, 2005, pp. 37-86.

213 Domingo Ródenas, citando *La marcha al pueblo en las letras españolas, 1917-1936*. Madrid: Ediciones de la Torre, 1980, p. 17 de Víctor Fuentes señala, «cómo en la narrativa política de avanzada podrían espigarse otras concomitancias técnicas y estilísticas con la narrativa de la subversión estética. Sin ir muy lejos, el recurso a la greguería para esmaltar el texto.» Ródenas, Domingo. «Entre el hombre y la muchedumbre: la narrativa de los años treinta», en *Cuadernos Hispanoamericanos*, n° 647, mayo, 2004, pp. 7-29.

estaríamos, por tanto, corriendo el riesgo de estar negando o neutralizando aquello que la novela, como artefacto narrativo que es, trata de decir? ¿No sería más adecuado utilizar acercamiento menos «literarios» para intentar hablar de aquello de lo que novela parece querer hablarnos? Por algunos de esos posibles caminos alternativos trataremos de avanzar.

3.– La novela como argumento

Desde el entendimiento de la narrativa como forma de dar a conocer aquello que solo a través de una narración se puede contar, *Campesinos* se nos ofrece como una especie de retablo por el que cruzan y se entrecruzan las míseras y explotadas existencias de jornaleros y pequeños arrendatarios rurales en la España de los años treinta al poco tiempo de la proclamación de la II República, representándose a través de unas pocas escenas y episodios la gestación y desarrollo de un levantamiento popular revolucionario. Como toda estructura narrativa, la novela de Arderíus se edifica a partir de una voz que nos convoca a su alrededor (de uno en uno en caso de la habitual lectura individual y silenciosa, de muchos en muchos aunque dispersos a través de la edición impresa y publicada) a fin de que participemos en la comprensión de la experiencia humana que la narración desarrolla a lo largo de la novela. Se trata, como veremos con más detalle, de que «asistamos» como testigos a la historia de un levantamiento revolucionario. Para el logro de tal objetivo la novela desarrolla una estrategia narrativa propia –en clave de composición teatral– basada en una presentación que se quiere objetiva, en lo posible, de aquellos hechos y aconteceres que al entramarse siguiendo un orden cronológico –con saltos y elipsis temporales– van a dar lugar a un desenvolvimiento argumental marcado por la intervención en el desarrollo de los acontecimientos que se narran. Y ésta sería nuestra hipótesis: de una praxis revolucionaria concreta que trataremos de identificar analizando su entramado argumental a partir de un entendimiento del género novela, aun sin ánimo programático alguno, como aquel texto de moderada o amplia extensión en el que se plantea, argumenta y desarrolla en tiempo y lugar un conflicto de interés humano. En función de dicho enunciado, que asumimos como punto de partida[214], entenderemos por argumento aquello que en la novela, en relación a las partes en conflicto, se argumenta a través de los recursos que le son propios: narrador, personajes, sintaxis narrativa, escenario, espacio temporal, etc. y por «entramado» (lo que se está tramando) la secuencia y ritmo de las argumentaciones. Dado que el entramado argumental es el ingrediente narrativo sobre el que vamos a apoyarnos para tratar de dilucidar el «decir» de la novela, «aquello que la novela cuenta a través de lo que cuenta», procederemos a continuación a presentar un resumen de su esquema argumental.

4.– Los argumentos de la novela

Luisa, mujer feliz y de costumbres libres, regenta un ventorrillo en medio del campo donde convive idílicamente[215], sin problemas y sin ocultamiento con Alonso, su marido, auxiliar del cobrador de impuestos, con su amante Falfana, el jefe de Alfonso y con su también amante José, campesino que le ayuda en los trabajos de la venta. Con cada uno de ellos ha concebido un hijo. Odia a los curas, a los caciques y al Rey, proclama su alegría por la reciente llegada de la república y la seducen los toreros y más los oradores republicanos: «*Por el orador perdía los vientos Luisa. El Hombre, junto a las candilejas de un escenario, apostrofando a los expoliadores, defendiendo al desamparado pueblo, con voz de trueno y ademán apocalíptico, radiante de talento, constituía para Luisa el Hombre arquetipo. Nada para ella como el orador político.*»

– Falfana y Alfonso salen de la venta para iniciar el obligado periplo por la comarca para la recaudación de las contribuciones en momentos de crisis económica general y de extrema penuria entre los jornaleros y pequeños arrendatarios de la zona. Antes de partir Alfonso se manifiesta como un individualista radical para el que la vida de cada uno depende de su inteligencia y cada uno se labra su propia exis-

---

214 Dicha definición se presenta como simple *a priori* metodológico sin ánimo exhaustivo o de obligado asentimiento.
215 En nuestra opinión, y no solo por las concomitancias presentes en el arranque de la acción, cabe pensar que en la novela se ofrece una posible contralectura irónica de *El sombrero de tres picos* de Pedro Antonio de Alarcón como novela prototípica de la mirada costumbrista y folklórica de la burguesía del XIX sobre el espacio rural.

tencia: «*Todo va en la inteligencia de los hombres. Ni que nazcas con más intereses ni nazcas con menos*» mientras que Falfana hace gala de su función «depredadora» «*Todos los intereses que tengo los he sacado del pulmón de los hombres*» y de su desprecio hacia los campesinos: «*La gente de la tierra es cobarde como conejos*»

— Blas, un pequeño arrendatario y jornalero que acaba de ser «víctima» de los recaudadores, despotrica de los gobiernos delante de su mujer e hijos: «*¡Pero todo el que tú veas que come sin trabajar es el Gobierno! ¡Te vas a meter tú con el Gobierno, mujer! ¡Lo que bregues, pierdes! ¡Cuánto más tratas de defenderte, más te joden ¡Todo te lo tienes que ir reconcomiendo con la sangre!*», hasta que cogiendo un cuchillo sale en busca de Falfana.

— Alrededor de la almazara se reúnen varios campesinos que se quejan amargamente de la extrema pobreza que padecen sin que el gobierno de la República haga nada para mejorar su situación. Se hace presente la sensación de fatalismo:

— ¿*No ves que con la república son también los señoritos los que mandan? Todos son uno. Los señoritos son los enemigos del pobre.*

— *Pero esa es la ley de dios. Eso ha sido siempre mientras se fundó el mundo, y será mientras haya árboles vivos agarrados a la tierra, tío Blas.*»

Interviene entonces desmintiendo este fatalismo Venancio, obrero emigrante en Francia que está de paso y que identifica como proletario, palabra cuyo significado explica a los que lo rodean — «*Proletario es el que no tiene otros bienes para comer nada más que sus brazos.*»— y les cuenta que si ellos quisieran podrían ser, como ya pasa en Rusia, los amos de todo y del gobierno. Aparece Blas preguntando por Falfana, tratan de calmarlo pero no lo consiguen y Blas sale de nuevo en busca del recaudador.

— Venancio, el proletario, sale detrás de Blas, charla con él y le va explicando que aunque piense que nada se puede cambiar, podrían no existir los amos, que se podría trabajar sin patronos y que si los pobres se unen podrían acabar con los amos y que la rabia y el coraje que siente debe emplearlo en beneficio de todos los que son como él y que para eso debería unirse al partido de los trabajadores y luchar para que otros también se unan a los trabajadores que no quieran amos. Blas se muestra escéptico — *Ese es un cuento que está mu bien ,*

Pero...», «*Todos los partidos no sirven más que para sacarte el voto y la piel*», «*ya estás viendo.. han barrido.. a cañonazos, a los hombres en medio de las calles*» cuando Venancio le va contando que quitarle la propiedad a los amos es posible y le explique cómo podría llevarse a cabo con éxito: «*Los pobres son de los señores porque ellos dejan que sean sus amos – ¡No los dejes y verás!*»

– Si tú solo, o con unos cuantos hombres más, os levantáis contra los amos, claro que os harán añicos. Como sucede con frecuencia ¡Pero por algo se empieza!

– Días más tarde Blas se junta de nuevo con Venancio en casa de Gas el tío de este y se siente avergonzado por no encontrar trabajo y culpable por aguantar la situación sin levantarse aunque ya está hablando con los campesinos de la comarca. Blas dice adiós a Venancio y se encuentra con el tío Yesca que se queja de los impuestos y de la miseria que sufre pero con resignación. Blas empieza a explicarla – propagando así las enseñanzas que recibió de Venancio– que la miseria de los pobres no es algo inevitable. El tío Yesca recela

> ... *Aguantar mientras alientes. ¡El sino del pobre es ése!*
> *Eso es lo que nos pierde a nosotros: no saber nada más que decir que no hay otro camino nada más que aguantarse*

pero escucha como Blas habla de la necesidad de estar unidos y utilizar su talento y su hambre y finalmente le da la razón y le dice que cuente con él y con su navaja cuando haya que unirse y hacer algo.

– Semanas más tarde avisan al tío Yesca de que a tiene que ir a recoger a su mujer que estaba trabajando como empleada de servicio en un prostíbulo de la ciudad cabecera de la comarca que acaban de cerrar, quedándose así los dos ancianos sin ingresos económicos alguno. Camino de la ciudad se detiene en el ventorrillo de Luisa y discute con ella hablando mal de la Republica y haciéndole ver las injusticias que cometen su esposo y Falfana y de las que ella se beneficia

> *No diga usted eso, la república es muy hermosa....*
> *¡Buena cuadrilla de señoritos! ¡No va a haber ramas en los árboles de toda España para colgar señoritos de esos el día que empiecen a hacer justicia los pobres!*
> *Que tengan cuidado los pobres... y se estén quietos, no vayan a ser las ramas para ellos.*

> *Mira: ya han empezado. A lo visto por ahí, por esas provincias, está matando a los pobres como chinches. ¡Pero ya nos tocará la nuestra! Por muchos que maten, siempre quedan pobres. Los pobres son como la retama, cuando más arrancas más nace.*
>
> *¿Es usted también de los que están revolucionando el campo? ¿De esos que llaman comunistas?*

El tío Yesca sale del ventorrillo, prosigue su camino, recoge a su mujer en la ciudad. En el viaje de vuelta se detienen para descansar en el ventorrillo donde están celebrando los carnavales con disfraces relacionados con la República. Los emborrachan y humillan y el tío Yesca amenaza a Falfana con el levantamiento que está organizando Blas. Los echan de la venta y prosiguen su viaje en medio de la noche; la mujer agotada al cruzar una rambla cae al agua, se enfría y al poco muere aterida.

— Blas es citado en el Cuartel de la Guardia Civil. El sargento le hace ver que sabe que está «*hecho un comunista*» y que está revolucionando a la gente inútilmente: «*...no veis que no conseguís nada más que nosotros os sentemos las manos para afianzar el orden*». Luego lo humilla obligándole a arrastrarse a cuatro patas como un perro. Blas vuelve a su casa, y por el camino estalla lleno de rabia e impotencia. En casa lo esperan sus amigos y vecinos revuele la rabia que siente y el espectáculo de sus hijos con hambre piensa en ir a robar al tendero de la aldea.

— Los vecinos que se había reunido en casa de Blas vuelven juntos y comentan lo insoportable que está resultando la crisis, la actitud miserable de los patrones, la necesidad de que la tierra sea de todos y las noticias que les llegan de que se están produciendo levantamientos en muchos lugares de España que reprime la Guardia Civil.

> *Pues por esos pueblos se está moviendo mucho la gente. ¿No habéis oído que dicen los periódicos que se han levantado los hombres del campo y se han apoderado de muchos pueblos?*
>
> *Sí. Pero enseguida llega la Guardia Civil y los barre a tiros. Y las casas las vuela a cañonazos.*
>
> *Algún día no habrá guardias civiles bastantes para pegar tiros en todos los pueblos.*

Mientras hablan se encuentran con Romualdo un jornalero que vive cerca de los pantanos y que lleva envuelta en una manta el cadáver de su mujer para enterrarla a escondidas porque no tiene dinero ni para un ataúd. La situación hace crecer su indignación.

—Pasa el verano y las cosechas son muy escasas, y encima los amos han rebajado los jornales y han preferido echar a perder las cosechas antes que subirlos. Hay hambre y ánimos de hacer algo para acabar con la situación pero no saben qué hacer. No ven claro levantarse: *«Por los periódicos, se enteraban que en algunos pueblos de España se levantaban masas de campesinos y se apoderaban de ellos. Pero que luego era barridos por la Guardia civil, a fuerza de huracanes de balas de mauser.*

¿Veis? —interrogaba alguno después de leer estas noticias—. No nos podemos estremecer. ¡Nos harían tierra, como a esos!

—Los jornaleros empiezan a mantener relaciones con los obreros de los pueblos y de la ciudad que comienzan a organizarse y a crear conflictos y oyen sus proclamas: *«Y cuando pedimos pan nos contestan con las bocas de los fusiles ¡Hasta que el mundo no sea de los que pasan hambre! ¡No hay más que luchar por un Gobierno obrero y campesino, como en Rusia!»*

—El día de San Miguel la mayoría de los pequeños arrendatarios van a la ciudad y se ponen de acuerdo para decir a los amos que no van a poder pagar las rentas anuales. Un grupo de ellos, donde va el tío Gas, discute y se enfrenta con uno de los pocos arrendatarios a los las cosas les han ido menos mal, está dispuesto a pagar las rentas, los acusa de poco trabajadores, de pensar que las cosas se pueden cambiar y de soñar con un gobierno como en Rusia donde todavía es peor porque ahora mandan unas partidas de bandoleros: *«¡Buena cosa íbamos a tener en España si vinera aquello! Pero aquello no vendrá porque hay buenos hombres y muy honrados que se encargaran de que no venga ¡Pero si allí apenas que nacen los hijos los tiran a la inclusa! Todos los hombres se acuestan con todas las mujeres ¡Hasta con las doncellas!* Discuten con él pero finalmente pasan a la acción quitándole el dinero que lleva para pagar las rentas y lo amenazan en caso de que los denuncie.

En casa de uno de los terratenientes más poderosos y cuando este tarda en recibirlos estallan las protestas, el propietario llama a la Guardia Civil y se produce un primer enfrentamiento violento. Por unos momentos los obreros y campesinos dudan sobre qué actitud tomar. Un comunista toma la palabra y llama a la acción revolucionario mientras otros obreros rechazan las proclamas pero son acallados:

> —¡*Si queremos nosotros, el pueblo es nuestro y los trabajadores de Garzas le habremos dado un gran impulso a la Revolución social España! ¿Estáis dispuestos a que sea nuestro el pueblo?*
> —¡*Síííí!*
> —¡*No dejarse vencer por nadie! ¡Coged las armas de donde estén y al Ayuntamiento a tomarlo y a constituir nuestro Consejo de obreros y campesinos! ¡El pueblo será nuestro!*

En el ayuntamiento el tío Yesca cuelga del balcón una bandera roja. En ese momento ve llegar una fuerte tropa de guardias civiles y da el aviso: — ¡*Diles a esos, que están en la sala, que acaban de llegar los padres de la república, para barrernos*!

5.– ¿Qué argumenta el argumento?

La lectura de este esquema argumental confirma que la novela de Arderíus, tal y como reflejan numerosos estudios sobre la novela española anterior a la guerra civil y como bien analiza el trabajo ya citado de José Calvo, se encuadra dentro de la estirpe de novelas cuya materia narrativa tiene como eje los movimientos –la cuestión agraria– de rebeldía, rebelión y revolución que tienen lugar en la España rural de finales del siglo XIX y principios del XX: «Esta literatura tampoco olvidó la realidad agraria y enfocando la mísera vida del jornalero impugnó en clave de romanticismo socializante o en fórmula marxista la degradante explotación del bracero en el sistema liberal pequeño-burgués de propiedad, como también la insuficiencia de las medidas reformadoras emprendidas por primeros los gobiernos republicanos. Así, en la novela de «revolución social» *Los Campesinos* (1931), de Arderíus, donde la verdadera «revolución social» se postula como gobierno comunista de obreros y campesinos, o en dos de Arconada, la titulada *Los pobres contra los ricos* (1933), por explícita denuncia reivindicativa de las aspiraciones del campesinado en espera del día en que «amanecerá sobre la cabeza victoriosa de los pobres una triunfante y clara luz de justicia», y *Reparto de tierras* (1934), concretando la acción directa de ocupación de una dehesa extremeña en Robledillo de Tietar y asumiendo la subsiguiente violenta represión por las fuerzas del orden burgués».

Pero si en la mayoría de estas novelas lo que se plantea es «la injusticia» generada por la desequilibrada composición latifundista de la propiedad agraria y, en consecuencia, los conflictos narrados recogen aquellos hechos encaminados a resolver esta injusticia mediante los justos «reajustes» necesarios –la reforma agraria como horizonte– en *Campesinos* lo que se plantea es el más allá –el más acá diríamos desde una óptica materialista–, de la injusticia que se desprende de tal composición de la propiedad de la tierra al plantearse no la reforma de esa distribución injusta de la propiedad sino su desaparición. Cierto que «el expolio de la dignidad, el abuso de autoridad y la radical desigualdad» sobre el que se hallaba construido y estructurado el modelo social agrario, van constituir materia narrativa en *Campesinos* pero sin que lleguen a sustituir o desalojar al verdadero motor de la acción narrativa que la novela «produce» como valor de uso y como ideología: la lucha de clases. La novela, por boca de Venancio y los que reciben su «propaganda», no argumenta sobre la justicia o injusticia, ni sobre la indignidad de la situación de los campesinos sino sobre el absurdo mantenimiento de su raíz: la propiedad privada. La indignidad aparece y se representa por cuanto que sus manifestaciones: la falta de trabajo, el hambre, la corrupción de los administradores, la impotencia frente a la brutalidad del poder, la carencia de lo fundamental, la indiferencia moral y la crueldad económica de los amos, forman parte del «paisaje humano» narrado, pero no es una novela dirigida a denunciar la indignidad o la injusticia sino aquella causa última de la existencia de ambas. De ahí que la novela se incruste en la tradición narrativa que Calvo señala pero al mismo tiempo se separa de ella, pues su foco no se centra en la injusticia sino en la Revolución como posibilidad. Es precisamente esa «posibilidad» la que se constituye como eje de la novela puesto que su «argumento», es decir, aquella materia o tema sobre la que la narración argumenta, reside en desentrañar si los campesinos pueden o no pueden librarse de las condiciones de miserabilidad en las que transcurren sus vidas, o dicho de otro modo, lo que *Campesinos* argumenta y expone con el lenguaje narrativo que le es propio es la posibilidad o no de cambio social, pudiendo distinguirse en su composición aquellos elementos narrativos que inclinan «argumentalmente» la resolución hacia una u otra salida. La novela por tanto se limita –y esa limitación es otro de los rasgos de su diferencia específica con el grueso de la novela social– a plantear un problema: ¿pueden los campesinos acabar por ellos mismos con su miseria? presentando las circunstancias concretas en que ese problema tiene lugar. En el hecho narrativo de que la novela se limite a ofrecer ese planteamiento sin entrar a proponer respuesta alguna, reside la singularidad que la transforma en una inusual novela política» por cuanto que recrea de modo narrativo un dilema que pertenece propiamente al ámbito de la estrategia política revolucionaria y en consecuencia, y este es otro rasgo radicalmente singular de la novela, la respuesta que no ofrece pero transporta está obligada a ser una respuesta política –sí es posible, no es posible– y no una mera y absurda respuesta estética o literaria –me gusta o no me gusta, es buena o mala literatura[216]–, que debe efectuar el lector que –a través de su acto de lectura– al finalizar la historia se encuentra desalojado de aquel territorio literario en el que usualmente la lectura de novelas lo ubica para encontrarse, quiera a o no, en el espacio político al que la pregunta lo aboca. Estaríamos por tanto ante una novela política en sentido estricto, aquella que obliga a una lectura política; y no sólo ante una novela ideológica, aquella cuya meta prioritaria es ofrecer una representación del quehacer social e individual coincidente con los valores de una determinada ideología. De hecho *Campesinos* al no estar construida para recabar ni asentimiento ni convencimiento ideológico alguno, trasciende, sin negarla, la novela ideológica que contiene, que usufructúa literariamente y utiliza como medio de intervención en lo político.

6.– Una novela leninista

Ahora bien, el dilema estratégico que la novela pone delante del lector: ¿pueden los campesinos acabar por ellos mismos con su mi-

---

216 Respuestas que en realidad no harán sino transportar un juicio de corte existencial relacionado con el movimiento de comprensión que la novela haya desencadenado: comprendo o no porque la novela «me comprende» o «me expulsa».

seria? es planteado no de una forma abstracta o ahistórica[217] sino de una manera narrativa concreta al introducir datos circunstancias y contexto suficientes para que la pregunta tenga sentido y la respuesta sea posible y argumentable. Lo que se pone a juicio en la novela no es la posibilidad histórica de la revoluciones agrarias sino la posibilidad de que en una coyuntura como la que en la novela se representa y que es fácilmente trasladable a la coyuntura histórica que se está produciendo en el «afuera» de la novela, una insurrección popular campesina pueda no estar condenada al fracaso. Es su cualidad de representación de un escenario político «que se está produciendo al mismo tiempo en ese "afuera" de la narración literaria», lo que hace que la novela rompa –sin diluirlas– las fronteras que separan las lindes entre realidad y ficción. A ese respecto es fundamental atender al hecho de que Arderíus no elija construir un escenario «real» –elección por la que sin embargo va a optar al escribir en colaboración con Díaz Fernandez *Vida de Fermín Galán* y por la que pocos años después Ramón J. Sender también optará cuando novelice la tragedia de Casas Viejas– sino que, aun utilizando coordenadas temporales e históricas reconocibles[218], sitúe la acción en una geografía ficcionalizada. No hay por tanto ánimo documentalista alguno aunque en la propia novela aparezca ecos de otros levantamientos de campesinos que, se nos dice con cierta insistencia, terminaron siendo «barridos», expresión con la que justamente finaliza la novela.

Precisamente por haber rehuido la utilización del «efecto de lo real» la novela puede ofrecerse como una representación a un tiempo arquetípica y concreta, dos cualidades que no siempre cabalgan juntas, de una insurrección que responde casi paso por paso al modelo propio de las estrategias y tácticas del comunismo leninista: propaganda, organización, agitación, relación con el movimiento obrero, insurrección armada. Y en ese sentido podría hablarse de *Campesinos* como una novela que se levanta sobre una «poética» leninista. Una novela leninista, es decir: una novela concreta para una situación concreta.

Para tratar de abarcar lo que supuso la aparición en 1931 de esta novela de Arderíus es inevitable perfilar al menos los rasgos generales

---

217 Entendiendo el término tanto en su relación con la Historia como por su relación con la «historia» que la novela cuenta.
218 Las continuas referencias al período constituyente de la República o a la persistencia de la crisis económica del 29, encuadran temporalmente la acción si bien tampoco se efectúa de manera rígida lo que permite que se describa un carnaval celebrado en clave republicana en un mes de febrero que todavía históricamente se vivió bajo la monarquía.

del contexto en el que su producción y circulación tuvo lugar[219], atendiendo, en el entorno temporal de la proclamación de la II República, a tres espacios concretos: la situación social en el sector agrario; la acción política de los partidos de izquierdas y el estado de la cuestión literaria. A modo casi telegráfico esbozaremos las líneas de nivel de cada una de estos territorios.

La famosa cuestión agraria está atravesando uno de sus momentos históricos más conflictivos en función del altamente concentrado régimen de tenencia y propiedad de las tierras y de la alta demografía que viene produciéndose desde la segunda mitad del siglo XVIII, dando lugar a una masa de jornaleros sin tierra en una situación de miseria y precariedad, con salarios bajos y alto paro estructural y estacional sobre todo en las zonas tradicionales del latifundio: Andalucía, Extremadura, las dos Castillas[220].

Los partidos de izquierda se van a mover entre el apoyo a las formaciones republicanas de centro y el rechazo de una República que entienden como instrumento al servicio de los intereses de clase de los grandes propietarios de la tierra. Ejemplo de esas tensiones sería la propia trayectoria de Arderíus que si en 1929 milita en el PRRS (Partido Radical Revolucionario Socialista) que encabeza Marcelino Domingo (futuro ministro de Agricultura en el primer gobierno republicano) desde 1931 y mientras redacta *Campesinos*, se ha afiliado a un Partido Comunista que, siguiendo una estrategia de Frente Único, buscaba alianzas con parte del socialismo y el anarquismo para enfrentarse a la Republica.

El campo literario estaría caracterizado por la emergencia de lo que se vendrá a llamar Generación de la República y en la que Díaz Fernandez en *El nuevo Romanticismo* (Zeus. 1930), imprescindible libro para conocer la época, resalta el enfrentamiento entre dos tendencias narrativas que aun compartiendo influencias de las vanguardias caminan hacia objetivos dispares: una «literatura de avanzada», «la que nace de revolución rusa y trata de organizar la vida, volviendo a lo humano... vinculando la literatura y toda la obra intelectual a los problemas que inquietan a las multitudes», y donde el artista y el intelectual no pueden permanecer indiferentes a los con-

---

219 Requisito también necesario hoy si quisiéramos ponderar las posibles significaciones de su actual recepción.

220 A pesar de los *Decretos agrarios* de Largo Caballero que entre otras medidas obligaban a contratar para el trabajo de las tierras a jornaleros del propio municipio, el campo comenzó a agitarse desde el verano de 1931.

flictos de la lucha individual o colectiva..., ni a las reacciones de la vida social», frente a la literatura interesada preferentemente por aspectos estéticos, «deshumanizada», de raíz esteticista. Representantes de este último grupo serían entre otros Francisco Ayala, Benjamín Jarnés o Ramón Gómez de la Serna, mientras que el propio Arderíus, Ramón J. Sender, Cesar Arconada, José Díaz Fernandez, José Antonio Balbotín o Luisa Carnés serían quienes encarnaría esa literatura cuyas características quedan bien reflejadas en las palabras con que Arderíus responde a dos entrevistas: «Nada de literatura pequeño-burguesa. Es ya momento de que los escritores que sientan la conciencia de clase empiecen a escribir en forma y defensa proletaria».[221]

«A mi juicio, en España no ha comenzado a publicarse la auténtica novela social. Pero esto, para mí tiene una explicación rotunda: la de que en España no se ha hecho aún la revolución social, ni siquiera la política. La verdadera novela social es la novela que surge de una revolución. No la que se hace en la gestación de una revolución (...) De este tipo de novelas, con las diferencias de sensibilidad y jerarquía intelectual que media entre los artistas, se hacen hoy en España algunas. Muy pocas. Con los cinco dedos de la mano sobran dedos para enumerar a los escritores que las hacen (...) Creo que esto es lo más que puede hacer hoy en España el hombre que siente la angustia social que nos envuelve y que trabaja con la pluma (...) ¡A ver cuándo podemos hacerla!»[222]

7.– El narrador que no se lava las manos (en agua sucia)

Arderíus es muy consciente de la compleja y complicada problemática que supone la construcción de una literatura que se aparte de aquello que la tradición humanista viene proponiendo como tal. Sabe que al mismo tiempo que se opone a ese entendimiento abstracto de la literatura como expresión de la perenne «condición humana» la «nueva literatura» debe legitimarse en función de aquellos criterios que la literatura de la clase dominante ha venido imponiendo: función poética del lenguaje, autorreferencialidad, polisemia, extrañamiento,

---

221 *Nosotros*, agosto de 1931.
222 «Los novelistas y la vida nueva» en *La Libertad,* Julio de 1931.

sintaxis narrativa. Las lecciones de las vanguardias literarias soviéticas y revolucionarias, literarias pero también teatrales y cinematográficas le han proporcionado los recursos expresivos necesarios para que la novela cumpla su intención política sin renunciar a su entidad literaria. Del uso poético que realiza del lenguaje en las descripciones de los paisajes como correlatos objetivos de las tensiones de unos personajes atravesados por una angustia más material que existencial ya hemos hecho referencia. Valga ahora por tanto comentar el arte, –el buen oficio– con que Arderíus ha construido ese desarrollo argumental que nos obliga como lectores a tomar partido sobre la cuestión o dilema «político literario» que la novela ha planteado. Una construcción que está obligada a ofrecerle al lector las condiciones narrativas necesarias para poder ejercer su juicio libremente y sin que en el desarrollo de la novela este se manipule o fuerce.

Sabemos bien que uno de los mayores problemas a los que debe enfrentarse la literatura que no se resigne a integrarse en la «sensibilidad literaria dominante»[223] reside en evitar –si fuera posible– el juicio, prejuicio más bien, que sobre ella recae cuando se las acusa de parcialidad manifiesta y dogmática a propósito de la falta de libertad de unos personajes al servicio de las tesis del autor y de la tergiversada mirada con la que sus narradores presentan u omiten los hechos de la acción narrativa. A los escritores que se enfrentan a esa estética que define la elegancia en función de la propia crianza de clase les ocurre algo semejante a lo que sucede con los miembros de grupos tradicionalmente minorizados: han de presentar méritos dobles para alcanzar el reconocimiento más simple. Un ejemplo de este miope prejuicio lo encontramos en la opinión que expresa Domingo Ródenas en el artículo ya citado cuando afirma, refiriéndose a novela como *Campesinos* o *Los pobres contra los ricos (1933) y Reparto de tierras* (1934) de Arconada, que «se trata de novelas beligerantes contra la política agraria del gobierno republicano, escritas desde la militancia en el Partido Comunista, en las que los campesinos son tratados como héroes y la oligarquía terrateniente como un cúmulo de perversiones» porque si algo caracteriza a la novela de Arderíus es precisamente el equilibrado tratamiento de todos los personajes y la honestidad narrativa con la que interviene el narrador. Una mínima lectura atenta

---

223 No se olvide que como señala Martín López Guerra «el canon más que un repertorio es una sensibilidad, una pedagogía de qué y el cómo sentir». *Canon y poder*. Lugo: Ediciones Penalufre, 2008.

de la novela deja ver cómo las figuras de los jornaleros se presentan desde distintos ángulos y reflejando muy distintas opiniones ya no sólo políticas sino existenciales sin que pueda destacarse en ninguno de ellos ese tratamiento de héroes del que habla Ródenas. Sólo la lectura de la escena en la que Blas es humillado por el sargento de la Guardia Civil desmontaría tan simple apreciación y difícilmente puede hablarse de que la novela cargue las tintas al caracterizar a los propietarios que no hacen sino actuar de manera coherente con sus intereses. Lo que evidencia la sesgada opinión de Ródenas es el dogmatismo teórico de una crítica doctrinaria incapaz de comprender que la construcción de personajes no pasa obligatoriamente por su psicologización, ni por la medición del nivel de «humanas contradicciones» que vehiculen. Cabría en todo caso recordar que si de contradicciones se habla a la hora de determinar la simpleza o complejidad de una novela, parecería lo propio apoyarse en la presencia de todas las contradicciones de clase que en obras como las citadas por Ródenas aparecen[224].

En lo que atañe al papel del narrador como elemento estructural decisivo –al fin y al cabo toda novela es la historia de alguien que cuenta algo– y sobre el que descansa en buena parte el equilibrio de ese juego de argumentaciones que en toda novela tiene lugar, la voz narrativa de campesinos no deja de ser sorprendente por la pertinencia con que se mantiene equidistante sin por ellos intentar adoptar la imposible apariencia de un narrador neutral. El narrador de *Campesinos* no es un narrador imparcial, no es objetivo, y, sin embargo, no interfiere en la resolución del conflicto que hemos venido mencionando. Al contrario de Pilatos no trata de lavarse las manos en agua sucia. Desde el primer momento deja claro su posición personal y no tendrá reparo en explicitar sus injerencias ni en dejarse delatar por el uso de un lenguaje político concreto: «*Montados en sus jacas eran una pareja de buitres del fisco que merodeaba por las chozas s de los labriegos para rapiñarles las reses, los muebles y hasta jirones del pellejo*», Cap I. «*En la historia de la explotación de la comarca no se había conocido robo semejante*» «*La ley del capitalismo les parecía ya a los facinerosos estrecha, benévola, y obedecían sólo a la voracidad antropófaga de sus instintos*», Cap V. «*¿Pero qué hacer para moldearse en acción, en acción que tuviese*

---

224 Contradicciones que también tienen lugar en el interior de una militancia comunista no tan monolítica como Ródenas parece aventurar.

una eficacia revolucionaria?», «Tenían germen revolucionario...¡Pero era tan grande su ceguera! No tenían idea de nada. La conciencia de clase iba afianzándose más y más en las entrañas de ellos», Cap XVI. Donde ese narrador parece poner todo su cuidado es en que las partes que argumentan el dilema propuesto: ¿las insurrecciones campesinas están condenadas al fracaso? estén equilibradas y entiendo que con la mera lectura del esquema argumental que hemos realizado tal cuidado queda ratificado. La figura de ese narrador no neutral ni arbitrario, implicado pero libre del leso delito de prevaricación narrativa[225], constituye uno de los grandes logros narrativos de esta novela y condiciona en parte ese final con apariencia de «*logos interruptus*» pero que no hace sino confirmar la honestidad narrativa de la novela. Porque no se trata tan solo de que con las palabras finales del tío Yesca: —«*¡Diles a esos, que están en la sala, que acaban de llegar los padres de la república, para barrernos*!» la acción narrativa parece quedar suspendida y debiendo por tanto el lector completarla a partir de las líneas de coherencia que la novela ha venido marcando, es decir, en clave de un realismo que impedirá cualquier fantasía triunfalista sino de algo con mucho más alcance puesto que «ese final que falta» es el que asegura que los lectores se vean obligados «a entrar en política» y dar respuesta fuera del espacio de lo literario a la pregunta que el conflicto narrativo puso en marcha. La novela rompe así sus propias limitaciones saltando las fronteras entre el campo de lo literario y el campo de lo político. La novela no ha hecho sino representar lo que en la realidad de aquel momento histórico es y va a seguir siendo persistente materia narrativa: huelgas y levantamientos de campesinos en Sevilla, episodios de Castilblanco y Casas Viejas, etc. No es una novela escrita en la clave intemporal del «Érase una vez» y aunque tampoco es una novela profética sí es una novela que mira el presente en clave de futuro, en clave de cómo leer lo que está pasando, es decir, cómo valorar desde el objetivo de la revolución la novela nuestra que cada día escribe el campesinado insurrecto. Se erige así la novela en una «instrumento de distancia» capaz de permitir el análisis político, y en ese sentido su estética recuerda la propia de las piezas didácticas de Bertolt Brecht cuyo «distanciamiento» como bien ha sabido observar Juan Carlos Rodríguez[226] no deja de mantener estrechas relaciones

---

225 Parece así cumplir con la exigencia que Engels expone en su carta de 1885 a Minna Kautsky al afirmar que « el autor no debe servirle al lector en bandeja de plata la futura resolución histórica de los conflictos sociales que describe».
226 *Juan Carlos Rodríguez. Algunas claves de lectura para el Diario de Trabajo*. Mayo 1978.

con las teorías sobre el partido revolucionario elaboradas por Vladimir Illich Lenin.

8.– El lector implícito está sentado y discutiendo en la mesa.

El narrador de *Campesinos* rehúye con acierto adjudicarse el papel de «dar voz a los que no tienen voz». No es un narrador paternalista ni se siente moralmente comprometido con la causa de «los desposeídos», ni literariamente «baja» de ningún monte Sinaí para llevar a los suyos a la tierra prometida. Como ya se ha dicho, no oculta que es poseedor de un lenguaje y unas referencias culturales muy alejadas de los usos propios de jornaleros y pequeños arrendatarios y este dato parece indicar con claridad que no es a esa masa de campesinos a los que dirige esa pregunta que da a conocer a través de la novela. Entiendo que poder determinar quién o quiénes son los destinatarios de un texto ayuda a entender su sentido y significado. Cuando la academia bienpensante se enfrenta a la narrativa social de los años treinta o de los años cincuenta gusta sobremanera de recordar que esa novela parece estar destinada a un segmento de lectores que por su condición social o bien no lee o no lee esa clase de novelas que «los escritores comprometidos» redactan. Hay en este comentario mucho de ignorancia clasista pero no deja de apuntar algunos problemas reales a los que debió enfrentarse la literatura militante. Y militante es sin duda una novela que como *Campesinos* pone sobre la mesa una cuestión política palpitante cuando menos en los momentos en que se elaboró y publicó. Conviene recordar por consiguiente que en ese tiempo histórico las condiciones de recepción para la «literatura de avanzada» no resultaban tan desfavorables o negativas como, por ejemplo, las que hubieron de sufrir bastante más tarde la llamada novela social de los años cincuenta. Ciertamente que el grado de analfabetismo entre la población campesina y obrera era muy alta, pero cierto también que las tareas de propaganda, –en el sentido político del término, es decir, como propagación de una «pedagogía» revolucionaria– llevadas a cabo tanto por el anarquismo y el socialismo, habían asentado plataformas culturales –ateneos obreros, casas de cultura, escuelas nocturnas, etc.– cuantitativamente muy significativas. Conviene además no olvidar que la literatura de avanzada no solo contaba con una nómina destacada de autores sino también y de manera especialmente relevante, con unos medios de producción y difusión a su alrededor que dejaban sentir su relevancia: editoriales, revistas, teatros, etc.

No pretendemos con esto argumentar que una novela como *Campesinos* contaba con unas condiciones de recepción válidas para poder afirmar que su «mensaje» iba a ser recibido y asimilado por las masas de jornaleros que protagonizaban el conflicto planteado, aun siendo esas masas, en principio, las que estaría más interesadas en resolver la cuestión de estrategia política que la novela presenta. Creo que si esa fuera la intención con la que se construye la novela, si ese fuera el destinatario que la constituye, la novela sería una novela fracasada y fallida: una mala novela. Nos parece verificable, aunque no recurramos ahora a comentario de texto justificativo que avale la afirmación, que la novela de Arderíus está reclamando un destinatario con una intendencia política notable, con un conocimiento de la realidad social considerable y con un alto grado de implicación en el conflicto social y político que la novela expone. Entiendo por tanto que ese lector implícito que en la novela puede detectarse se corresponde precisamente con aquellos que –dice el tío Yesca– hay que poner en sobreaviso: «*Diles a esos, que están en la mesa, que acaban de llegar los padres de la república, para barrernos!*». Los que están en la mesa.

Para apoyar la hipótesis de que los destinatarios implícitos son «los que están en la mesa», es decir, aquellos que están militando en aquellos partidos que deben de proponer estrategias que den respuestas a las preguntas que «la realidad como novela que no cesa» genera, me parece válido recurrir a consideraciones que podrían parecer extraliterarias pero que en ningún caso deberían ser tomadas por extratextuales dado que en el propio texto de la novela se hacen presentes. Entiendo en consecuencia que es necesario, legítimo y conveniente hacer referencia a las tensiones y conflictos políticos que en esos momentos se estaban produciendo en el interior de la organización política, el partido comunista, al que la novela nombra y concede protagonismo relevante a través de las figuras del propagandista Venancio y del agitador Blas y en la que autor se encontraba militando. El grupo dirigente comunista, establecido en Francia y encabezado por Bullejos, venía entendiendo que el desarrollo del proletariado en España permitía pasar directamente a una revolución socialista sin necesidad de pasar por una etapa previa democrático-burguesa y de ahí que recibiesen la llegada de la República con consignas como»¡Abajo la República!»,«Todo el poder a los soviets» y «Dictadura del proletariado», proponiendo como alternativa una República Obrera y Campesina para cuya consecución establecieron una estrategia de Frente Único buscando posibles alianzas con el anarquismo y aquellos sectores más radicales del Partido Socialista. Sin embargo, esta estrategia de enfrentamiento radical encontraría una fuerte oposición en el interior del Partido Comunista donde se empieza a plantear, con la supervisión de la III Internacional, un cambio hacia una estrategia más moderada que va a cuestionar por inoportunas e ineficaces las prácticas insurreccionales. Con el triunfo de esta nueva estrategia del comunismo español a partir de su IV Congreso (Sevilla, 1932) que significa la entrada en el núcleo dirigente de José Díaz y Dolores Ibarruri, el Partido Comunista parece dar respuesta al dilema que *Campesinos* proponía y este hecho vendría, sino a corroborar, al menos a permitir que le adjudiquemos la condición de destinatarios a esos cuadros y militantes de estos partidos que conforman en parte el público objetivo de la novela política de la generación de la II República. Un año más tarde Joaquín Arderíus abandonaría su militancia en el PCE.

9.– Más allá de la literatura también está la literatura

Aunque como fruto de cualquier actividad humana la Literatura es un espacio en construcción continua, no deja de ser constatable que la institución literaria aparece como un espacio bastante cerrado que con celo académico vigila una amplia y prestigiosa corte de sacerdotes, monaguillos y sacristanes. La institución, que no olvidemos nace ligada a la actividad de unas elites que monopolizan las artes de la escritura, la lectura y la interpretación, no sólo ha tratado de poner aduanas y fronteras sino que tiende además a legitimar los lenguajes y las buenas maneras literarias creando así un entorno alrededor de la literatura en la que no faltan ni cinturones de sanidad ni zonas de exclusión. Surge entonces LA LITERATURA, con mayúsculas, como un discurso que se quiere específico y que va a ser definido en cada momento histórico por aquellas clases o grupos sociales que tienen capacidad y medios para imponer a la semántica a los significados colectivos más acordes con su interés e ideología. A las clases oprimidas que pretenden utilizar la literatura como recurso de expresión y comunicación se le hace por estas razones difícil resistirse, apoderarse o enfrentarse a las claves y códigos que la cultura literaria hegemónica ha establecido y difundido. Entendiendo como cultura, con Stuart Hall, «todo un proceso por el que se construye socialmente y se transforma históricamente significados y definiciones» es fácil comprender que en la ya larga tradición que la llamada cultura proletaria ha venido forjando, la literatura de resistencia, de denuncia, de combate conforma un contracanon memorable (para los que se sientan insertos en ella) pero que ocupa lugar subalterno o nulo o «exótico» en la memoria global de una sociedad que dice apoyarse en una cultura humanista que sobrevuela ajena, magnífica y superior por encima de la lucha de clases. Al fin y al cabo esa cultura de resistencia y combate está obligada a romper aduanas y saltarse anatemas y ha de hacerlo luchando a un mismo tiempo en dos campos diferentes en apariencia pero estrechamente interrelacionados: el campo literario y el campo político. De ahí procede el extraordinario valor de esta obra de Joaquín Arderíus: de su capacidad para hacer transparente que el lenguaje literario es exactamente el mismo lenguaje que el lenguaje de la política y que ambas actividades, política y literatura, comparten un mismo objetivo: construir sentido, romper alambradas, transformar definiciones, expropiar y socializar los significados.

Introducción a *Berta*

Carolina Fernández Cordero

La historia de *Berta*

El 22 de octubre de 1924, el aún teniente Fermín Galán salía del hospital de Carabanchel tras haber sido herido durante un combate en Xeruta (Tetuán-Xauen). En su casa de Madrid pasaría los algo más de cinco meses que le llevó la recuperación. Durante ese periodo, «Galán dispuso de mucho tiempo libre que dedicó a la lectura de libros relativos a las esencias de la Primera Internacional Anarquista, de las que poco a poco se iba impregnando» (Martínez de Baños Carrillo, 2005: 102). Un tiempo que también aprovechó para escribir el drama *Berta*, según cuenta su propia madre en carta al arreglista Juan López Merino: «La obra *Berta*, donde se ve cuáles eran las ideas de mi hijo el año 1924, fue escrita por mi hijo durante la convalecencia de una de las heridas que recibió en África, por la que fue propuesto para la laureada» (publicada en *La Voz*, 21/04/1932: 3).

El texto, junto con otros documentos –entre ellos varias cuartillas con añadidos, correcciones, etc. a su tratado *Nueva creación*– y efectos personales, fue encontrado en el famoso maletín abandonado en Alerre durante la sublevación de Jaca (1930)[227]. Tras su recuperación por parte de la familia, nada se sabría de la obra hasta que Juan López Merino, periodista, dramaturgo y sobre todo, amigo de Fermín Galán, anunció el 21 de mayo de 1931, en Melilla, que, a petición de la madre, prepararía, llevaría a escena y publicaría este drama (Esquembri, 06/06/2013). Algo menos de un año después la compañía de Carmen Muñoz Gar representaba el texto arreglado por López Merino y la Imprenta Héroes se encargaba de publicarlo. Para entonces, Fermín Galán se había convertido en icono y mártir de la República a quien se debía, al menos en parte, su proclamación.

---

227 Sobre el maletín de Alerre y otros papeles que se encontraron tirados en una alcantarilla cerca de Biscarrués (Huesca), véanse Esteban Gómez, 2005: 395 y la antecrítica de la obra publicada por *La Voz* el 21 de abril de 1932: 1.

La obra se entrenó en el Teatro Circo de Cartagena el 31 de marzo, donde asistieron Francisco Galán (hermano de Fermín), López Merino, la viuda de García Hernández y varias personalidades (*Cartagena Nueva*, 30/03/1932: 1). Los periódicos del día siguiente destacaban que «el público aplaudió todos los actos y salió muy complacido» y que en la obra «se retratan a la perfección los sentimientos y aspiraciones de este mártir que supo morir por un ideal» (*Cartagena Nueva*, 01/04/1932: 1).

Tras el éxito de Cartagena, llegó al Teatro Eslava de Madrid el 21 de abril. Ese mismo día el periódico liberal *La Voz* publicaba una entrevista a Juan López Merino en que destacaba su amistad tanto con Fermín Galán como con su familia, y explicaba el proceso de preparación y arreglo de la obra. En ella López Merino hacía referencia a los papeles de Alerre: «ensayos, comedias, esbozos para futuras obras literarias... Cosas interesantísimas», de las que el propio Galán le había hablado en vida. Entre ellas, sin embargo, no se encontraba este drama, considerado por el arreglista «lo más logrado de su trabajo», incluso «con los defectos de técnica del hombre que no solamente no había estrenado nada, sino que apenas iba al teatro» (*La Voz*, 21/04/1932: 1).

Las críticas del día después, al igual que las de Cartagena, demuestran que *Berta* fue acogida con más emotividad que rigor crítico teatral. Toda la prensa ideológicamente afín valoraría el contenido, pero escasamente su forma literaria. *El Sol*, por ejemplo, se excusaba de reseñar la calidad estética de la obra apelando al éxito que desencadenó entre el público:

> Más que una reseña crítica, lo que cabe hacer es anotar el acontecimiento y dejar consignado, como hemos hechos para comenzar, el recibimiento favorable del drama por parte del público, que casi llenaba el teatro (22/04/1932: 1).

La Voz abría su columna explicando que nadie había ido al teatro la pasada noche con intención crítica y posteriormente declaraba directamente que «se comprenderá fácilmente que pongamos a *Berta* fuera de la zona que nuestros deberes críticos nos asignan» (22/04/1932: 3). *El Socialista*, por su parte, destacaba las ideas allí expuestas como eco de la biografía del escritor:

> No presenciamos la obra de un dramaturgo, sino la de un pensador activo, de un hombre que ha sentido dolorosamente el drama de la vida que ha vivido (22/04/ 1932: 5).

Y una lectura parecida presentaba Juan G. Olmedilla, de *El Heraldo de Madrid*:

> *Berta* es sencillamente la obra de un muchacho arrebatado a la reflexión por el entusiasmo de una causa humanitaria y generosa que antes de actuar él era apenas una utopía y hoy, gracias en buena parte a él, es una realidad espléndida: nada menos que la libertad –y la dignidad– de España (22/04/1932: 5).

Solo la prensa conservadora prefería abstenerse de juzgar el contenido ideológico de la obra para señalar ciertos fallos estéticos:

> No deja de ser teatral; pero asunto y diálogo están supeditados al doctrinarismo que se intenta ensalzar y difundir. Y de esta su calidad primordial arrancan algunos defectos, que pueden señalarse a la pieza dramática: el énfasis, la forma declamatoria, el propósito de apostolado, algo infantil en la manera de conducir el diálogo y de ir a la busca del conflicto dramático (*ABC*, 22/04/1932: 41).

En este sentido y unas líneas después, el crítico de *ABC* sugería si la razón de estas «deficiencias» formales sería el respeto escrupuloso al trabajo de un autor que no era dramaturgo (y por tanto, no manejaba la técnica) o si, por el contrario, López Merino se había encontrado ante un boceto teatral inacabado que la falta de tiempo le había obligado a acabarlo apresuradamente. Según las declaraciones ya citadas del arreglista a *La Voz*, su labor había consistido en «subsanar ciertas inexperiencias teatrales» y «satisfacer pequeñas exigencias escénicas; pero conservando íntegra la *Berta* que Galán escribió» (21/04/1932: 3). Sin embargo, incluso este diario, en su crítica posterior, se preguntaba sutilmente hasta dónde la labor del arreglista. Dado que no se conserva el texto original, resulta imposible concretar una respuesta. Aun así, es innegable que en la obra surgen dos estilos teatrales, uno social y otro procedente de los típicos dramas rurales de principios de siglo, que caminan en paralelo y que se unen forzosamente en la propuesta final de la propia Berta. Si se analizan las ideas expuestas en los parlamentos de la protagonista, siempre en torno a la desobediencia y a la revolución, no deja de resultar extraño que apele a la unión amorosa entre dos personas de distinto origen social como solución a un conflicto de clase...

La dimensión teatral de *Berta*

Berta, por tanto, situada entre el drama social y el drama rural, a pesar de que presenta algunas características propias del segundo (ubicación campesina, lenguaje dialectal, aparición de valores típicamente burgueses como la justicia y la libertad, mujer de fuerte personalidad, etc.), carece de dos de sus elementos más típicos: un conflicto basado en la honra y el predominio del tema amoroso por encima de la problemática social[228]. En el caso de Berta y de Enrique, ni siquiera existe un conflicto amoroso, más bien parece un elemento anecdótico, y solo en el de María del Carmen, personaje secundario, cobra un sentido relevante, en tanto que es el amor que siente por Enrique lo que la lleva a indagar su marcha de la casa del Duque. No obstante, hasta la propia María del Carmen va apartándose de esa motivación amorosa romántica para apoyar la causa de los campesinos y unirse a ellos en su «hambre y sed de justicia» (véase la escena final de la obra).

En realidad, basta con acudir al argumento (por ir más allá del subtítulo) para comprobar que esta obra fue concebida sobre todo como un drama social: Berta, institutriz de la hija del Duque de Rimal, cacique y señor del pueblo en que se desarrolla la acción, es despedida por oponerse a sus intenciones de conquista. El despido, producido en medio de un año de malas cosechas que están enfrentando al Duque y a los campesinos, provoca la dimisión de su secretario Enrique, también amigo de Berta, harto de la manipulación y tiranía de Rimal. Juntos intentarán organizar a la masa campesina para que, en un acto de justicia, se levanten contra el Duque, se liberen de su mandato y recuperen su dignidad.

Si más allá del argumento se analizan las intervenciones y actitudes de los personajes, así como las ideas expuestas en sus discursos, ya no quedará ninguna duda de que la intención principal de la obra superaba el objetivo de un teatro concebido desde y para un público burgués, como el de los dramas rurales (De Paco, 1971-1972: 142).

---

228 Para las características de los dramas rurales, véanse De Paco, 1971-1972: 141-170 y Mainer, 1972: 95.

Berta pretendía la denuncia del conflicto (endémico) de la tierra y de una estructura social injusta basada en el desigual reparto de la riqueza y en el abuso de poder.

Revolución y conflicto social

No obstante, el problema que Fermín Galán presenta supera el caso concreto de la obra e incluso la situación particular de España. Se trata, por un lado, del enfrentamiento surgido en la formación de toda sociedad moderna en relación con las tradiciones del antiguo régimen establecido:

> Estamos en una época en que los valores del pasado se derrumban por su propio peso. Por todas partes se oyen voces universales que claman por la unión de los humildes. Voces que son ya gritos desagarrados y que prenden en las masas intuitivamente, demandando que aquellos a los que el destino condenó a ser iguales en la tumba, lo sean también en sus cunas (acto segundo, escena IV).

Y por otro, *Berta* expone los conflictos internos del sistema capitalista, definido en términos de explotación y de pugna por el control hegemónico sobre los medios de producción (véase, entre otras, la escena V del acto tercero). De este modo, Fermín Galán llevaba a la escena la lucha de clases en la España rural de la primera mitad del siglo XX.

Berta divide a la sociedad en dos clases diferenciadas y enfrentadas entre sí: la de los explotadores, la del poder institucional (juez, cura, diputado) a las órdenes de un soberano (planteamiento para nada gratuito en 1924), y la de los explotados, representada por los campesinos. Entre ellas dos se sitúan Berta y Enrique, los intelectuales, personificaciones del conocimiento, quienes detectan el funcionamiento injusto del sistema y al mismo tiempo la potencia de la clase explotada. En sus conversaciones y actos residen las ideas de justicia, de libertad, de revolución pacífica, de anticlericalismo..., que posteriormente también Galán trataría en otros escritos, como en la novela *La barbarie organizada* o el ensayo *Nueva creación*.

Tanto el bando hegemónico como los intelectuales son representados de manera individual y personalizada. Sin embargo, los oprimidos se muestran como colectivo (excepto Pedro y el Mina, ningún campesino más aparece con nombre propio) y su papel resulta, aunque no lo parezca a priori, casi más importante que el de Berta y Enrique, puesto que es la masa campesina la que finalmente piensa, organiza y lleva a cabo la revuelta, sin necesidad real de líder; es la labor común y la fuerza unida de todos la que libera a Enrique de la cárcel.

Galán creía en una revolución que evitara a toda costa la sangre, como la que se intenta en la obra. Una revolución que a base de presión popular estableciera la armonía entre las clases:

> Sus lecturas y sus meditaciones le inclinaban a concebir un mundo de perfección moral que eliminase el egoísmo de las clases y diese su sentido de equidad a la obra de la Naturaleza (Arderíus y Díaz Fernández, 1931: 154).

En el caso de *Berta* se desconoce el resultado de la sublevación pacífica. Pero lo que sí se sabe es que, como si de una premonición se tratara, acaba en tragedia. La muerte de la protagonista al final de la obra es el colofón a un proceso por el cual Fermín Galán la ha ido convirtiendo en heroína no solo de la causa revolucionaria sino también en modelo de la lucha de las mujeres.

La lucha de las mujeres

De sobra es sabido que los movimientos obreros (y especialmente el anarquista), a diferencia de la burguesía, integraron a las mujeres dentro de su lucha (Nash, 1981: 16 y 21-76). Quizá por eso y por su condición de marginada en la sociedad decidió Fermín Galán, al modo de las tragedias griegas, que una mujer protagonizara la obra y dirigiera su levantamiento campesino.

Uno de los logros más reseñables de *Berta* es cómo el autor convierte un conflicto amoroso, que apunta hacia el drama rural burgués y romántico, en un conflicto político. En primer lugar, porque el rechazo de Berta no se basa en el desinterés por el Duque, como ocurre con Enrique o como responde María del Carmen a Llorente, sino que se trata de un rechazo producido por un abuso de poder sobre la soberanía de la mujer, sobre su propio cuerpo; un rechazo que hoy se diría feminista. No se trata en este caso de un juicio moral, sino de un conflicto de político, puesto que ella legitima su propia autoridad frente al poder patriarcal de un hombre que, como tal, cree tener derecho a servirse cuando lo desee del cuerpo de las mujeres, a quienes claramente considera seres inferiores (véase de qué manera ninguna e infravalora a su hija, a quien, como se verá posteriormente, siempre aparta de la vida pública).

Por otro lado, la reacción del Duque ante la negación de Berta indica claramente que se está ante un conflicto político, ya que este en ningún caso se encuentra despechado por amor, sino por el contrario, se siente insultado. El rechazo de la protagonista abre una fisura en un poder hasta el momento legítimo e incuestionable. Por ello, la respuesta a esta subversión no es el lamento sino la represión. Represión cuyos métodos en nada difieren de los utilizados ante el resto de amenazas: la trampa, la mentira, el aprovechamiento de una legalidad que ampara únicamente a su persona y que él mismo maneja según sus intereses... El conflicto tiene un papel fundamental en la obra porque a partir de él se desarrolla la trama y convierte a Berta en protagonista, en su hilo conductor.

Berta, de extraordinaria fortaleza, integridad y capacidad de reflexión, es eco del pensamiento de Fermín Galán (por encima de Enrique incluso). En sus discursos expone el grueso de sus ideas sobre la revolución, el amor, la justicia, la libertad, etc.; también sobre la fe y la Iglesia como institución. En este sentido, es de señalar que el hecho de elegir a una mujer como sujeto de este planteamiento ideológico incrementa la tensión del conflicto, puesto que la Iglesia era uno de los pocos espacios públicos en que las mujeres desarrollaban su vida social. Así, en la escena IV del acto segundo, Berta se ve obligada a defenderse de la situación en que el Duque, con intención intimidatoria y disuasoria, reúne a la protagonista con los cuatro poderes institucionales y sociales de la obra —el cacique, el cura, el diputado y el juez (Duque, D. Julián, Llorente y D. Luis). Ella no se amedrenta, sino que se defiende y responde a cada ataque con una argumentación detallada que lleva la conversación hacia conceptos incuestionables para el poder (que es el eclesiástico) como son el principio creador o el alma. Sus respuestas, cercanas al socialismo y al anarquismo, se reciben como inesperadas e inconcebibles en el orden vigente.

Frente a la figura de Berta se encuentra la de María del Carmen, situada fuera del conflicto social en todo momento y constantemente apartada del ámbito de la vida pública por su padre (al contrario que Berta, que siempre aparece asociada a los espacios públicos). Ella es el prototipo de mujer de los dramas burgueses: ingenua, dócil, impulsiva... y es quien verdaderamente aporta el conflicto típico de ese tipo de teatro, es decir, el conflicto amoroso (*vid. supra*). Sin embargo, su curiosidad y el impulso afectivo la acercan al lado de Berta para evolucionar a lo largo de la trama hasta acabar por posicionarse del lado de los oprimidos. Tanto es así que al final de la obra María del Carmen no solo se encuentra ya dentro del conflicto con el poder, sino que ocupa el vacío dejado por la muerte de la protagonista, con el fin de que la lucha por la justicia y la igualdad entre las personas no acabe con este drama.

La presente edición

La presente edición se ha elaborado, a falta del manuscrito de la obra, a partir de la versión que la Imprenta Héroes publicó en 1932. Se han corregido los errores gramaticales, a excepción de ciertas particularidades que, aunque normativamente incorrectas, se han considerado propias del estilo del autor (laísmos, leísmos o minúsculas originales de «guardia civil» y «duque»).

Bibliografía Citada

Obras y artículos

ARDERÍUS, Joaquín y DÍAZ FERNÁNDEZ, José. *Vida de Fermín Galán (biografía política)*. Madrid: Zeus, 1931.

ESQUEMBRI, Carlos. «Juan López Merino y el estreno del drama Berta». En *Historias de la Melilla de Izquierdas*, http://melillaizquierda.blogspot.com.es/2012/09/juan–lopez–merino–y–el–estreno–del.html (consultado el 7 de junio de 2013).

GÓMEZ, Esteban. *La insurrección de Jaca: los hombres que trajeron la República*. Barcelona: ESCEGO, 2005.

MAINER, José Carlos. «Jesús López Pinillos en sus dramas rurales». En *Literatura y pequeña burguesía en España (notas 1890-1950)*. Madrid: Cuadernos para el Diálogo, 1972: 89-120.

MARTÍNEZ DE BAÑOS CARRILLO, Fernando. *Fermín Galán Rodríguez, el capitán que sublevó Jaca*. Zaragoza: Delsan, 2005.

NASH, Mary. *Mujer y movimiento obrero en España, 1931-1939*. Barcelona: Fontamara, 1981.

PACO, Mariano de. «El drama rural en España». *Anales de la Universidad de Murcia. Filosofía y Letras*, XXX, 1-2 (1971-1972): 141-170.

Prensa

ABC, 22 de abril de 1932
Cartagena Nueva, 30 de marzo y 1 de abril de 1932
El Heraldo de Madrid, 22 de abril de 1932
El Socialista, 22 de abril de 1932
El Sol, 22 de abril de 1932
La Voz, 21 y 22 de abril de 1932

FERMIN GALAN

BERTA

DRAMA SOCIAL

Berta
(Drama social)

Fermín Galán

Reparto

Personajes	Actores
Berta	Carmen Muñoz Gar
María del Carmen	Juana Cáceres
Casilda	Carmen Robles
Enrique	Ramón Elías
Duque de Rimal	Germán Cortina
El Mina	Santiago García
Torrejón	M. Domínguez Luna
Llorente	Emilio Díaz
Don Julián	Enrique Gª Álvarez
Pedro	Joaquín Llácer
Don Luis	Luis Ulloa
Alcalde	M. Iniesta
Campesino 1º	Gaspar Fernández
" 2º	Mariano Morata
" 3º	Manuel Guitián
" 4º	Manuel Díaz

Apuntador, *José Gómez Ortega*
Traspunte, *José Vilches*

Vecinos y pueblo
La acción en un pueblo de España
Derecha e izquierda las del actor

Acto Primero

Despacho. Mirador. Puertas laterales. Crucifijo en la pared encima de la mesa

Escena I
Duque de Rimal y Torrejón

Duque.– ¿Qué? ¿Cumpliste por fin mi encargo?
Torrejón.– Como mejor me fue posible.
Duque.– ¿Y cuál ha sido el resultado?
Torrejón.– Les reuní a todos en el Caserío, como el señor me indicó. Y poniendo en mis palabras luego la mayor energía, les hablé en la forma que el señor duque me dijo que lo hiciera. Pero ellos...
Duque.– ¿Qué te contestaron?
Torrejón.– Todos me dijeron que se encontraban casi en las últimas. Que las lluvias no habían caído este año en demasía. Y que las cosechas, por este motivo, habían sido malas.
Duque.– Pues no puede ser lo que pretenden. Me es imposible prorrogar los cobros, como en otras ocasiones. Mis haciendas tienen su renta y esta debe percibirse. Así es que... ¡a la justicia, a la justicia con quien no pague!...
Torrejón.– Es que por las buenas...
Duque.– Estoy harto de contemplaciones.
Torrejón.– A pesar de todo, y por lo que respecta a varios, yo me atrevería a decir al señor duque...
Duque.– ¡Nada, nada! O entran en cintura, o se mueren de hambre. Con gente como esta no es posible otra cosa. Porque ni entienden de razones ni le comprenden a uno. La condescendencia la toman con abuso, y van siempre más allá de donde uno les permite. Así es que al juzgado, y hemos concluido. Puedes retirarte.
Torrejón.– Está bien, señor. (*Mutis izquierda*)

Escena ii
Duque y María del Carmen

María.– (*Que al llegar por la derecha escuchó las últimas frases de su padre*) ¿Reñías con Torrejón, papaíto?...
Duque.– No. Con él, no. Con los colonos de la Rivera. Son unos animales que no merecen consideración y que siempre tienen que andar pidiendo algo.
María.– ¡Viven mal los pobres!
Duque.– ¡Bah! ¡Niñerías! El que más y el que menos tiene sus ahorros.
María.– Pero...
Duque.– Déjate de cosas que tú no comprendes y vamos a lo tuyo. ¿Qué? ¿Qué tal el paseo?...
María.– Bien. Pero al llegar a la vuelta del puente creía que volcábamos.
Duque.– ¿Cómo?
María.– Sí. Salimos en el coche pequeño. Berta y yo únicamente.
Duque.– Y esa mujer, ¿qué tal va? ¿Cómo se porta?
María.– Cada día estoy más contenta de su trato. Puede decirse que es la mejor institutriz que he tenido.
Duque.– Celebro mucho haber acertado.
María.– ¡Si la escucharas, papá!... Es persona encantadora. Igual que una amiga. No hay cosa que ella no sepa. Y hasta cuando me corrige, lo hace de un modo delicadísimo.
Duque.– Sí, sí. Se ve que es competente. Y, sobre todo, me parece simpática... ¡muy simpática!
María.– Además de tener una cultura que asombra. Porque hace un momento, cuando nos apeamos del coche, delante de un hormiguero que nos paramos, me ha dado una explicación sobre la vida de las hormigas que me ha dejado con la boca abierta.
Duque.– Eso está bien. Y entiendo que es un acierto para que llegues a ser una mujer como quiero que lo seas.
María.– Bueno, y lo más más notable del caso es que estando a su lado, lo paso de distraída como no puedes imaginarte. Es una

muchacha casi tan joven como yo y no una vieja gruñona como la otra institutriz que me pusiste... Y en este plan, ¡figúrate! Encantada.

Escena iii
Dichos y Torrejón

Torrejón.– *(Por la izquierda)* Señor...
Duque.– ¿Qué hay?
Torrejón.– Acaba de llegar el Mina. Según me ha dicho, quiere hablarte.
María.– En este momento...
Duque.– Dile, dile que suba.
Torrejón.– En seguida. *(Mutis izquierda)*

Escena iv
Dichos menos Torrejón

María.– No sé cómo tienes gusto en recibir a ese hombre.
Duque.– ¿Te desagrada el Mina?
María.– Es muy antipático. Y en el pueblo, por otra parte, todos afirman que es mala persona.
Duque.– A pesar de tu criterio y de lo que afirmen en el pueblo, debo decirte que el tal Mina es un gran elemento.
María.– Pero... ¿para qué demonios puede servirte a ti ese bruto?
Duque.– La política tiene exigencias que tú desconoces. Y debido a esas exigencias de la política, hay que disponer de personas que son maravillosos auxiliares para muchos asuntos. Pero... ¡escucho que suben! Y sería conveniente que me dejaras unos instantes. ¡Anda! Tú, a tus labores.
María.– ¡Hasta después, papaíto! Pero te aseguro, aunque es verdad que no entiendo de ciertas cosas, que me siguen molestando extraordinariamente tanto la política como el Mina. *(Mutis primera derecha)*

Escena v
Duque y el Mina

Mina.– *(Por la izquierda, acompañado de Torrejón, que hará mutis segunda derecha)* ¿Da usted su permiso?...
Duque.– Pasa.
Mina.– Me llamaba usted, según me han dicho, y aquí me tiene.
Duque.– Sí, Mina. Necesito de ti.
Mina.– De sobra es sabido que de mi persona se pué disponer. Y que el señor duque es el amo, y el que ordena y el que manda...
Duque.– Te conozco. Y ya sé que eres uno de los que van a todas partes.
Mina.– Eso, como un perro. Como un perro que si hay que ventear, ventea... Y si hay que morder... ¡pos muerde!
Duque.– Bueno, según sabrás, esta noche tienen reunión los liberales.
Mina.– Eso se dice.
Duque.– Pedro Cubilla lo ha preparado todo para empezar la campaña de las elecciones. Y según tengo entendido, ha mandado aviso a mucha gente de los alrededores para que acuda al pueblo. Es cosa vista, por consiguiente, que ese canalla se ha liado la manta a la cabeza y que va contra mí.
Mina.– Ansina debe ser. Porque el Basilio y el Ramallo y Paco el de la Liviana, justamente esta mesma tarde, en la taberna del «Pregonao», hablaban de algo de eso.
Duque.– Sí. Quiere darme la batalla a toda costa. Pero como yo no habré de dejar que me la gane, es preciso que nosotros empecemos a movernos.
Mina.– ¿Con coraje?
Duque.– Con talento.
Mina.– Pos usté dirá lo que habrá que hacer.
Duque.– Buscas en seguida a dos de confianza. Gente que esté dispuesta a ir contigo esta noche, después de unos vasos, al centro de esa gentuza.
Mina.– ¿Y luego?
Duque.– Procurarás colocarte en sitio que esté cercano a donde se ponga Cubilla... Para cuando sea ese momento...

Mina.– ¿Qué?

Duque.– Como él será el primero que hable, y es seguro que comenzará diciendo improperios contra los conservadores, apenas que llegue a esto, y con las espaldas bien guardadas por los dos que lleves, es preciso que entres en acción.

Mina.– Pero... ¿cómo? ¿De qué manera?

Duque.– Interrumpiéndole con una palabra dura. De forma que la gente se soliviante y que se arme el escándalo.

Mina.– Y si hay que atizar... ¿atizo?

Duque.– Muy fuerte, no. Basta con que te sirvas de los puños. Para que puedas decir luego *que por haber querido protestar de algo que se decía sin razón*, Cubilla te ha maltratado.

Mina.– ¡Comprendío!

Duque.– Ten presente eso. Que sea él el agresor. Porque mi deseo es tan solo que se le meta en la cárcel y que se le forme proceso. Quiero quitarle de en medio mientras que duren las elecciones.

Mina.– Está mu bien pensao.

Duque.– Y nada te encargo, Mina. Mi nombre, que no suene para nada. Cosa vuestra todo.

Mina.– Es que si le aprietan a uno el juez por un lao y la guardia cevil por otro...

Duque.– El juez es juez de este pueblo –y él lo sabe– porque yo he dispuesto que lo sea. Y la guardia civil solo hará lo que la manden hacer.

Mina.– ¡Bueno! ¡Bien! Eso ya es otra cosa. Y me parece que saldrá el asunto como pa que no tenga usté queja.

Duque.– Confío entonces en ti de manera absoluta, ¿no es eso?

Mina.– A ojos cerraos pué usté confiar, señor duque.

Duque.– *(Dando a Mina unos billetes que sacará de la cartera)* Pues toma. Para que convides a esos amigos que habrán de acompañarte.

Mina.– Crea usté que yo lo hago to de voluntad. Sin que el interés me lleve. Y por eso...

Duque.– Guarda, guarda esos billetes, y... ¡anda con Dios!

Mina.– Muchas gracias, mi amo. *(Mutis)*

Escena vi
Duque y Berta

Berta.– *(A poco de haber salido el Mina por segunda derecha)* ¿Se puede?
Duque.– Adelante, Berta.
Berta.– Me dijo el señor que tenía necesidad de hablarme a esta hora. Y como he visto que quedaba solo...
Duque.– Hizo bien en venir. Porque... ¡en efecto! Es mi deseo que charlemos.
Berta.– Pronta me tiene para ello.
Duque.– Siéntese antes. Hágame el favor.
Berta.– *(Sentándose)* Gracias.
Duque.– *(Después de liguera pausa)* Mis palabras de esta mañana citándola para este momento fueron quizá un poco raras. Me expresé con usted algo reservadamente. Y esto tal vez la extrañaría. Pero era la cuestión a que deseo referirme asunto verdaderamente delicado. Y por esta causa, he querido poner en mi proceder la discreción oportuna.
Berta.– No puedo adivinar el alcance de lo que me dice; pero... dispuesta me tiene a escucharle.
Duque.– Lleva usted aproximadamente dos semanas en esta casa. Y aunque este tiempo no es excesivo, he podido apreciar bien que sus aptitudes como institutriz de mi hija –y muy especialmente su simpatía de mujer– son cosas dignas de la mayor admiración.
Berta.– Me hace usted demasiado favor. Y creo sinceramente que no lo merezco.
Duque.– Es que María del Carmen, también por su parte, coincide con mi manera de apreciar sus méritos. Y dos opiniones ya, según comprenderá, creo que valen la pena.
Berta.– Pero...
Duque.– Es mi deber felicitarla por sus cualidades. Y, después de hacerlo con satisfacción, voy a pasar a lo que, según ya la indiqué, es ahora el motivo de nuestra entrevista.
Berta.– Muy agradecida por sus bondades, y... ¡puede usted continuar!

Duque.– La vida tiene caprichos insospechados, Berta. Sin que nos expliquemos bien el porqué de las cosas, somos a veces juguetes de las cosas mismas, y ellas se imponen. En este caso, sin duda, me encuentro yo. Y es lo más notable que de usted precisamente puede depender, para bien o para mal, un algo que necesito de usted y que me afecta de manera extraordinaria.

Berta.– No acabo de comprenderle.

Duque.– Vive usted casi sola en este mundo. Privada de medios para pasarlo como su belleza se merece. Yo, en cambio, tengo una fortuna que ni puedo calcular siquiera. Soy relativamente joven todavía. Y como ante sus encantos he sentido agitarse dentro de mí una pasión que no se resigna a vivir callando, me decido a preguntarla: en porvenir más o menos lejano... ¿agradaría a usted ser la duquesa de Rimal?

Berta.– Me abruma usted, señor duque. Porque esa pretensión suya, expuesta así en esos términos, tan inesperadamente, desconcierta a cualquiera, la verdad.

Duque.– Pero ya está expresado mi pensamiento. Dicho con toda exactitud. Y ahora... ¡es preciso, necesito que conteste usted a él sin ninguna clase de vacilaciones!

Berta.– Perdóneme, amigo mío; pero crea que en este momento me es imposible complacerle.

Duque.– *(Exaltándose de deseo a medida que habla)* La quiero a usted con igual ardor que si tuviera veinte años, Berta. Y la juro que desde hace días no tengo otra obsesión en mi pensamiento que su cara, y sus ojos, y su boca, y su cuerpo... ¡Toda usted, que habrá de ser mía para que yo sea su esclavo!

Berta.– Pudiera llegar alguien. Y tanto por el señor duque como por mí misma, creo que debiéramos suspender nuestra conversación en este sitio.

Duque.– Accedo. Pero esta noche, cuando todos duerman, habremos de vernos con la mayor discreción. Deje usted la puerta de su cuarto entornada, y espéreme allí. Que a cubierto de las miradas quiero que consolidemos lo que habrá de ser su porvenir para siempre y mi dicha hasta la eternidad.

Berta.– *(Levantándose del asiento)* Pero... ¿qué es lo que me propone? ¿Una cita a deshora y sin testigos dentro de su propia casa?

Duque.– Necesito verla con toda libertad. Para que esa boca divina que me hace delirar pueda yo besarla, así... *(La besa sin que ella pueda evitarlo)*

Berta.– *(Rehaciéndose con dignidad y poniéndose de pie como una fiera herida)* Pero... ¿ha tenido usted el valor de acercar sus labios a mi rostro?... ¿Suponiendo quizá que trataba con una perdida? No cruzo su mejilla y le cambio un beso por una bofetada, porque aun dentro de mi situación, quiero ser todavía lo suficientemente digna para no rebajarme a su nivel.

Duque.– ¡Berta!

Berta.– Ha terminado toda relación entre nosotros. ¿Lo oye usted?... ¡Toda relación! ¡En absoluto! Y esta misma tarde, sin más demora, saldré de su domicilio.

Duque.– No se ofusque de esa manera, porque la cosa no ha sido para tanto. Y estoy dispuesto a darla hasta una explicación.

Berta.– De seres como usted no necesito las explicaciones.

Duque.– Es usted demasiado altiva. Y debo advertirla que eso, con el duque de Rimal, pudiera ser tal vez peligroso.

Berta.– *(Desde la puerta de salida, con desprecio)* ¡Llevaban razón los que me decían, sin que yo me decidiera a creerlo, que era usted un ser despreciable!... ¡El tirano de este pueblo!... *(Mutis segunda derecha)*

Escena VII
Duque y Torrejón

Duque.– *(Llamando por segunda derecha a poco de haber hecho mutis Berta)* ¡Torrejón! ¡Torrejón!

Torrejón.– ¿Me llamaba usted?

Duque.– Sí. Te necesito.

Torrejón.– Puede mandarme el señor.

Duque.– ¿Has visto a la institutriz ahora? ¿Cuándo ha salido de aquí?

Torrejón.– Por mi lado ha pasado. Por cierto que muy nerviosa y sin saludar.

Duque.– ¿Y hacia dónde se ha dirigido?

Torrejón.– Entró en el despacho de don Enrique. Con él se encuentra en este momento.

Duque.– ¿En el despacho de mi secretario dices que ha entrado?

Torrejón.– Por lo que se ve, la señorita Berta debe haber tenido algún disgustillo. Y en este caso, nada más natural sino que haya ido en busca de protector.

Duque.– ¿Cómo? ¿Qué es lo que estás diciendo?

Torrejón.– Obré un poco de ligero al expresarme como me expresé, y lamentaría... ¡tener que contestar al señor duque algo que pudiera no ser de su agrado!

Duque.– ¿Qué quieres decirme con eso que hablas? ¿Cuál es el alcance de lo que me indicas, Torrejón?

Torrejón.– Me agradaría no salirme de mi papel de administrador. Porque don Enrique, al fin y al cabo, es el secretario del señor duque. Con un compañero mío. Y podría parecer...

Duque.– Sin rodeos de ninguna clase, explícate inmediatamente. ¡Te lo mando!

Torrejón.– Me obliga el señor con un mandato. Y en este caso, ya debo obedecer. Para confesar que me parece que se ha sufrido una equivocación grande al tomar al servicio de esta casa a ese señor secretario.

Duque.– Enrique es de carácter un poco extraño. Demasiado concentrado tal vez. Pero su trabajo lo lleva a la perfección.

Torrejón.– Tan a perfección como lo de estar casi a las claras en contra del señor duque, tanto en política como en todo.

Duque.– ¿Es posible?

Torrejón.– Fuera de este domicilio, los que blasonan de descreídos y de libertarios, son sus amigos mejores. Y debajo de este techo...

Duque.– ¿Qué hace?

Torrejón.– Si alguien se atreve a respirar para quejarse del señor por cualquier minucia, también es cierto que en él encuentra el mayor apoyo.

Duque.– ¿Eh?

Torrejón.– A la vista está. Yo he sacado que la institutriz habría sufrido cualquier reprimenda, más que por su presencia y su nerviosidad, por el indicio seguro de verla entrar en el despacho de ese caballero apenas que ha salido de aquí.

Duque.– Pero... ¿eso es cierto?

Torrejón.– Tan cierto como que me llamo Torrejón.

Duque.– Luego entonces tú crees que ese hombre no me es fiel y que me está engañando.

Torrejón.– Eso lo juraría yo con las manos puestas encima del fuego.

Duque.– Bien, bien... *(Después de una pequeña pausa)* Anda en seguida y dile que venga. Que todo habrá de arreglarse en cinco minutos. Y por lo que respecta a la institutriz, otro encargo.

Torrejón.– Mándeme el señor.

Duque.– Di de mi parte al sargento de la guardia civil que, *sin que la detenga ni la interrogue,* impida a toda costa que esa mujer salga del pueblo. Quiere irse esta tarde. Y yo, antes de que lo haga, necesito informarme sobre el paradero de unas alhajas que se me han perdido.

Torrejón.– Así lo haré.

Duque.– Y recomiendas al sargento que no divulgue sobre este hecho de la pérdida de mis alhajas ni lo más mínimo hasta que yo le avise.

Torrejón.– Perfectamente.

Escena VIII
Duque y María del Carmen

María.– *(Por primera derecha)* Papaíto, para esta tarde necesito que me dejes el *auto* grade.

Duque.– ¿Con qué objeto?

María.– Quiero llevar a Berta a los Cañaverales. La tengo prometido este paseo desde ayer, y habremos de darlo.

Duque.– Es imposible lo que pretendes, María del Carmen. Porque a partir de este momento, me veo en la necesidad de hacerte una prohibición.

María.– ¿Qué prohibición, papaíto?
Duque.– La de que suspendas en absoluto toda relación con tu institutriz.
María.– ¿Cómo?
Duque.– Hay un asunto pendiente, surgido hace unos minutos, que habla muy poco en favor de la moralidad de esa mujer. Y como comprenderás, debemos retirarla nuestra confianza.
María.– ¿Es posible?
Duque.– Tan posible, hija.
María.– Pero... ¿de qué demonios puede tratarse?
Duque.– De un incidente muy delicado que no se debe explicar.
María.– Pues me parece raro lo que estás hablando. Y no sé qué asunto podrá ser ese. Pero hasta sin saberlo te digo que debes de estar en algún error. Porque Berta es una bella persona. Lo que se llama una señorita. Y esto me atrevería yo a confirmarlo rotundamente.
Duque.– Ni el más leve trato con ella. Yo te lo ordeno. Y en momento oportuno, ya sabrás el porqué.
María.– Es que yo...

Escena ix
Dichos y Enrique

Enrique.– *(Por segunda derecha)* ¿Necesitaba de mí el señor duque?
Duque.– Sí.
María.– Es precioso el libro que me ha dejado usted, Enrique. Ya lo he leído. Y llevaba usted razón. El capítulo que se titula «Divagaciones» es divino.
Enrique.– ¿De veras la gustó?
María.– Con locura. Hasta el punto de que hay un pensamiento en ese capítulo que me lo aprendí de memoria.
Enrique.– ¿Es posible?
María.– Sí, amigo mío. Y si no, ya verá usted. Al tratar de las pasiones, dice el autor: «...¡qué distantes se hallan las personas, unas de otras, aun cuando se quieran o estimen. Y qué in-

menso es el misterio que vive en cada cerebro. Porque si las frentes fueran transparentes y mostraran a la luz sus secretos, nos espantarían, quizá, los abismos, que a veces nos separan hasta de aquellos mismos que nos engendraron...»

Duque.– ¡María del Carmen!

María.– Es un gran libro, papá. Y tan moral como no puedes figurarte.

Enrique.– Aunque haya alarmado a usted un poco lo dicho por su hija, crea que vale la pena ese libro. Y que sin temor alguno puede leerse.

Duque.– Perfectamente. Muy bien. Pero como no es ocasión esta para tratar de literatura, porque tenemos que hacer, agradecería bastante...

María.– ¡No, si ya me marcho! Pero... ¡ay, Jesús! No se me va de la cabeza lo otro. Lo que me has indicado anteriormente. Porque no puedo creer ciertas cosas, ni aunque me las digan en cruz. Que me busque usted otro volumen, Enrique. Por el estilo del que he acabado.

Enrique.– Procuraré complacerla.

María.– Y ya está usted viendo cómo sin violencia de ninguna clase me siguen interesando sus aficiones.

Enrique.– ¿Señorita?

María.– Hasta luego, señor filósofo. *(Mutis primera derecha)*

Escena X
Dichos menos María del Carmen

Duque.– ¿Terminó usted con la correspondencia?

Enrique.– Toda está despachada.

Duque.– ¿Y la carta al ministro?

Enrique.– Para la firma.

Duque.– *(Después de una pausa)* Como recordará usted, Enrique, cuando le tomé a mi servicio hace tres meses, hice a usted unas indicaciones.

Enrique.– En efecto.

Duque.– Aclaré a usted bien, si mal no recuerdo, que para mi secretaría particular necesitaba de persona activa, competente y, sobre todo, *afecta a mí en absoluto*. ¿No fue así?
Enrique.– Sí, señor. Así fue.
Duque.– Pues ha llegado el instante de que volvamos sobre lo pactado. Y a tal fin, pregunto a usted: aquellas condiciones que yo le exigiera para aceptarle en su cargo... ¿cree usted haberlas cumplido?
Enrique.– Activo y competente siempre lo fui. Pero afecto a usted... ¡con franqueza le confieso que jamás pude serlo!
Duque.– Me confiesa entonces lo que algunos de esta casa, y yo con ellos, venimos notando en usted desde hace tiempo: que tanto en política como en otras cuestiones, está usted en absoluto en frente de mí.
Enrique.– Reconozco lealmente que ni mis ideas políticas ni otras de orden humano, que considero fundamentales, están de acuerdo con sus ideas.
Duque.– Y en esas condiciones... ¿ha estimado correcto servirme y tender su mano cada mes para cobrar un sueldo que yo le ofrecía?
Enrique.– Era usted, según pude apreciar a poco de tratarle, el rival y no el amigo de la clase oprimida que yo represento. La persona que no repara en medios para conseguir una finalidad. Y como tales hechos me desligaban en absoluto de todo compromiso con usted, imitando sus procedimientos y venciendo la violencia de percibir unas pesetas —no que usted me regalaba, si no que yo le cambiaba por mi trabajo—, tendí mi mano y me las guardé con la mayor tranquilidad. Plenamente convencido de que realizaba, al hacerlo, una acción lógica y digna.
Duque.– A lo que parece usted se ha construido una moral a su gusto para utilizarla dentro de una sociedad a su capricho... ¿no es así?
Enrique.– Sé que me desenvuelvo dentro de una sociedad imperfecta, donde la distribución de la riqueza es monstruosa... Donde existen exiguas minorías, hartas y cultas, que mandan

en multitudes, hambrientas y sin instrucción, cuya obediencia y acatamiento a esa clase que sin piedad la tortura va siendo ya, únicamente, desesperación y odio.

Duque.– Pero al expresarse de esa manera... ¿es que está usted loco?

Enrique.– Nadie debe llamar loco a nadie sin analizarse antes a sí mismo.

Duque.– ¿Eh?

Enrique.– Todos tenemos algo de anormal en nuestras vidas. Y pudiera ser, a veces, nuestra anormalidad, precisamente, la única verdad que poseyésemos.

Duque.– Pues esas teorías suyas serán maravillosas. Y tendrán la explicación que a usted le dé la gana. Pero yo le digo que a mí me parecen absurdas. Y más que absurdas, inadmisibles.

Enrique.– Como a mí me parece también inadmisible que sea usted el dueño de una comarca vastísima, poblada de seres que no tienen derecho a llamar suyo ni aun el sitio aquel que cubren con la planta de sus pies. Que utilice usted a esos seres como a irracionales, para lo que constituye de manera especialísima el medro y bienestar de usted. Y que toda esa tragedia se realice sancionada y apoyada por poderes que aseguran ser los administradores del orden y de la equidad.

Duque.– No salgo del asombro al oírle. Y en verdad que estoy maravillado de la quietud de mis nervios. Porque sus palabras es evidente que rayan en el descaro.

Enrique.– Le ocurre casi lo mismo que a mí me ha sucedido al verle y escucharle como en plan de fiscal mío, precisamente después de haber sabido por una mujer buena y honesta, que también con sus acciones y con sus palabras sabe llegar, en cierto orden de cosas, a lo inconcebible.

Duque.– ¿Eh?

Enrique.– Estoy al corriente de lo que ha sucedido a Berta con usted. Y sobre ello, como comprenderá, tengo una opinión.

Duque.– Bueno, Enrique. A partir de este momento, nuestro diálogo debe concluir, y ha concluido.

Enrique.– ¿Por qué le sorprenderá quizá que esté enterado de intimidades?

Duque.– Porque veo a usted dispuesto a inmiscuirse en cuestiones de las que no puedo darle explicación.

Enrique.– ¿Cómo?

Duque.– Es usted aquí un empleado. Sin más representación que esa. Y como no me convienen sus servicios, le pido que extienda su recibo por lo que se le deba de salario, para que Torrejón se lo abone, y me haga usted el favor de salir de esta casa cuanto antes.

Enrique.– Altivo es, en realidad, el tono del señor duque. Pero debo advertirle que a pesar de ese tono, sus palabras no me sobrecogen. Porque no parece otra cosa, a pesar de esa altivez, sino que el señor duque ha pasado de juez a reo.

Duque.– ¿Así lo entiende usted?

Enrique.– Exactamente.

Duque.– Pues con la interpretación que mejor le parezca, extienda el recibo. Y vuelvo a repetirle que hemos terminado.

Enrique.– Sin imitar al señor duque en su nervosidad, y quedando a su disposición para responderle siempre de mis opiniones, voy a extender aquí mismo el documento. *(Se sentará a la mesa del despacho, donde empezará a escribir; entretanto el duque hace mutis por la izquierda)*

Escena xi
Berta y Enrique

Berta.– *(Por la derecha y con algo de nervosidad, poco después de haber salido el duque)* Siento repugnancia de seguir en este sitio. Y quiero marchar en seguida de esta casa. Dentro de unos minutos, si ello es posible.

Enrique.– Tranquilícese, Berta. Porque, por fortuna, las cosas llegaron a un extremo en que todo quedó puntualizado.

Berta.– ¿Qué es lo que dice?

Enrique.– Está usted bajo mi amparo. Y ahora, ya no será usted sola la que se vaya de este domicilio.

Berta.– ¡Cómo!

Enrique.– Me ahogaba el ambiente de maldad que se respira al lado de ese hombre. Y, aprovechando unas quejas que ha tenido sobre mi conducta, yo también acabo de romper con él.

Berta.– ¿Es posible?

Enrique.– Sí. No quiero ser cómplice por más tiempo de tanta iniquidad. Y menos por lo que respecta a usted, a quien respeto y estimo.

Berta.– Pero en la entrevista que con él ha tenido... ¿se refirió quizá a lo que le conté?, ¿a lo que a mí me ha pasado?

Enrique.– No la oculto que hice por que comprendiera que me hallo enterado de lo que intentó. Era necesario contener la perversidad de ese hombre. Hacerle ver que no estaba usted sola. Y por este motivo, hice uso de su confidencia.

Berta.– Es que ahora su odio será también para usted.

Enrique.– ¿Y qué me importa a mí eso cuando siento la satisfacción de haber cumplido con un deber?

Berta.– ¡Qué corazón el suyo, Enrique! ¡Y cómo le agradezco ese gesto de persona buena que para mí tiene en estos momentos!

Enrique.– Desde que la conocí en esta casa, hace dos semanas, profeso a usted un afecto verdadero. Es usted una mujer inteligente y culta, con la que estoy totalmente identificado en ideas. Y esto era muy natural que me obligara a proceder, frente a su caso, como hubiera podido hacerlo como una hermana.

Berta.– Entonces, ahora...

Enrique.– Arregle en seguida su equipaje. Saldremos de aquí para instalarnos esta noche en la posada. Y en el tren que pasa al amanecer, nos iremos a Madrid. ¡Digo! Esto, si es que le parece a usted bien...

Berta.– Vivo por encima de la maledicencia. Sueño con un mundo mejor, más venturoso y más humano que en el que actualmente vivimos. Y no existen para mí otras normas de virtud ni otras leyes que aquellas que surgen de mi conciencia.

Enrique.– Hice a usted la observación, recordando la exagerada moral del cristianismo de este pueblo.

Berta.– Pero... ¿en qué sitio de la sociedad se encuentra la moral del cristianismo? ¿Los postulados generosos y universales de Jesús? En nadie se ve un egoísmo tan morboso ni tan repugnante como en aquellos que pregonan su moral en nombre de la religión.

ENRIQUE.– ¡Berta!

BERTA.– Para esa gente son legítimos todos los actos, por infames que ellos sean. Tranquilamente se prosternan en adoración de un Dios al que antes ofendieron, solicitando de él protección para que les ayudara en fines incalificables. Y todo creen que les es perdonado después de la confesión. Por monstruoso que sea. Como si estuviera en Dios y no en ellos mismos el ejercicio de una vida noble y generosa. Como si la divinidad fuese el baluarte en que la maldad se ampara para seguir siendo siempre maldad... Pero... ¿a qué preocuparse? Son los dogmas que significan el pasado los que se encuentran frente a nuestra rebelión, que representa el porvenir. Y no hay manera de compaginar las ideas de dos mundos antagónicos que deben acabar destruyendo el uno al otro. ¡Que se queden ellos con su religión, con su moral y con sus leyes! Y pasemos tranquilos la noche en la posada para proseguir mañana nuestro camino con la cabeza erguida mirando al porvenir.

ENRIQUE.– Una vez más me complazco en rendir acatamiento a su inteligencia.

Escena XII
Dichos y María del Carmen

MARÍA.– *(Por la derecha, con un libro en la mano)* Aquí tiene usted su libro, señor secretario. Y vuelvo a suplicarle... Pero... ¿llegué en mal momento? ¿Les interrumpo quizá?

BERTA.– No, María del Carmen.

ENRIQUE.– Ni lo más mínimo, señorita.

MARÍA.– Siendo así, quisiera de usted, Enrique... Bueno, mi padre ha salido... ¿verdad?

ENRIQUE.– Sí; hace un instante.

María.– Entonces hablaré más tranquila. Y después de devolver a usted su volumen y pedirle que para la noche no se olvide de buscarme otro, suplicaré también a Berta un nuevo favor.

Berta.– ¿Qué quiere de mí?

María.– Como por razones que ahora no puedo explicarla, mañana, quizá, no me acompañe usted, después del desayuno, y como por casualidad, desearía encontrarla por la parte del jardín. En el invernadero. A esa hora yo iré a ese sitio para charlar con usted unos minutos sobre algo que quisiera me aclarase.

Berta.– Con harto dolor de mi alma debo decirla, querida, que me será imposible hacer lo que desea.

María.– ¿Cómo?

Berta.– Es usted muy buena. Durante el tiempo que la he tratado, pude apreciar que tiene un gran corazón. Y al besarla en esta forma *(La besa)*, es para manifestarla que la digo adiós por última vez.

María.– ¡Berta! ¡Amiga mía! ¿Qué es lo que habla?

Berta.– Dentro de unos minutos es seguro que habré salido de su casa para siempre.

María.– ¿Es cierto lo que está diciendo? ¿Me lo confirma usted, Enrique?

Enrique.– Sí, María del Carmen. La señorita terminó en su encargo casi al mismo tiempo que yo el mío. Los dos hemos tenido una pequeña diferencia con su señor padre. Y como no había otra manera de solucionarla que presentando nuestra dimisión, así lo hicimos.

María.– ¡Ah, pues no me conformo de ninguna manera con lo que sucede! Y ruego a ustedes que no se vayan de aquí todavía. Porque cuando vuelva mi padre, trataré con él de este asunto. Y todo habrá de arreglarse... ¡lo prometo!

Berta.– Por mi parte, agradezco a usted su buena intención. Pero la ruego que no intente nada en tal sentido. Mi resolución es irrevocable. Y como por otro lado su actitud cariñosa me tiene un poco emocionada, agradecida a sus bondades, la dejo.

Enrique.– Conmovido también como Berta, repito a usted el ofrecimiento de mi amistad. *(Después de una pausa y de leve inclinación afectuosa, Enrique y Berta hacen mutis por la derecha)*

Escena XIII
María del Carmen, sola

María.– *(Viéndoles marchar y agobiada por la pena)* Esto era la razón. A lo que mi padre se refería... ¡Se aman! ¡Los dos se aman!... Y es también verdad que quería yo a ese hombre como a mi vida... ¡más que a mi vida misma!... *(Sollozando se desplomará sobre una butaca, mientras cae el*

TELÓN LENTAMENTE

Acto Segundo

Jardín del palacio del duque de Rimal. A la izquierda fachada de la casa y puerta de entrada a esta. A la derecha, mecedoras, mesa de mimbre y un banco rústico a la sombra de un gran árbol

Escena I
Duque y Llorente

Duque.– ¿Y qué tal el Gobierno, amigo Llorente?
Llorente.– Se afianza cada vez más. El último éxito en el Congreso ha sido grande. Se puso a votación el proyecto de ferrocarriles estratégicos, y salió la cosa a flote. Pero estuvieron las fuerzas casi niveladas. Y como es preciso que el Gobierno cuente con una mayoría más numerosa, por eso se ha ido a la disolución.
Duque.– Entonces, las elecciones...
Llorente.– Serán inmediatamente.
Duque.– Y sobre ese punto... ¿qué le dijo el ministro?
Llorente.– Le pareció bien que haya pensado usted en mí para representar este distrito. Y me aseguró, por otro lado, que aprobaría en absoluto lo que hiciese usted durante las elecciones.
Duque.– ¡Eso! Eso es lo que se necesita. Pleno apoyo de Gobernación para desenvolverse. Porque las cosas aquí andan de lo peor.
Llorente.– Pero según su última carta, Pedro Cubilla... ¿no está en la cárcel?
Duque.– En la cárcel se encuentra. A raíz de haber maltratado al Mina hace una semana en el Centro Liberal, se le detuvo y encarceló. Pero las cosas no han mejorado por esto.
Llorente.– ¿Cómo?
Duque.– Por la detención de Cubilla, la gente de Mechinales, que está con él, ha declarado la huelga y ha producido desór-

denes. Con este motivo, hubo que concentrar la guardia civil en Mechinales. Y como aquí hemos quedado sin guardia civil, resulta que en unos días nos ha ganado a casi toda la clase trabajadora un elemento nuevo que ha surgido extraordinariamente peligroso.

LLORENTE.– ¿De quién se trata, querido duque?

DUQUE.– De quien menos podía suponerse. De una mujer.

LLORENTE.– ¿Una mujer?

DUQUE.– Cierta señorita, a la que yo mismo, por un anuncio de los periódicos, traje de Madrid para institutriz de María del Carmen. Persona de inteligencia; pero que me ha sorprendido con sus ideas disolventes.

LLORENTE.– ¿Es posible?

DUQUE.– Tan posible que en poco tiempo, con sus predicaciones, se hizo la dueña de multitud de ilusos. Entre ellos, hasta de mi secretario. De Álvarez. La persona que por recomendación de usted, precisamente, admití para este cargo.

LLORENTE.– ¿Y tomó usted ya medida contra ese sujeto?

DUQUE.– Le despedí, creyendo que se marcharía del pueblo. Pero se ha instalado con ella en la posada. Y aquí le tenemos también... dándonos guerra.

LLORENTE.– Pues por lo que respecta a ese hombre, yo lo veré. Y aunque no tengo con él mucha confianza –ya que lo recomendé a usted por presión de cierto amigo–, haremos lo posible para que desista de su actuación.

DUQUE.– Será difícil la empresa, porque Berta, que así se llama esa libertaria, maneja los peones a su capricho.

LLORENTE.– Y aunque fuese forzando la cosa un poco, querido duque... ¿no habría manera de inutilizar a esa señorita?

DUQUE.– Meterla en la cárcel por cosa política es expuesto. Tiene a mucha gente de su parte. Y esa medida, después de lo de Cubilla, *que me lo achacan a mí,* empeoraría quizás la situación.

LLORENTE.– Es que hay otros medios...

DUQUE.– Ya puse en juego un recurso, del cual espero algún resultado. Y a este fin, movilicé a dos de nuestros amigos. Con el objeto de traer a esa mujer hasta esta casa y obrar después en cierta forma.

Llorente.– Entonces... ¿qué? ¿Le parece oportuno que me ponga en movimiento para lo de Álvarez?
Duque.– Vaya a verle esta tarde. Nada se perderá con tantearle. Pero le aconsejo que trate la cuestión habilidosamente. Con la mayor suavidad.
Llorente.– Descuide, que para algo le debo el honor de que haya usted pensado en mí para diputado. Y para algo también he venido hoy de Madrid.

Escena ii
Dichos y Torrejón

Torrejón.– *(Llegando foro izquierda)* Por el otro lado del jardín acaban de llegar el señor cura y el juez.
Duque.– ¿Solos?
Torrejón.– No señor, que viene con ellos...
Duque.– ¿Quién?
Torrejón.– La señorita Berta.
Duque.– ¡Ah! Conque la tenemos aquí.
Torrejón.– Sí, señor. Ahí está.
Duque.– Pues acompáñales a todos hasta este sitio.
Torrejón.– Inmediatamente. *(Mutis foro izquierda)*

Escena iii
Duque y Llorente

Duque.– *(Frotándose las manos con satisfacción)* ¡Triunfé! ¡He triunfado en la primera parte de mi programa!
Llorente.– ¿De veras?
Duque.– Esa mujer salió de mi casa de manera algo violenta. Sé que me odia en el fondo. Y dudaba mucho que consintiera en venir a mi presencia. Pero tanto el cura como el juez iban preparados. Y a lo que se ve, la convencieron.
Llorente.– Se portan eficazmente, por lo tanto, nuestros adeptos.

Duque.– ¡Siempre con nosotros! Y, de momento, dispuestos a luchar en el mismo plan diplomático que yo lo hago.

Llorente.– Pues me retiraré entonces. Para mayor libertad.

Duque.– ¡Espere! Les saludará. Y al objeto de que pueda usted apreciar también la clase de adversario que tenemos por delante.

Escena IV
Dichos, Berta, don Julián y don Luis

D. Julián.– *(Saludando a Llorente)* ¡Amigo Llorente!

Llorente.– A sus órdenes, don Julián.

D. Luis.– *(Saludando a Llorente también)* ¡Cuánto bueno en este pueblo!

Llorente.– ¡Don Luis!

D. Luis.– ¿Cómo va el señor duque?

Duque.– No mal del todo. *(Dirigiéndose a Berta, amable)* ¿Qué tal, Berta?

Berta.– *(Con sequedad)* Bien. Perfectamente.

Duque.– *(Presentando a Berta y Llorente)* La señorita de Acuña... Persona de gran mentalidad, a la que tuve la desgracia de no conocer bien, hasta después de reñir un poco con ella. Y... ¡el señor Llorente! Un íntimo de la casa.

Llorente.– ¡A sus pies, señorita!

Berta.– Beso su mano.

Duque.– Tome asiento, Berta... ¡Se lo suplico! Y ustedes también... ¡Hagan el favor! Aquí estaremos con más libertad.

D. Julián.– Sí. Es preferible este sitio.

D. Luis.– Yo por mi parte, lo prefiero.

Berta.– Yo también.

Duque.– *(Después de una ligera pausa)* Bueno, amiga mía. Le habrá extrañado, quizá, que, por mediación de estos señores y con tanto interés, me haya decidido a suplicarla la presente entrevista.

Berta.– Algo me extrañó. Pero me brindaban ocasión sus pretensiones para resolver definitivamente una cuestión. Y, como ve, no he dudado en venir.

Duque.– ¿A qué cuestión se refiere? La ruego que me lo explique.

Berta.– Al pretender marchar a Madrid, cuando dejé esta casa, la guardia civil me ordenó que no saliera del pueblo. Porque antes de mi partida, había necesidad de aclarar unos extremos relacionados con mi estancia en su domicilio. Y no pregunté siquiera sobre qué extremos pudieran ser aquellos. Esperé a que se me dijesen. Pero como ha transcurrido ya más de una semana sin que nadie haya venido a decirme qué es lo que se pretende de mí, quisiera saber de usted –a ser posible– si es que en el día puedo considerarme dueña de mi libertad.

Duque.– Creo que su pregunta quedará contestada, manifestando los propósitos que tuve al rogarla esta entrevista. Y para ello, cedo la palabra a sus acompañantes. Al objeto de que ellos digan cuál es mi disposición de ánimos con respecto a usted.

D. Luis.– El duque la estima verdaderamente. Sin recordar en absoluto cualquier desavenencia que haya podido existir entre ustedes.

D. Julián.– Y reconociendo por otro lado sus méritos, hasta tendría sumo gusto en iniciar con usted –avalando el hecho con nosotros– una colaboración.

Berta.– ¿Qué colaboración es esa de que hablan?

D. Julián.– Del socialismo de Cristo al socialismo que usted difunde entre los trabajadores no hay más que un paso. Y dentro del socialismo de Cristo, tanto el señor duque como nosotros no tendríamos inconveniente en establecer con usted cierta inteligencia. Algo así como un pacto.

D. Luis.– Cosa que podría significar para usted un bello éxito desde varios puntos de vista.

Llorente.– Y asegurar la paz y la concordia entre la gente humilde.

Berta.– Con todo respeto les digo que no me interesa ese éxito de que me hablan, ni me convence tampoco ese socialismo cristiano a que se refieren ustedes.

D. Julián.– ¡Señorita! Pero... ¿es posible que siendo usted una mujer conceptúe la religión como premisa que estorbe?

Berta.– Sobre determinadas cuestiones no le niego que tengo mi criterio.

D. Julián.– Pero... ¿su criterio es quizá el de los ateos?

Berta.– Francamente le contesto que muy cerca de ellos ando.

D. Julián.– Y... ¿rechaza usted hasta la idea de un principio creador de lo existente?

Berta.– No creo que exista nada en el mundo sin principio. Pero una cosa considero la idea de ese principio creador, y otra la idea predominante de la divinidad. El principio creador, lo acepto. Es la energía en movimiento de origen ignorado. Ahora bien, el concepto de lo divino dirigiendo esa energía en actividad solo puedo admitirlo en su doble sentido de creación y destrucción.

D. Julián.– No acabo de comprender.

D. Luis.– Yo tampoco.

Berta.– Entiendo que ha de dejarse a Dios como principio incomprendido del origen del Universo, para que presida Él ese vacío portentoso que la mente del hombre no puede llenar. Pero me parece que si le hacemos tomar parte en los procesos cósmicos, y por otro lado en la vida humana, como protector de unos a expensas del dolor de otros, es seguro que Dios quedará expuesto a una contradicción perpetua.

D. Julián.– Y eso... ¿por qué?

Berta.– Vivimos una vida de luchas, de odios y de rigores. Y si la vida es así, según hoy la conocemos, una de dos: o es de esta forma porque Dios lo permite, o porque no interviene en nuestros pleitos. Y ante los dos casos, por honor a Dios mismo, creo que debemos quedarnos con el supuesto de que no se mezcla para nada en nuestras cosas. Porque... ¿qué habría de decir de Dios, si siendo la humanidad tan deforme como es, admitiéramos que ella era así porque Él quería?

D. Julián.– Ya nos reserva la vida del alma. En su gloria eterna.

Berta.– ¡El alma!... Su inmortalidad es una hipótesis científicamente inadmisible.

D. Julián.– ¿Cómo?

Berta.– El hombre es un producto de los siglos. Y lo que llamamos su alma, un aspecto más de la evolución biológica.

D. Julián.– Entonces, para usted nuestro dogma...

Berta.– Llena solo un valor histórico.

D. Julián.– ¿Y ni aun una norma de moral le reconoce a usted?

Berta.– Jamás recibí impresión más dolorosa que cuando siendo yo una muchacha estalló la gran guerra. Ese cataclismo que puso sello de barbarie organizada a la civilización de nuestros días. Mis ideas eran las ideas de todas las jóvenes de mi edad. Las que por tradición se nos inculca en la niñez. Y estalló el conflicto. Y en un mismo periódico leí las rogativas que al propio tiempo realizaban los cleros de todos los países, pidiendo cada uno para su pueblo el triunfo. El triunfo, y con este, el aplastamiento del país contrario. Todo ello se ajustaba a una moral. Se predicaba en nombre de un dogma. Pero como pude apreciar que en vez de escuchar Dios a cualquiera de los contendientes pareció asistir impasible a que millones de hombres de los dos bandos se destrozaran, no niego a ustedes que, desde aquel momento, puse a la divinidad en entredicho, y que la idea de las religiones entró en crisis para mí.

D. Julián.– Pero... ¡por la Virgen Santa, mi querida amiga!... ¿No comprende que de pensar todos como usted la humanidad quedaría sin freno?

Berta.– Estamos en una época en que los valores del pasado se derrumban por su propio peso. Por todas partes se oyen voces universales que claman por la unión de los humildes. Voces que son ya gritos desgarrados y que prenden en las masas intuitivamente, demandando que aquellos a los que el destino condenó a ser iguales en la tumba, lo sean también en sus cunas. Y como la rueda de la historia gira sin duda hacia todo esto, considero inútil que pongamos freno a lo que haya de venir. Pero... ¡caramba! Sin darme cuenta de ello, me he metido en disquisiciones que son interminables... Y como comprendo que después de ellas probablemente convendrán ustedes *en que no les sirvo de nada,* me voy a retirar.

D. Julián.– Pero... ¿es que huye usted acaso de nosotros, señorita Berta?

Berta.– Me doy cuenta, señor cura, de lo que ha significado el hecho de traerme hasta este sitio, sin que previamente se me aclarara lo que se quería de mí. Y en vista de ello, considero lo más prudente decir a ustedes adiós, y... ¡marchar!

Duque.– Aunque admirable siempre, tiene usted la gran desgracia de vivir aferrada a teorías incomprensibles... A principios que no puedo concebir.

D. Julián.– Y es una lástima... ¡verdadera lástima! Porque su agilidad de inteligencia me parece asombrosa.

D. Luis.– Sí, sí... Se expresa muy bien.

Berta.– Agradecida a los elogios. Y esperando que ya me dirán alguna vez cuándo puedo salir de este pueblo... ¡hasta más ver, señores! *(Mutis por foro izquierda)*

Escena v
Dichos menos Berta

Duque.– ¿Qué? ¿Cuál es la opinión de ustedes sobre lo que acaban de presenciar? ¿Qué les ha parecido esa mujer?

Llorente.– Algo peligrosa, duque. Infinitamente más peligrosa de lo que pude imaginar.

D. Luis.– Yo, es la primera vez que la escucho. Y les confieso que me ha dejado perplejo.

D. Julián.– Sí. Es una señorita algo extraña.

Duque.– Una librepensadora, don Julián. Lo que se llama un ente sin fe.

D. Julián.– En efecto, me parece una equivocada. Y no comulgo, como es lógico, con su manera de pensar. Pero hay que convenir en que no es una cualquiera. Porque razona... ¡diantre! razona.

Duque.– Es usted la persona más infeliz que he conocido. Y como lo cierto es que un ser de esa naturaleza constituye un verdadero mal para la sociedad, ¡anden ustedes! ¡Vengan a mi despacho! Que tomando una copa de coñac –ya que fracasó nuestro primer intento– trataremos ahora sobre la forma de suprimir a esta mujer.

D. Julián.– ¿Cómo ha dicho usted, duque? ¿Suprimirla?
Duque.– Temporalmente, alma de paloma... ¡temporalmente! *(En medio mutis y al ver que Llorente no les sigue a la casa)* ¿No viene usted con nosotros?
Llorente.– Veo a María del Carmen en el cenador. Y quisiera contestarla sobre algo que antes me preguntó.
Duque.– Bueno, allá le esperamos. *(Mutis con don Julián y don Luis)*

Escena vi
Llorente, y luego María del Carmen

Llorente.– *(Después de mirar un momento hacia la derecha y como si hablara con alguien que estuviera por aquel lado)* ¡María!... ¡María!... ¿Puede usted concederme unos momentos? *(Pausa)* La ruego que sea en este sitio.
María.– *(Después de un momento por primera derecha)* Aquí me tiene. A su disposición, señor abogado.
Llorente.– Ante todo perdone si en vez de ir a verla adonde se encontraba he querido que viniese a este lugar. Pero como estaba el jardinero con usted, y lo que tengo que decirla es algo íntimo...
María.– Está dispensado. Porque no me ocasionó el venir la menor molestia.
Llorente.– Su padre me aguarda. Estaré a su lado casi toda la tarde. Y porque vengo decidido a tratar con él de algo más que de política, apenas se me brinde momento, quiero que conteste usted a lo que la indiqué el día de su santo. Cuando estuve en el pueblo la última vez.
María.– No recuerdo. ¡Hablamos de tantas cosas!
Llorente.– Me interesa usted verdaderamente. Y me encuentro decidido a solicitar permiso de su casa, para que empecemos unas relaciones con las que prometo a usted la felicidad.
María.– ¿Está usted loco, Llorente?
Llorente.– ¿Qué es lo que dice?
María.– Estimo a usted como si fuera de la familia. Pero en otro

sentido... ¡con toda franqueza se lo confieso! No creo que pueda existir una compenetración entre nosotros.

Llorente.– ¿Es posible?

María.– Tal como lo siento se lo hago saber.

Llorente.– Soy heredero de una fortuna. Tengo un bufete que es de los primeros de la corte. Y como el acta de diputado que gracias a su padre habré de lograr me colocará sin duda en situación de aspirar a mayores triunfos todavía, no creo que tenga usted verdaderos motivos para desdeñarme.

María.– Pero si no es desdén... Es, únicamente, que en cosas de amor —según mi criterio— creo que debe contarse con el corazón. Y mi corazón, en este caso, es la realidad que se encuentra lejos de usted... ¡muy lejos!...

Llorente.– ¿Eh?

María.– Existen razones para que le hable como lo hago. Y en vista de ello, con toda lealtad, no dudo en hacerlo. Pero... ¡veo a Casilda! *(Esta habrá llegado por el foro)* Viene a darme razón sobre un encargo que la hice. Y como, según palabras de usted, mi padre le espera, creo que debiéramos separarnos.

Llorente.– Acaba usted de contrariarme profundamente. Como yo no imaginaba. Pero confío en que cambiará usted alguna vez de manera de pensar, y... ¡la dejo!

María.– No tome las cosas tan a pecho, y... ¡hasta después Llorente!
(Mutis Llorente a la casa)

Escena VII
María del Carmen y Casilda

María.– *(Con ansiedad a Casilda.)* ¿Qué? ¿Supiste alguna cosa?

Casilda.– Sí, señorita.

María.– Pues anda, Casilda. Cuéntame, porque me muero de impaciencia.

Casilda.– Estuve allí esta mañana. Y pude verle a él, que sigue tan guapo.

María.– Pero... ¿le hablaste?

CASILDA.– Nada le dije, para que no notara que iba mandada. Ahora, que con mi primo Pedro, que como sabe es el amo de la posada, con este sí hablé.

MARÍA.– Y de lo que me interesa... ¿qué averiguaste?

CASILDA.– Viven los dos tan decentemente. La señorita Berta, en un cuarto de los de arriba y don Enrique en otro cuarto que tiene la posada en el mismo patio.

MARÍA.– Es que a pesar de eso...

CASILDA.– Allí no hay trampa, porque dice mi primo que los dos se tratan con mucho respeto. Y que si siguen en el pueblo es por culpa de que la guardia civil le mandó a ella que no se marchara.

MARÍA.– Pero esa orden, ¿por qué motivos se dice que ha sido?

CASILDA.– ¡Ah! Sobre esa cuestión creo que ni aun ella misma sabe palabra.

MARÍA.– Entonces...

CASILDA.– Justamente porque está como presa es por lo que don Enrique sigue a su lado.

MARÍA.– Y de las reuniones de los campesinos... ¿qué es lo que hay?

CASILDA.– De eso, que apenas que das de mano ya están allí todos. ¡Como que hasta mi Paco también ha ido!

MARÍA.– Pero... ¿de qué tratan? ¿Para qué tienen esas reuniones?

CASILDA.– Pregunté a mi Paco sobre ello, y nada me ha relatado. Porque dice que las mujeres tenemos la lengua muy larga y que lo cascamos todo. Pero me ha referido la Gumersinda, que es la que sirve a mi primo, que los dos se expresan que hay que escucharles. Y que no hay ni uno que no haya estado con ellos allá en la posada que no les alabe.

MARÍA.– ¡Ay, Casilda! No sé por qué me parece que nos amenaza alguna desgracia.

CASILDA.– ¿De veras?...

MARÍA.– Tengo miedo. Me inquieta Enrique. Y a pesar de todo, es lo cierto que sigo queriéndole con toda el alma... ¡como jamás quise a nadie!

CASILDA.– ¡La verdad es que hay cosas!...

Escena viii
Dichas y el Mina

Mina.– *(Llegando foro izquierda)* ¿Está el señor duque?
María.– *(Despectivamente)* En su despacho se encuentra.
Mina.– Pues no estaría de más el que se le dijera que yo he venido. Porque la razón que tengo que darle me encargó que la trajera pronto.
María.– *(Sin mirar al Mina siquiera)* Pásale recado, Casilda. Dile que aquí está este hombre... ¡el Mina! *(Mutis Casilda a la casa)*

Escena ix
María del Carmen y el Mina

Mina.– *(Socarronamente)* Uno es un poco tosco. Y no sabe uno más que medio explicarse, porque no ha tenío uno principios. Pero, a pesar de to, es la verdad que se da uno cuenta de las cosas, y...
María.– *(Secamente)* ¿Qué pasa con esa?
Mina.– Que no sé por qué se me figura a mí que la señorita no me mira con mu buenos ojos.
María.– ¿Eh?
Mina.– Cuando ha dicho lo que dijo de «aquí está este hombre... ¡el Mina!» lo ha dicho usté de una manera...
María.– No creo que tenga importancia el tono de mis palabras. Y menos hasta el punto de que merezcan una explicación.
Mina.– ¡Está bien! ¡Bueno, señorita! ¡Está bien! *(Mutis María segunda izquierda)*

Escena x
El Duque y el Mina

Duque.– *(Saliendo de la casa)* ¡Hola, Mina!
Mina.– Dios guarde al señor.

Duque.– ¿Qué?... ¿Te enteraste de algo?
Mina.– Algo he sabido.
Duque.– Y... ¿qué es lo que pasa?
Mina.– Pues pasa, señor duque, que hay que ir aprisa. Porque los ánimos vuelan.
Duque.– ¿Cómo?
Mina.– Mandé al Rubio y al Torrao –que los dos son de los nuestros, aunque no lo aparenten– pa que se enteraran de to. Y los dos se metieron en la posada. Y me han dicho los dos que de lo que se trata allí ahora con los trabajadores es de lo más serio.
Duque.– ¿De veras?
Mina.– Se habla a la gente del hambre, de la miseria, de que si el señor hace esto y hace lo otro... De que si el pobre tiene estos derechos y los de más allá... Y con toda esa monserga, la malquerencia va creciendo. De manera que si no se le cortan pronto las alas tanto a ella como a él, las cosas nos van a ir de lo peor.
Duque.– Pero esos que has enviado... ¿pudieron saber fijamente lo que de momento intentan?...
Mina.– A lo que se ve, el primer golpe quieren darlo parando, cuando menos se espere, la faena en los molinos.
Duque.– Conque a la huelga en lo mío también... ¿no es eso? ¡Canallas! Se aprovechan para soliviantar a esos idiotas de que hay un poco de hambre por estos campos y de que tenemos en Mechinales a la guardia civil.
Mina.– Esa es la fija. De to eso se valen y por eso se lucen.
Duque.– Pues habrán de arrepentirse... ¡te lo aseguro! Porque pretender vencerme a mí es tan difícil como querer parar el viento que mueve los trigales.
Mina.– Y que lo diga usté, mi amo.
Duque.– ¿A la huelga en mis molinos?... ¡Vete, anda! ¡Vete a casa del alcalde! Y dile, de parte mía, que venga en seguida a verme.
Mina.– ¡Así!... Echándoselo al alcalde, será lo más propio.
Duque.– ¡Se acabaron las contemplaciones! ¡Y a cortar de raíz! Porque reuniremos a los vecinos de más confianza... Y con una orden del juez, todo listo. ¡A la cárcel el Enrique Ál-

varez, lo primero!... Y luego, por otros medios, contra ella... Para darle en firme.

Mina.– ¡Eso, eso! ¡Como a Cubilla!

Duque.– Esta es mi comarca. La que debe estar a mi cuidado. Y el orden hay que mantenerlo por encima de todo... ¡como cosa sagrada!... Por lo tanto, no hablemos más. Y sin perder minuto, a lo dicho.

Mina.– ¡Corriendo! Pa que salga to como usté lo ha pensado... *(Mutis foro izquierda)*

Escena XI
El Duque y María del Carmen

María.– *(Saliendo de la casa y con emoción)* ¡Papá! ¡Papaíto!

Duque.– ¿Qué quieres?

María.– Escuché lo que has hablado con el Mina. Me enteré por casualidad. Y me atrevo a pedirte que en vez de hacer lo que piensas nos marchemos a Madrid. Hasta que esto pase y los ánimos se tranquilicen.

Duque.– Pero ¿estás en tu juicio, María del Carmen? ¿Crees que puedo atenderte?

María.– Con un poco de buena voluntad, me parece que sí.

Duque.– ¡Ni hablar siquiera de esa cuestión! ¡Tú no entiendes de estos asuntos! Y el respeto a nuestra clase, a lo que significamos, hay que imponerlo sin vacilaciones, a toda costa.

María.– Es que yo...

Duque.– Nada, nada. En este caso seré inflexible.

Escena XII
Dichos, don Julián, Llorente y don Luis

D. Julián.– *(Saliendo de la casa con los otros)* Bueno, tanto el señor juez como yo, nos iremos ahora a nuestros quehaceres. Y esta tarde...

Duque.– Esperen. Que lo que antes nos parecía tan complicado, ya está resuelto.

D. Julián.– ¿Cómo?

Duque.– Aquí el señor juez me firmará en seguida una orden para la detención de Enrique Álvarez. Esta detención la realizará el alcalde con unos vecinos, después de cierta gestión que hará luego Llorente, si dicha gestión no da resultado. Y usted, señor cura, a lo suyo en seguida. Desde el púlpito comenzará su campaña.

D. Julián.– ¿Mi campaña?

Duque.– Sí, señor. Es necesario que el ánimo de todo el pueblo se vaya preparando a la idea de que Berta es una perdida. Y en este sentido enfocará usted la cuestión. Para en momento oportuno decidir sobre ella como lo que es, como una delincuente... Porque se demostrará hasta la evidencia... ¡eso! Que es una delincuente vulgar.

D. Julián.– Pues por lo que a mí respecta, señor duque, yo, la verdad, creo que...

Duque.– *(Descomponiéndose a medida que habla)* Es usted la persona de los paliativos. Y debo advertirle en este momento que por una extremada consideración que le tengo, no he dicho al señor Obispo cuando me ha preguntado que los fieles de este pueblo viven en el abandono... ¡sin respeto ni temor de Dios!

D. Julián.– Sí. Quizá sea verdad que soy un poco débil... Pero crea usted que no puedo ser de otra manera.

María.– Es bueno el señor cura, papaíto. Y le pasa como a mí, que quisiera evitar violencias y desazones.

D. Luis.– Sí, yo por mi parte también entiendo...

Duque.– *(Exaltado)* No admito debilidades de ninguna especie... ¿lo escucháis?... ¡Ni la más leve vacilación por parte de nadie!... Y como esa es mi voluntad, porque eso será lo conveniente... ¡hemos concluido! ¡Se acabó esta entrevista! *(Hace el duque mutis a la casa. Mientras tanto, María del Carmen caerá sobre una butaca, triste y desalentada. Todos quedarán en silencio, como vencidos. Solo don Julián, cuando ya desapareció el duque, se santiguará diciendo: ¡En el nombre del Padre, del Hijo y del Espíritu Santo!... Lentamente caerá el*

TELÓN

Acto Tercero

Patio de una posada. Puerta grande a la derecha. Al fondo y partiendo del ángulo izquierdo, una escalera de acceso a las habitaciones de arriba, que quedarán en una especie de pasillo practicable. A la izquierda otra puerta que se supone dé al interior de la posada. Mesa grande y sillas

Escena I
Enrique y Pedro

Pedro.– Sí, señor. Es así. A raíz de lo del cura y el juez, ha venido también hoy a esta casa la Casilda, que es mi prima, pa enterarse de cosas. Y esto, después de esa llamada rara a la señorita Berta, me tiene con cuidado, la verdad.
Enrique.– No tengas preocupaciones.
Pedro.– El caso es, don Enrique, que la señorita, al volver de allá, ya escuchó usté lo que dijo: que se la llamaba con malas ideas, para enredarla. Y eso...
Enrique.– No vale la pena, Pedro. Y solo quiere decir que tienen temor.
Pedro.– Es que yo soy el amo de la posada. Y aunque estoy bien conforme con todo lo que se predica, porque es la pura verdad, no pierdo de vista que si el duque pone pies en pared, a mí me hace polvo.
Enrique.– Ahora vendrá la gente por última vez. Y si contra ti se reclamase, yo daré la cara, Pedro. Sobre mí echaré toda la culpa.
Pedro.– No, pero si yo no quiero eso tampoco. Porque de corazón, lo mesmo que el primero, estoy de su parte. Pa defender tanto a usté como a la señorita, aunque sea a mordiscos. Pero me

parece que habría que hacerlo to con menos coraje. Sin tanta fuerza de juventud como ponen ustés en las cosas.

Enrique.– Siempre es la juventud la que decide. La sensatez de los viejos es la morbosidad de la impotencia. Porque los jóvenes con sus locuras son los que rompen, los primeros, los moldes de lo ya gastado. Y los que en la contienda suelen vencer siempre, cuando son gladiadores de la verdad.

Pedro.– Dice usté unas palabras tan bien dichas, que se queda uno sin saber qué replicarle.

Escena II
Dichos y Llorente

Llorente.– *(Por la puerta del foro)* ¡Que Dios guarde!
Pedro.– Con Dios venga usted.
Enrique.– Hola, señor Llorente.
Llorente.– ¿Qué tal, mi querido Enrique?
Enrique.– A sus órdenes en todo momento.
Llorente.– Pues aquí me tiene para verle. Al objeto de que hablamos reservadamente.
Enrique.– Me encuentro a su entera disposición. Y te suplico, Pedro, que nos dejes.
Pedro.– Sí, señor. En seguida. *(Mutis primera izquierda)*

Escena III
Dichos menos Pedro

Enrique.– *(Ofreciéndole una silla)* Tome asiento.
Llorente.– Gracias.
Enrique.– Usted me dirá.
Llorente.– La finalidad de mi visita es para informarle que el duque está contrariadísimo con usted. Y por temor a que adopte ante su actitud una medida enérgica, me tomé la libertad de venir a este sitio. Para darle un consejo.

Enrique.– ¿Un consejo?

Llorente.– Sí. Con el fin de procurar que las cosas se solucionen lo mejor posible.

Enrique.– Pues nada me importa la contrariedad del duque. Sé que pierde la serenidad muy fácilmente. Y con este desafecto suyo ya contaba. Pero, no obstante, dígame el medio que se le ha ocurrido para que suavicemos asperezas. Y, de ser viable, procuraré complacerle.

Llorente.– He tenido ocasión de saber que al servicio de María del Carmen hubo cierta mujer de moralidad...

Enrique.– Al servicio de la hija del duque estuvo una señorita digna y buena, con la que se han intentado varias canalladas. La última, hará cosa de tres horas, que se la llamó por mediación del cura y del juez... Y para esa señorita exijo yo *a todo el mundo* los mayores respetos.

Llorente.– No sabía que pudiera existir una amistad tan estrecha entre usted y ella. Y le ruego me disculpe si me excedí. Pero toqué este punto creyendo, de buena fe, que por impulso ajeno...

Enrique.– Es mi camarada esa mujer únicamente. Y las iniciativas buenas o malas de mi vida son mías.

Llorente.– Acepto por completo sus manifestaciones. Y, volviendo a pedirle disculpas por la ligereza, si es que la hubo, voy al grano.

Enrique.– Ya le escucho.

Llorente.– Es un hecho que vale usted bastante. Porque su capacidad intelectual todos la reconocemos. Ya sabemos bien que es espléndida.

Enrique.– ¡Gracias!

Llorente.– Ahora bien, como sus medios de vida no son otros que el trabajo, me parece muy justificado que el contratiempo de verse usted en la actualidad sin ocupación sea también un motivo que agudice su agresividad con respecto al duque.

Enrique.– Sobre eso...

Llorente.– *(Cortándole la palabra)* Ni una palabra. Es perfectamente natural que se deteste a quien teniendo nuestro pan en sus manos, inopinadamente nos le quite. Y por comprenderlo de esta manera he venido aquí. Para sugerir a usted una idea que puede ser salvadora.

Enrique.– ¿Y es esa idea?

Llorente.– Soy un poco más liberal que el duque. Estimo a usted de verdad. Y si acepta un buen cargo en Madrid, que casualmente puedo yo darle, dentro de poco podrá ocuparlo. Claro está que a condición de que se olviden rencillas y de que abandone usted la lucha estéril que aquí tiene emprendida.

Enrique.– Veo que inspira a usted el mejor deseo, y que me aprecia bastante. Pero siento decirle que no ha calculado usted atinadamente sobre mi psicología.

Llorente.– ¿Cómo?

Enrique.– Entretanto el duque de Rimal no desista de querer seguir siendo el amo de esta comarca, y mientras que esa señorita a la que antes se refirió no goce de plena libertad para marcharse de este pueblo a donde quiera, yo permaneceré aquí, cumpliendo con un deber.

Llorente.– ¿Al lado siempre de los campesinos?

Enrique.– Sí, junto a ellos. Para explicarles bien lo que significan y defenderles luego, si es que puedo, del yugo que les humilla.

Llorente.– Va usted entonces, decididamente, contra los intereses del duque...

Enrique.– Sí.

Llorente.– Pues en este caso no respondo a usted ahora de lo que pueda suceder. Y como creo que mi entrevista con usted debe darse por terminada, le digo adiós.

Enrique.– *(Estrechando la mano que Llorente le tiende)* Adiós, Llorente.

Escena IV
Enrique y Berta

Berta.– *(Que durante la última parte del diálogo estuvo desde el corredor alto viendo a los dos, bajando la escalera)* ¡Enrique!

ENRIQUE.– ¡Berta!
BERTA.– He visto a usted desde arriba hablando con ese señor que acaba de irse, y que también estaba en la casa del duque cuando fui allá.
ENRIQUE.– Es el diputado que tiene en cartera, que ha venido a explorarme para enterarse de si era posible un soborno.
BERTA.– ¿Y usted?
ENRIQUE.– Con la mayor serenidad le hice notar que de mí no podía disponerse para tal cosa. Y le confirmé mi propósito de seguir luchando cerca de los humildes... Como pastor de este pobre rebaño, partícula de nuestro desgraciado pueblo español, que necesita ser fecundado con la simiente de la rebeldía...
BERTA.– ¡La rebeldía!... ¡Dura solución, pero necesaria! Porque es verdad que seguimos frente a ese magno problema del que tantas veces hemos hablado. Y cierto es también que todo gira alrededor de lo mismo: en torno a la nueva estructuración de una sociedad, que ante la enorme sinceridad que vibra hoy en el alma de la juventud, quiere manifestarse, al fin, como el romper de un alba.
ENRIQUE.– ¡Alba de justicia y de bondad que debiéramos llevar todos como antorcha incendiaria aun a los más escondidos rincones de la tierra!
BERTA.– Pero, de estar en su mano... ¿tendría usted valor bastante para sublevar al mundo?
ENRIQUE.– ¡Sin vacilar ni un instante! ¡Con la emoción profunda de que cumpliría la más amplia misión de humanidad!
BERTA.– Siempre es viril un pueblo que se rebela. Son los valores del hombre puestos en juego para lo bueno y para lo malo. Porque los expoliados en agitación son seres que se estiman, que quieren algo vital... Y es solemne el espectáculo de su grandeza. Pero en este caso...
ENRIQUE.– En este caso... ¿qué?
BERTA.– Le confieso que temo.
ENRIQUE.– ¿Temor por qué?
BERTA.– Agitan a los pueblos con sus razones los cerebros privilegiados, al reflejar justamente las necesidades o ambiciones de

esos pueblos mismos. Porque las masas, por sí solas, insatisfechas, no saben hacer otra cosa que destruir. Y necesitan quien las dirija para edificar con pericia sobre los escombros de lo que destruyen. Pero en estos momentos, dudo que nuestra situación sea lo suficientemente fuerte para impedir que la conquista de un instante venga en seguida al suelo.

Enrique.– Es que si cumplimos con el deber que nos imponemos, aun exponiéndolo todo al fracaso y pereciendo en la contienda, me parece que nuestra labor no sería estéril.

Berta.– ¿Lo cree así?

Enrique.– Detrás de nosotros, de seguro que surgiría quien siguiese nuestro camino. Alguien que, comprendiendo lo generoso de nuestro sacrificio, con valentía lo prosiguiera hasta triunfar.

Berta.– Soy menos optimista que usted. Y no confío demasiado en esa valentía de los humanos que usted considera segura. Pero si así siente usted y piensa... ¡adelante! Puede que sea yo la equivocada. Y de ninguna manera quiero desviar sus ideas.

Enrique.– ¿Entonces?

Berta.– Para todo cuanto suceda, puede usted contar conmigo. Y sin la menor vacilación, le juro que seguiré su suerte hasta el final.

Enrique.– *(Después de ligera pausa y con emoción)* Si los momentos estos fuesen decisivos, por primera vez en mi vida consideraría posible algo muy grato que alguna vez he soñado... Cuando he visto a otros seres amarse... ¡Quererse con el santo fuego de la juventud!...

Berta.– Es usted inteligente y es usted bueno. Y como comprendo su sinceridad, no vacilo en responderle: si lograra persuadirme yo misma alguna vez de que servía usted para ser mi compañero leal de toda la vida, con la pasión que en mis sentimientos pongo, de usted sería en absoluto. Sin más leyes que aquellas que me dictase la conciencia... Al margen por completo de la estupidez del ambiente.

Enrique.– ¡Berta! ¡Berta!

Berta.– *(Al ver que llegan unos Campaesinos)* Llegan los obreros. Esos campesinos que deben ser ahora lo primero. Y debe usted hablarles... *(Sube la escalera, quedando en el pasillo echada sobre la baranda, entretanto los campesinos van invadiendo el patio de la posada)*

Escena v
Dichos y Campesinos 1º, 2º, 3º y 4º

Camp. 1º.– ¡Hola, don Enrique!
Camp. 2º.– ¡Buenas tardes!
Camp. 3º.– ¡Que Dios guarde!
Enrique.– Salud a todos.
Camp. 1º.– Estamos aquí los de Almedinilla.
Camp. 2º.– Y los de la Rivera.
Camp. 3º.– Y los de Peñascales.
Camp. 4º.– Sin faltar ni uno.
Camp. 1º.– Nos fuimos juntando poco a poco en la plaza. Y ya que estábamos todos, acá nos vinimos.
Camp. 2º.– Pa escucharle.
Camp. 1º.– Y pa bendecir al hombre que tiene tanto talento.
Camp. 3º.– ¡Viva don Enrique!
Todos.– ¡Viva!
Enrique.– Pedid unos vasos. Y cuando los terminéis, ya os hablaré.
Camp. 1º.– No queremos beber, sino escucharle.
Todos.– ¡Eso! ¡Eso! ¡Escucharle!
Enrique.– Os empeñáis en que os dirija la palabra, y... ¿qué hemos de hacerle? Lo haré.
Todos.– ¡Bravo, bravo! ¡Bien por don Enrique!
Camp. 1º.– Pero... ¡silencio ahora, compañeros! ¡Silencio ya!
Enrique.– *(Después de ligera pausa)* Es lo cierto, campesinos, que dentro del radio de nuestro dinamismo y encarnado en los seres que hoy somos la sociedad, existe un pleito de transformación entablado entre poderosos y humildes, cuyo pleito, en este pueblo, queda perfectamente definido: de un lado, por vuestra esclavitud, y de otro, por el poderío injusto de un tirano...

Camp. 1º.– ¡Muera el duque!

Camp. 2º.– ¡Y acabemos con él!

Enrique.– Al lado de ese hombre yo he podido apreciar bien cuáles eran vuestras penas y vuestras miserias... Contemplé cómo para ser vuestro amo y mantenerse el árbitro de esta región, interviene en la política, fomenta el oscurantismo, dispone de la administración, manda en la justicia y hasta se mete en el sagrado de vuestras vidas privadas. Porque ya sabéis cómo impide que alguien actúe sin su consentimiento, cómo encarcela a quien le place y cómo avasalla al que se permite la libertad de pensar o expresarse en forma que no esté de acuerdo con su conveniencia.

Todos.– ¡Sí, sí! ¡Eso! ¡Así es!

Enrique.– Y yo pregunto: ¿Por qué ese hombre ha de ser más que vosotros? ¿Qué razón existe para que se considere superior a vosotros? ¿Acaso que su inteligencia está más cultivada que la vuestra?... A esa razón debe contestarse que si los poderosos logran una mayor cultura de sus cerebros es porque cuentan con los medios necesarios para conseguirla; pero que esos medios, si los disfrutan, son debidos –sin duda de ninguna clase– al sudor que los humildes van dejando esparcido por la superficie de la tierra.

Todos.– ¡Eso, eso!

Enrique.– Pensad, por lo tanto, campesinos, en que, siendo vosotros los que dais lo más importante, pues rendís la producción que permite la sabiduría, los derechos de que disfrutáis quedan reducidos: a que escasee la comida en vuestros hogares... a que la lumbre falte en ellos durante el invierno... a que vuestros cuerpos vayan cubiertos de harapos... a que la justicia se os conceda como de limosna... y a que vuestros hijos sean mañana, igual que vosotros, nuevos parias condenados por el opresor a vivir a su servicio y en la ignorancia.

Camp. 3º.– ¡Esa!... ¡Esa es la fija!... ¡La verdad!

Enrique.– Manda el duque, por consiguiente, en vuestros esfuerzos, administra vuestra suerte y dispone, en fin, a su capricho de vuestras vidas... ¡De vuestras pobres vidas, que por agotamiento, por incultura y por escasez, van entregando en silencio la más espantosa contribución de víctimas a la muerte!... Y es lo cierto, que aun así... ¡os desprecia!

CAMP. 1º.– ¡Muera el tirano!

TODOS.– ¡Muera!... ¡Muera!...

CAMP. 2º.– ¡Y viva Don Enrique!

TODOS.– ¡Viva! ¡Viva!

ENRIQUE.– Es claro, como veréis, que ese estado del poderoso es un insulto a la humanidad que sufre y que trabaja. Y en vista de ello, yo os digo...

ESCENA VI
Dichos; Alcalde y Vecinos, armados

ALCALDE.– *(Entrando en escena seguidos de varios lugareños con armas)* ¡Paso a la justicia!

ENRIQUE.– ¿Eh?

CAMP. 1º.– ¿Qué sucede?

CAMP. 2º.– ¡El alcalde!

ALCALDE.– ¿Don Enrique Álvarez?

ENRIQUE.– Servidor. ¿Qué deseaba?

ALCALDE.– Queda usted detenido.

ENRIQUE.– Pero esa detención... ¿por qué motivos?

ALCALDE.– La orden esta del juez solo dice que se le detenga. Por lo tanto, el Juzgado le explicará las razones

ENRIQUE.– Entonces, usted...

ALCALDE.– Soy el alcalde de esta localidad. Y con estos vecinos, a falta de guardia civil, represento lo que ella... Así es que... ¡sígame! ¡Se lo ordeno!

ENRIQUE.– *(Después de una pausa y como si dudara entregarse)* ¡Está bien! Me rindo ante la fuerza. Ante esa fuerza que representa usted y que no admite razones... Y aquí me tiene... a su disposición... ¡Vamos!

ALCALDE.– *(A su gente)* ¡Andando!

ENRIQUE.– *(Al salir, y desde la puerta, a los campesinos, que, como aco-*

bardados, contemplaron la acción realizada por el Alcalde) ¡La semilla está en vosotros, campesinos! ¡Recoged pronto el fruto!... *(Mutis Enrique, con Alcalde y vecinos armados)*

Escena VII
Campesinos 1º, 2º, 3º y 4º y campesinos

Camp. 1º.– *(Después de cuchichear con otro y como desconcertado por el acto de la justicia)* Ya sabía yo que el duque haría de las suyas.
Camp. 2º.– Como que no es posible ir en su contra.
Camp. 3º.– Y está ya visto que enjamás seremos na.
Camp. 1º.– ¿Vámonos?
Todos.– Vamos, vamos...

Escena Última
Dichos y Berta

Berta.– *(Bajando unos peldaños de la escalera y desde la mitad de ella)* Pero... ¿vais a permitir que los que os quieren librar de la esclavitud afrentosa en que vivís vayan a la cárcel? Entre tanto hombre... ¿no surge ni uno que se rebele para reunir los esfuerzos de todos y salir de esa opresión que os atenaza?... ¿Preferís seguir siendo esclavos antes que romper las cadenas que os sujetan?... ¡Y decís luego que renegáis de vuestro verdugo, que le odiáis y que suspiráis por libertad!
Camp. 1º.– Nosotros...
Berta.– ¡Id al duque, labradores! ¡Id a que os otorgue el perdón por haber pretendido un solo momento romper las cadenas que os aprisionaban! ¡A besarle las manos como vasallos serviles, como criados perpetuos! ¡A prometerle que aceptaréis con agrado ese yugo que os convierte en bestias! ¡A jurarle que cuando la miseria entre a fondo en vuestros hogares, a pesar de estaros de sol a sol abriendo las entrañas de la tierra para

que dé su fruto, ese fruto, íntegro, pasará a sus manos, aunque vuestros hijos tiemblen devorados por el hambre y vuestras mujeres con el pensamiento maldigan vuestra cobardía!

Camp. 2º.– ¡No, no! ¡Eso no!... ¡No queremos que eso sea!

Camp. 3º.– ¡Ni aguantaremos que pase!

Berta.– Porque os agradan más esas bellas ideas de justicia y de libertad de que Enrique os hablaba... ¿no es así?

Camp. 2º.– ¡Sí, sí!... ¡Por eso, justamente!

Berta.– ¡Pues si queréis vuestra libertad... ¡tomáosla, campesinos!... ¡Conquistadla con virilidad!

Camp. 1º.– Es que nosotros...

Berta.– Necesitáis un guía, ya lo sé. Pero no temáis por eso, que aquí me tenéis a mí. A mí, que sé comprenderos. Porque también, como vosotros, me he visto humillada y escarnecida. Viviendo la incierta soledad del explotado. Esperando la ilusión soñada de un remanso generoso de justicia. Viendo cómo la bandera que tiene levantada el hambre en los continentes habrá de ser triunfadora contra los que se obstinan en defender su riqueza mejor que cederla.

Camp. 2º.– ¡Viva la libertad!

Todos.– ¡Viva!

Berta.– ¡Juntos! ¡Todos muy juntos obtendremos el triunfo!... ¿No notáis cómo una fuerza misteriosa parece decirnos que venceremos y que seremos libres?... ¡Uníos a mí, hermanos campesinos!... ¡Y os juro por Jesucristo, que fue el primero que predicó libertades, que o muero, o habré de romper para siempre esta tiranía que nos mata!

Camp. 1º.– ¡Viva la señorita Berta!

Todos.– ¡Viva! ¡Viva! *(En medio del mayor ardor y entusiasmo, caerá el*

TELÓN

Acto Cuarto

Igual decorado que en el Acto anterior. Es media noche

Escena I
Berta y Pedro

Berta.– ¿Qué hora tenemos, Pedro?
Pedro.– Ya dieron las once y media.
Berta.– ¿Y fue para las doce cuando citaste?
Pedro.– Sí; para la media noche dije a todos que vinieran. Porque ahora hay que acabar.
Berta.– Te veo fuerte. Más decidido que nunca.
Pedro.– Al fin y al cabo, soy uno de tantos. Otro de los que trabajan sin descanso para mal vivir. Y como la indignación me ahoga por lo que se ha hecho esta tarde con don Enrique, dispuesto estoy a ser el primero. A ponerme al lado del que más empuje, para ir a eso que se ha pensado.
Berta.– ¿Y luego?...
Pedro.– ¡Que salga el sol por Antequera!
Berta.– Eres un hombre de corazón. Y en verdad que me emociona tu proceder.
Pedro.– To lo haré aunque me cueste la cosa lo que sea. Pero... *(Se ha escuchado llamar a la puerta quedamente)* me parece que llaman... Y todavía no son las doce...
Berta.– *(Decidida)* ¡Abre! Veamos quién es.

Escena II
Dichos, María del Carmen y Casilda

PEDRO.– *(Al abrir y ver a María del Carmen, que viene cubierta por un velo)* ¡Señorita! ¿Usted en este sitio? ¿En mi pobre posada?

BERTA.– *(Al verla, con sorpresa)* ¡María del Carmen!

MARÍA.– Vengo a verla para que hablemos. Sin que se aperciban en mi casa, he salido en compañía de Casilda. Y quisiera que a solas charláramos un momento.

BERTA.– *(Dirigiéndose a Pedro y a Casilda)* Os suplico a los dos que nos dejéis.

CASILDA.– En seguida. Anda, Pedro.

PEDRO.– Y pueden ustedes llamar si es que necesitan de nosotros alguna cosa. *(Mutis Pedro y Casilda por la escalera)*

Escena III
Berta y María del Carmen

BERTA.– Explíquese, María del Carmen. Ya sabe que la escuché siempre con gran afecto.

MARÍA.– Estoy enterada de lo de Enrique. Me han dicho que hoy le han llevado a la cárcel. Y como es seguro que se interesará usted mucho por la suerte de ese hombre, aquí me tiene, con el fin de decirla que para cuanto piense usted en favor suyo, yo quiero ayudarla.

BERTA.– ¿Ayudarme desea usted?

MARÍA.– Poco valgo. Pero como sé lo que usted vale y estoy convencida de que habrá de intentarlo todo por que se salve, dispuesta estoy a interceder con quien sea y como usted me indique, para que se libre del oprobio, de la vergüenza esa a que le condenaron de ir a una prisión sin merecerlo.

BERTA.– Es, en realidad, una infamia lo que con él se ha cometido. Porque el solo delito en que cayó fue el de ponerse de lado de los desgraciados. Pero tal hecho, precisamente, me invita a decirla que debe usted evitar, dada su situación, el caer en el mismo pecado que él ha caído.

MARÍA.– ¿Cómo?

BERTA.– Usted lo tiene todo. Es la hija del hombre que manda en los destinos de este pueblo. Y sus buenos deseos, en pugna total con las conveniencias de su padre, pudieran, tal vez, acarrearla disgustos.

María.– Nada me importan los disgustos ni las contrariedades.

Berta.– Pero...

María.– Estimo mucho a ese hombre. Y como siento la necesidad de conseguir su libertad, quiero que se cumplan los deseos irresistibles de libertarle que me animan.

Berta.– Entonces...

María.– Por salvar a Enrique lo haré todo... ¡todo! Aunque sepa que haya de morirse sin saber nunca lo mucho que yo... ¡que yo le aprecio!...

Berta.– ¡María del Carmen! Esas palabras suyas, ¿qué quieren decir? ¿Qué es lo que encierran?

María.– *(Después de un momento de vacilón, se abraza a Berta, llorando y diciendo)* ¡Perdón!... ¡Perdóneme usted!...

Berta.– ¿Que yo la perdone?

María.– Quiero a ese hombre más que a mi vida... Sin saber cómo, su amor llegó a mi alma para invadirla por completo. Y puedo decirla que por su amor, hasta he odiado. Berta... ¡hasta he odiado!

Berta.– ¿Cómo?

María.– El día en que salieron ustedes de mi casa fue cuando comprendí cuáles eran mis sentimientos hacia Enrique. Y había tenido por él hasta ese tiempo una extraordinaria simpatía. Y en el momento de saber que marchaban ustedes de mi domicilio porque se amaban, según se me dijo, viendo después que los dos estaban juntos, mis sentimientos se transformaron de manera inesperada... Y sentí celos, amiga mía... Celos y odio... Porque yo... ¡yo he odiado a usted, Berta!... ¡A usted, que es tan buena!

Berta.– ¿De veras que ese sentimiento la ha torturado?

María.– De la misma manera que si el infierno entero se hubiera metido en mi corazón.

Berta.– Pero ahora...

María.– Ahora ya pasó todo. He llorado mucho. Reconozco que no tengo ni el menor derecho a robar una felicidad que no debe ser mía. Y después de pedirla nuevamente que me perdone, quiero reparar la falta en que caí. Esa falta que me hizo ser mala, sin saber cómo, Dios mío... ¡sin saber cómo!

BERTA.– ¡Pobre niña!... El amor ha roto el limpio cristal de su alma, para que empiece ahora, quizá, su nueva existencia. Pero debe usted desistir en ligerezas que pudieran perjudicarla. Y es preciso que la reflexión se imponga en usted.

MARÍA.– ¿Reflexión me pide?

BERTA.– La reflexión es el impulso delicioso que transforma la savia en espíritu. Ella muda el criterio que nos formamos de las cosas. Cambia los conceptos que rigen nuestras vidas, perforando siempre con magnífica insistencia las tinieblas que nos separan de lo nuevo. Es el arma que utilizan los humanos en su lucha eterna contra el misterio. La que rompe al fin el mudo enigma que nos rodea. Y puede decirse, amiga mía, que reflexionar es vivir.

MARÍA.– ¿Vivir o sufrir?

BERTA.– ¡Rompa con la hipocresía que rodea de misterios la cuestión del sexo para desnaturalizarlo! Y si siente usted la necesidad de amar... ¡ame usted!... ¡Con todas sus fuerzas! Que si la divinidad ha dado la facultad de desearse al hombre y a la mujer, no es posible que condene el ejercicio del amor.

MARÍA.– Así quisiera yo pensar con respecto a Enrique; pero Enrique... ¿acaso no es el prometido de usted?

BERTA.– ¡Yo vivo en estos momentos únicamente para el amor de los afligidos! Pensando en que la razón y la bondad deben ser los medios que habrán de llevarnos a la conquista de un horizonte que a todos nos confunda justicieramente. Y ansiosa de difundir ese sentimiento por campos y ciudades, sin distinción de razas ni naciones, creo que cumplo con los dictados del más grande amor.

MARÍA.– Me confunde usted, Berta. Y de tal manera llegan sus palabras a mi corazón, que no parece otra cosa sino que acaba usted de fundirlo para transformarlo en otro.

BERTA.– Eso quiere decir que en la actualidad está usted en camino de comprender, y que ahora ya es usted más humana.

Escena IV
Dichos, y Pedro

PEDRO.– *(Por la escalera, con Casilda)* Perdone la señorita que la interrumpa. Pero son las doce. Y desde el balcón he visto que los amigos que esperábamos vienen para este sitio.
BERTA.– Aconsejo a usted, María del Carmen, que se retire.
MARÍA.– Pero... ¿habré de hacerlo sin saber más? ¿Sin que me diga usted en qué puedo ayudarla para libertarle?
BERTA.– Piense con gran detenimiento en nuestra conversación de esta noche. Que ella signifique el más interesante de los consejos que yo haya podido darla, y espere... ¡espere!
MARÍA.– Es que, a pesar de todo, quisiera...
BERTA.– Por salvar a Enrique se hará cuanto sea preciso. Hay un medio para lograrlo que habré de emplear. Y es casi seguro que antes de la madrugada estará salvado.
MARÍA.– ¿De veras, Berta?
BERTA.– ¡Sí!...
MARÍA.– ¡Qué satisfacción!
BERTA.– Salga usted ahora por la puerta de la calleja. Porque sería imprudente que la encontrasen aquí en estos momentos.
MARÍA.– Pero...
BERTA.– ¡Adiós! Tengo fe en mis palabras, y ame... ¡ame mucho!
(Mutis María del Carmen, con Casilda, por la izquierda)

Escena V
Berta, Pedro, Campesino 1º, ídem 2º, ídem 3º, ídem 4º y otros

BERTA.– *(Después de oírse unos golpes dados a la puerta, Berta se dirigirá a ella, abriéndola, y entrarán entonces varios Campesinos)* ¡Camaradas!
CAMP. 1º.– Es ya la hora, y aquí estamos tos.
CAMP. 2º.– Endispués que quedaron los de Almedinilla, y los de Peñascales y los de la Rivera, en ca uno en su sitio y esperando.
BERTA.– *(Al reparar que la mayor parte de los campesinos traen armas)* Pero... ¿venís con armas?

Camp. 1º.– Sí. Con armas venimos.

Camp. 3º.– Porque no queremos que la cosa pueda fallar.

Camp. 1º.– ¡Claro! Justamente por eso.

Berta.– Pues hay que evitar la sangre a toda costa... ¿lo oís?... ¡A toda costa!

Camp. 2º.– ¿Y aunque pensaran en resistirse?

Berta.– Por todos los medios debemos procurar que no se derrame una sola gota de sangre.

Camp. 1º.– Es que ellos...

Berta.– No podrán hacer nada. Les será imposible evitar la evasión. La guardia civil sigue concentrada lejos de aquí. Y la cárcel, como sabéis, solo está guardada por tres hombres.

Camp. 1º.– Por lo de la cárcel no es el temor. Porque somos muchos, y a don Enrique le sacaremos de allí, de seguro. Pero es que aluego...

Berta.– Luego... ¿qué?

Camp. 1º.– Pa en seguida que le pongamos en libertad, tenemos también pensada otra cosa que habrá que hacer.

Berta.– Y... ¿qué cosa es esa?

Camp. 1º.– Apenas que esté don Enrique ya con nosotros, este, que es el campanero *(Por uno)* comenzará a voltear las campanas. Y entonces, a esa señal, con don Enrique y con usted a la cabeza, los de la Rivera, y los de Peñascales, y los de Almedinilla, tos como uno, iremos...

Berta.– ¿A dónde?

Camp. 3º.– ¡Dilo, dilo claro!

Camp. 1º.– Pues iremos derechos hasta la mesma casa del duque.

Camp. 2º.– Pa decirle en su cara que la venganza que quiera tomarse con cualquiera de vosotros dos, será como si se la tomara con el pueblo entero.

Camp. 3º.– Porque el pueblo ya no quiere más amos.

Camp. 1º–. Y dará la vida, si fuera preciso, antes que se abuse de nuevo de don Enrique o de usted.

Camp. 2º.– ¡Así!

Camp. 3º.– ¡Eso!

Berta.– Pero...

Camp. 1º.– Nadie habrá que tuerza nuestra voluntad. Ni aun usté mesma que se lo propusiera. Hemos pensao la cosa muy despacio, y en ello estamos. Así es que ahora... ¡anda, Torrao! A tu campanario. Pa prepararlo to. Que habremos de avisarte de aquí a muy poco. Y en el entre tanto... ¡tráenos vino, Pedro!... *(Mutis Campesino 4º foro)*
Pedro.– Corriendo. *(Mutis Pedro)*

Escena vi
Dichos, menos Pedro y Campesino 4º

Berta.– Agradezco infinito lo que habéis decidido. Pero debo deciros que ello trastorna bastante mis planes... Y que como eso podría traer consecuencias imprevistas, convendría, quizá, pensarlo todo mejor.
Camp. 1º.– ¡No, no! Eso de pensar la cosa mejor, de ninguna manera.
Camp. 3º.– Porque el duque no tiene corazón.
Camp. 2º.– Y es por la fuerza y por el temor como hay que vencerle.
Camp. 1º.– ¡Y cómo le venceremos!
Camp. 3º.– ¡Vaya si le venceremos!
Camp. 1º.– ¡Eso por encima de to!
Camp. 2º.– Pa que no vuelva a jugar más con nosotros.
Camp. 1º.– Y pa ver si piensa en irse de este pueblo de una vez y nos deja tranquilos, que sería lo mejor.

Escena vii
Dichos, y Pedro

Pedro.– *(Por la izquierda, con una jarra de vino y vasos)* ¡Aquí está el vino!
Camp. 1º.– ¡Venga! *(Ofreciendo el vaso que tomó a Berta)* Y tome... ¡tome usté!... ¡El primer vaso, señorita Berta!...
Berta.– No me gusta. Me sienta mal. Pero... *(En un arranque)* ¡trae que beba! *(Levantando el vaso en alto antes de beber y con*

energía) ¡Por vosotros, campesinos! ¡Por vuestra libertad! *(Bebe; entre tanto cae el*

TELÓN

Acto Quinto

La misma decoración del acto segundo. Es la una de la madrugada próximamente.

Escena I
El Mina y Torrejón

TORREJÓN.– *(Saliendo de la casa y dirigiéndose a Mina, que aparentará esperar)* Dentro de poco le tendrás aquí. Acabándose de vestir ha quedado.
MINA.– Pos en el entre tanto, convendría que prepararan el auto, señor Torrejón.
TORREJÓN.– ¿Sin que él lo disponga?
MINA.– Sin esperar a más.
TORREJÓN.– No me atrevo.
MINA.– Estoy seguro de que habrá de parecerle bien.
TORREJÓN.– Pero... ¿qué es lo que ocurre, Mina? ¿A qué vienen estos misterios?
MINA.– Son cosas que el amo debe saber antes de que nadie. Y por eso no puedo aclararlas.
TORREJÓN.– Es que tu presencia a estas horas y las palabras que me dices me ponen en cuidado, la verdad. Y quisiera...
MINA.– No puede ser que le explique. ¡Créame usted!
TORREJÓN.– Bueno, pues vamos entonces a despertar al chófer. Y aquí te dejo mientras que baja.
MINA.– Hasta luego, señor Torrejón. *(Mutis Torrejón por la izquierda)*

Escena ii
Mina, y luego Duque

Mina.– *(Al quedar solo, sacará un revólver del bolsillo, inspeccionándolo detenidamente. Después, como seguro de que su funcionamiento es normal, se lo guardará)*

Duque.– *(Saliendo de la casa, como acabando de vestirse)* ¿Hay novedades, Mina?

Mina.– Sí, señor duque.

Duque.– Y... ¿qué es lo que pasa?

Mina.– Por el Torrao, que está con ellos, pero que ha doblado por un billete de diez duros que le di he sabido cosas. Y ocurre que en dentro de na el asunta se habrá puesto de lo peor.

Duque.– ¿Cómo?

Mina.– A una señal que no sé cuál es, diez o doce que ya están preparaos, caerán sobre la cárcel, pa sacar de ella a don Enrique. Y endispués de esto, al sonar las campanas de la iglesia, los de Almedinilla, y los de Peñascales, y los de la Rivera, que se encuentran ya repartidos por to el pueblo...

Duque.– ¿Qué es lo que harán?

Mina.– Con la señorita Berta y con don Enrique a la cabeza, vendrán hasta aquí.

Duque.– ¿A esta casa?

Mina.– Sí, señor.

Duque.– Pero... ¿con qué objeto?

Mina.– Han corrío la voz de que es pa decir al señor no sé qué historia. Pero yo entiendo...

Duque.– ¿Qué? Sigue hablando.

Mina.– Entiendo que la visita viene con mala intención.

Duque.– ¿De veras?

Mina.– Sí.

Duque.– ¿Entonces?

Mina.– Lo más derecho será que antes de que lleguen, ya mandé que le dispusieran el auto.

Duque.– Pero... ¿es posible que esa gentuza se atreva a tanto?

Mina.– Ya lo ve usted.

Duque.– Es una vergüenza esto que ocurre... ¡Una humillación!

Mina.– Sí, señor. ¡Eso!

Duque.– ¡Y es esa mujer la que tiene la culpa de todo...! ¡Ella! ¡Ella tan solo!

Mina.– No se sofoque usted, mi amo. ¡Y al auto! Pa salir por la Rivera apenas que se sienta el escarceo. Y por lo que se refiere a esa revolucionaria, déjela usted de mi cuenta. Que pudiera terciarse que yo la cogiera a mi gusto. Y entonces... ¡ya veríamos!

Duque.– Tiene a mucha gente de su parte; y de momento, quizás que no convenga obrar de ligero, Mina.

Mina.– Pero si se meten en esta casa y son ellos los primeros en empujar... ¿qué ocasión mejor que la de esta noche pa que se acabe to?

Duque.– Bueno. A tu arbitrio dejo la cosa. Haz lo que te parezca si ves momento. Pero obra tuya todo... ¿me entiendes?

Mina.– Sí, señor; entendío.

Duque.– Porque conmigo puedes contar para salvarte aunque sea del infierno; ahora, que las apariencias...

Mina.– ¡Sí, sí! Ya lo sé. Hay que guardarlas, y se guardarán. *(Suenan en este momento las campanas)*

Duque.– ¿Eh?

Mina.– ¡Las campanas! ¡Han comenzao a voltear! ¡Y eso quiere decir que ya están en danza!

Duque.– Así es que en este instante...

Mina.– ¡Por la Rivera, mi amo!... ¡Cuánto antes!

Duque.– Siendo el peligro inminente, despertaré a mi hija, para que me acompañe.

Mina.– Vaya usted en seguida. Sin perder minuto. Que ya me ocuparé yo mientras de que el auto esté pronto. *(Mutis el Duque a la casa y el Mina por la izquierda)*

Escena III
María del Carmen y Casilda

María.– *(Por la derecha)* Parece que están sobre aviso.
Casilda.– ¿Lo cree usted así, señorita?
María.– Esa conversación del Mina con mi padre, y la entrada de mi padre a la casa, tan nervioso, me hacen sospechar.
Casilda.– ¿De veras?
María.– Sí. Pudieran quizá haber mostrado nuestra falta.
Casilda.– ¡Virgen santa! ¡Qué disgusto! Porque a lo mejor se figuran que yo soy la culpable. Y... ¡no quiero!, ¡no quiero ni pensar cómo se pondrán conmigo!
María.– Puede que también se trate de una figuración mía.
Casilda.– ¿Entramos entonces a su cuarto?
María.– No. Preferible es que nos ocultemos en el cenador hasta ver si la cosa se aclara.
Casilda.– Ya decía yo a la señorita que nuestra salida de esta noche era una locura. Porque eso de ir a la posada de mi primo, como hemos ido, no fue otra cosa que una locura.
María.– No tan locura como tú piensas, Casilda. Porque es lo cierto que esta noche comencé a comprender verdades de las que siempre estuve muy alejada.
Casilda.– Y... ¿puede saberse qué verdades son esas, señorita?
María.– Las veo confusamente. Como se ve todo en la hora del amanecer... Y de momento... ¡No puedo!, ¡me es imposible explicártelas! Pero ¡aquí están! *(Por la frente)* ¡Sujetas quedaron en mi pensamiento como si me las hubieran clavado!... *(Se oyen las campanas otra vez)*
Casilda.– De nuevo tocan. ¿Para qué será?
María.– No comprendo.
Casilda.– Yo tampoco.
María.– Y... ¡es raro! Porque a esta hora no sé qué oficios puedan celebrarse.
Casilda.– Parece que bajan la escalera, señorita... ¡Su padre! ¡De seguro! *(Mutis las dos primeras derecha)*

Escena IV
Duque y luego el Mina

Duque.– *(Nervioso y azorado)* ¡Mina! ¿Dónde estás, Mina?...
Mina.– *(Desde fuera y algo lejano)* ¡Va! ¡Pronto! ¡En seguida!
Mina.– *(Llegando por la izquierda)* ¿Qué quería usté, mi amo?
Duque.– Mi hija no está en la casa. Entré a sus habitaciones y no la encontré. Algo debe haberla sucedido. Alguna desgracia.
Mina.– ¿Miró usted en el cuarto de Casilda?
Duque.– No estaba en ese sitio. Y, además, la Casilda tampoco aparece por ninguna parte.
Mina.– Pues siendo así eso, nada tema usted, señor duque.
Duque.– ¿Cómo?
Mina.– Muchas noches, endispués que usté se acuesta, de contrabando con la Casilda, la señorita sale de aquí. Van a la casa del señor alcalde. Y esta noche, de seguro que allá la tenemos.
Duque.– ¿Lo crees así?
Mina.– No tenga usté el menor cuidado por la señorita, señor duque. Y... ¡al coche! ¡Al coche, que es lo que interesa!
Duque.– Pero... ¿habré de dejar a María del Carmen de esta manera? ¿Casi en poder de esa chusma?
Mina.– Por ella no pase miedo. Todos la quieren, y no habrá ni uno solo que no la respete.
Duque.– Lo mejor será que con el coche vaya a recogerla.
Mina.– Hasta los perros conocen en el pueblo el coche del señor. Y eso sería una locura.
Duque.– Pues a pesar de serlo... *(Suenan voces y rumor de gente algo lejano, dando la sensación de que es el pueblo que se acerca)*
Mina.– ¡Al auto, mi amo, que ya están aquí!
Duque.– ¡Ampárame. Dios mío!... ¡Ampárame!
Mina.– ¡Pronto! ¡Sin perder tiempo! ¡Que aquí quedo yo! *(Mutis el duque por la izquierda, asustado y nervioso, y el Mina a la casa, cuya puerta cerrará)*

Escena V
Enrique, Berta, Campesino 1º, ídem 2º, ídem 3º y pueblo

Camp. 1º.– *(Fuera)* ¡Adentro todos! ¡Por acá! ¡Por este lado!
Todos.– ¡Adentro! ¡Vamos! ¡Vamos!...
Camp. 1º.– *(Entrando en escena con los demás)* Y ya que estamos aquí, gritemos por fin... ¡Abajo la tiranía!
Todos.– ¡Abajo! ¡Abajo!
Camp. 1º.– ¡Y acabemos con el tirano!
Camp. 2º.– ¡Acabemos, sí! ¡Muera el duque!
Todos.– ¡Muera! ¡Muera!
Enrique.– Os suplico, camaradas, que no habléis de matar. Se ha logrado el objeto. Me tenéis en libertad. Y ya que vuestro deseo, después de sacarme de la prisión, ha sido venir a este sitio, yo tomaré ahora la palabra para pactar seriamente con ese hombre lo que deseamos de él.
Camp. 1º.– Nada de arreglo, sino por la fuerza.
Camp. 2º.– ¡Eso! ¡A cara de perro! ¡Como él nos ha tratado a nosotros!
Enrique.– Es que vuestra actitud...
Berta.– ¡Déjelos usted, Enrique! Es muy natural que todos tengan ansias de hablar alto y de respirar alguna vez a su gusto. Se ahogaban, y necesitan aire. ¡Aire de libertades que dilate sus pulmones con el oxígeno de lo bueno! ¡Aire que transmita a la sangre que circula por sus venas la serenidad de lo justo! ¡Aire que purifique y eleve un instante sus existencias, por encima de lo pequeño y de lo miserable! ¡Son la Humanidad despidiéndose de un pasado que la oprimió! ¡Seres que quieren vivir la verdad de las cosas de la vida!... ¡Esa gran verdad, que al triunfar, derrumbará con energía la bóveda de los siglos!
Camp. 1º.– ¡Viva la señorita Berta!
Todos.– ¡Viva!... ¡Viva!...
Berta.– ¡Y habré de ser yo la que llame a esa puerta para tener la satisfacción de ser la primera que me las entienda con el tirano también en alta voz... *(Se dirige a la puerta, dando en ellas unos*

fuertes aldabonazos, y diciendo) ¡En nombre del pueblo y de la justicia, abrid!... *(Se entreabrirá en ese momento una ventana de la parte superior del edificio, y ocultándose en lo posible tras de ella el Mina, descerrajará un tiro. Berta se llevará las manos al pecho, retrocederá unos pasos y, cayendo en brazos de Enrique y otros dirá:)* ¡Asesinos!... ¡Asesinos!... ¡Me han matado!

Enrique.– *(Sosteniendo a Berta y llevándola hasta un asiento)* ¡Amiga!... ¡Amiga mía!

Camp. 1º.– Desde aquella ventana han tirado.

Camp. 2º.– Sí, desde allí. Yo lo he visto.

Enrique.– Y... ¿quién?... ¿Quién habrá podido ser el criminal?

Escena final
Dichos y María del Carmen

María.– *(Apareciendo en escena como desencajada y corriendo hacia el lugar en que estarán Berta y Enrique)* ¡Ha sido el Mina!... ¡El Mina! ¡Ese canalla!... ¡Yo lo sé bien! Avisó a mi padre para que huyera en el automóvil, hace un momento. Y fue él... él, que quedó encerrado dentro de la casa.

Enrique.– ¡María del Carmen!

Camp. 1º.– Es la hija del duque...

Camp. 2º.– De nuestro tirano...

Camp. 1º.– De nuestro verdugo...

María.– *(Con certeza plena de bondad)* ¡Su hija soy, sí!... Pero mi alma entera está con vosotros. De parte de vuestro dolor. Al lado de vuestras lágrimas. Con vuestra tragedia infinita. Despreciando desde ahora los bienes que ofrece ese palacio, que era el mío, para caminar por el mundo como vosotros camináis, con hambre y sed de justicia.

Enrique.– ¿Qué dice usted, amiga mía?

María.– ¡La verdad! ¡Una verdad que esta santa –a la que con este beso daría mi sangre si pudiera– me ha enseñado a sentir!... *(Besa a Berta)*

Berta.– *(Atrayendo hacia ella a los dos y procurando que las manos de María del Carmen y Enrique se estrechen)* ¡Quiérala usted, Enrique!... ¡Ampárela!... Me ha confesado que ama a usted mucho... Y mi último deseo será que aquellas ilusiones que se forjó usted conmigo cierta vez, fueran una realidad al lado de ella... ¡Para que se vayan convirtiendo en uno, por fin, todos los linajes de la tierra!...

Enrique.– *(Sollozando)* ¡Berta! ¡Berta querida!

Berta.– Muero... por la libertad... de los oprimidos... Enrique... ¡Qué hermoso es... morir por la Libertad!...

Fin de la Obra

un estudio sobre el «boom» del libro de izquierda pre-republicano. Ha co-dirigido *Teatro del Tierno* (Sevilla 2001-2004) y coordinado un proyecto de radio escolar en el medio rural (Santiago de la Espada, 2005-2009) por el que obtuvo el premio de innovación educativa de la Diputación de Jaén. Ha publicado artículos y cuentos en las revistas *Andalucía Educativa*, *Artegnos* e *Hijos de la Lira*. En la actualidad es profesor en el Instituto de Enseñanza Secundaria Arjé (Chauchina, Granada) y prepara su tesis doctoral sobre el movimiento editorial revolucionario en el periodo 1917-1931.

CHRISTOPHER COBB (1931-2006). Hispanista inglés, fue profesor en la Universidad de Kingston, y decano de la Facultad de Artes y Ciencias Sociales. Realizó numerosas investigaciones sobre la cultura española de los años veinte y treinta, algunas publicadas en libros colectivos como *Literatura popular y proletaria* (Sevilla, 1986). Es autor de varios libros fundamentales entre los que destacan: *La cultura y el pueblo* (Laia, 1981), *Los milicianos de la cultura* (1995) y la edición de artículos de César M. Arconada *De Astudillo a Moscú. (Obra periodística)*. Introducción y selección de Christopher H. Cobb. (Ámbito, 1986).

CAROLINA FERNÁNDEZ CORDERO (Madrid, 1982). Licenciada en Filología Hispánica y Filología Clásica por la Universidad Autónoma de Madrid, actualmente realiza su tesis doctoral en esa misma universidad sobre la ideología y la producción literaria de Benito Pérez Galdos en el siglo XX, bajo la dirección del profesor Julio Rodríguez Puértolas. Ha publicado artículos y participado en diferentes congresos con trabajos sobre el socialismo romántico, Benito Pérez Galdós, la cultura de la I y II República, literatura posfranquista, teatro contemporáneo y anteriormente, sobre el Siglo de Oro y la tradición clásica.

FRANCESC FOGUET I BOREU (Linyola, 1971). Profesor de literatura catalana en la Universidad Autónoma de Barcelona, coordina el Grupo de Investigación en Artes Escénicas y pertenece al Centro de Estudios sobre las Épocas Franquista y Democrática. Especialista en teatro catalán moderno y contemporáneo, ha publicado varios libros

Datos bio-bibliográficos de los autores

Colaboradores del Volumen

Raquel Arias Careaga es profesora de la Universidad Autónoma de Madrid en el área de Literatura Hispanoamericana. Ha publicado artículos en revistas españolas y extranjeras sobre Miguel de Cervantes, Benito Pérez Galdós, Carlota O'Neill, Julio Cortázar o Alejo Carpentier, entre otros autores. Es autora del libro *Escritoras españolas (1939-1975): poesía, novela y teatro,* y de un libro dedicado a los cuentos de Rubén Darío. Es responsable de una edición de *Tristana*, de Benito Pérez Galdós, publicada en 2001. En 2008 publicó la primera edición anotada de la novela *El arpa y la sombra*, de Alejo Carpentier. Ha dedicado un artículo a las relaciones de la vanguardia a través de César Vallejo y Juan Larrea y a la escritora española Luisa Carnés. En estos momentos está trabajando en una biografía sobre Julio Cortázar.

Constantino Bértolo nació en 1946 en Navia de Suarna (Lugo). Licenciado en Filología Hispánica por la Universidad Complutense de Madrid. Entre 1970 y 1990 ejerció la crítica literaria en diversos medios de prensa. Desde 1990 viene desempeñando funciones ejecutivas en el mundo editorial. Actualmente es el Director Literario de la editorial Caballo de Troya perteneciente al grupo Random House Mondadori. En 2008 publicó el ensayo *La cena de los notables. Sobre lectura y crítica* en la Editorial Periférica.

Alejandro Civantos Urrutia nació en 1976 en la ciudad de Granada por cuya Universidad se licenció en Lengua y Literatura española en el año 2000. Obtuvo el Diploma de Estudios Avanzados con sobre el periodo de la Guerra y Revolución de 1936-1939: *El teatre català en temps de guerra i revolució (1936-1939)* [1999], *Las Juventudes Libertarias y el teatro revolucionario. Cataluña 1936-1939* (2002) y *Teatre, guerra i revolució. Barcelona, 1936-1939* (2005). Es autor también de *Margarida Xirgu. Una vocació indomable* (2002) y *Margarida Xirgu, cartografia d'un mite* (2010). Colabora, como crítico teatral, en el *Quadern* de *El País*.

EDUARDO GONZÁLEZ CALLEJA (Madrid, 1962). Profesor Titular de Historia Contemporánea del departamento de Humanidades: Historia, Geografía y Arte de la Universidad Carlos III de Madrid. Ha sido también Maître de conférences associé en la Université de Provence (Francia) de 1991 a 1995 y Científico Titular del Departamento de Historia Contemporánea del Instituto de Historia del CSIC (unidad de investigación de la ejerció la jefatura de 2003 a 2005) entre 1990 y 2006. Entre sus publicaciones destacan: *La Hispanidad como instrumento de combate* (Madrid, CSIC, 1988), *La defensa armada contra la revolución* (Madrid, CSIC, 1995), *La razón de la fuerza* (Madrid, CSIC 1998), *El máuser y el sufragio* (Madrid, CSIC, 1999), *La España de Primo de Rivera (1923-1930). La modernización autoritaria* (Madrid, Alianza, 2005) y *Rebelión en las aulas: movilización y protesta estudiantil en España (1865-2008)* (Madrid, Alianza, 2009).

JULI HIGHFILL es profesora de literatura española en el Departamento de Lenguas Romances en la Universidad de Michigan. Ha publicado un libro, *Portraits of Excess: Reading Character in the Modern Spanish Novel* (Society of Spanish and Spanish-American Studies, University of Colorado, 1999). Otro libro, *Modernism and Its Merchandise: The Spanish Avant-garde and Material Culture, 1920-1930*, será publicado por Pennsylvania State University Press en 2014. Tiene en preparación un estudio sobre el cine español, *Images in Flight: Popular and Political Affect in Spanish Film, 1920-1938*.

CÉSAR DE VICENTE HERNANDO (Madrid, 1964) es coordinador del Centro de Documentación Crítica. Doctor en Filología Hispánica por la Universidad Autónoma de Madrid. De 1994 a 2001 realizó un trabajo de documentación sobre *El arte y la izquierda en España*. Desde 2005 desarrolla un proyecto multidisciplinar de investigación titulado *El largo siglo xx*. Entre las distintas ediciones que ha preparado se encuentran: *Poesía de la guerra civil española* (Akal, 1994); *El teatro político* de Erwin Piscator (Hiru, 2001); *El tiempo de mi vida* de Jesús López Pacheco (Germanía, 2002); ha realizado las ediciones de *La Venus mecánica de José Díaz Fernández* (Stockcero, 2009) y *El Nuevo Romanticismo* (StockCero, 2013). Ha publicado los libros: *Günther Anders, fragmentos de mundo* (La Oveja Roja, 2011) y *La escena constituyente* (CDC, 2013).